★ 国家出版基金资助项目
★ 湖北省学术著作出版专项资金资助项目

高等教育与社会发展论丛
董泽芳◇主编

引领与规制：
治理视野下的美国大学章程研究

欧阳光华 等 著

华中师范大学出版社

新出图证（鄂）字 10 号
图书在版编目（CIP）数据

引领与规制：治理视野下的美国大学章程研究/欧阳光华等著. —武汉：华中师范大学出版社，2018.12
（高等教育与社会发展论丛/董泽芳主编）
ISBN 978-7-5622-8380-5

Ⅰ. ①引…　Ⅱ. ①欧…　Ⅲ. ①高等学校—章程—研究—美国
Ⅳ. ①G49.712

中国版本图书馆 CIP 数据核字（2018）第 224052 号

引领与规制：治理视野下的美国大学章程研究

责任编辑： 陈兰枝	**责任校对：** 王　胜
封面设计： 罗明波	
编辑室： 学术出版中心	**电话：** 027-67863220/7792
出版发行： 华中师范大学出版社	**社址：** 湖北省武汉市洪山区珞喻路 152 号
电话： 027-67863426（发行部）	027-67861321（邮购）
传真： 027-67863291	**邮编：** 430079
网址： http：//press.ccnu.edu.cn	**电子信箱：** press@mail.ccnu.edu.cn
印刷： 湖北恒泰印务有限公司	**督印：** 王兴平
开本： 710mm×1000mm　1/16	**字数：** 248 千字
版次： 2018 年 12 月第 1 版	**印次：** 2018 年 12 月第 1 次印刷
印张： 15.5	**定价：** 54.00 元

欢迎上网查询、购书

法律必须被信仰，否则它将形同虚设。（Law has to be believed in，or it will not work.）

——伯尔曼（Harold J. Berman）

总　　序

高等教育是社会大系统中的一个极其重要的子系统，它与经济、政治、文化等子系统之间有着相互依存的关系。高等教育作为培养高层次专门人才的社会活动，与人的发展更有着极为密切的联系。同时，高等教育自身又是一个多层次、多类型、多主体的系统，不仅大学之间，大学内部各组织之间，领导、教师与学生之间关系错综复杂，而且与社会的方方面面都有着千丝万缕的联系。随着时代的发展，多层次的高等教育与多元化的社会之间形成了越来越密切的互动关系。现代社会，高等教育的存在和发展越来越离不开政府和社会在人力、物力、财力，以及政策、环境等方面的支持与促进；社会的发展也越来越离不开高等教育及其研究的引领与推动。美国经济学家弗里德曼用经济学“核心—边缘”理论研究二战后的经济社会现象与教育特别是与高等教育的关系时，发现在知识成为经济社会赖以存在和发展的基本资源与生产要素后，高等教育逐渐从游离于社会之外的“象牙塔”进入社会的边缘区，并渐次成为推动经济社会发展的中心要素，从而提出了著名的高等教育“从边缘走向中心”的发展趋势理论。从二战后高等教育对许多国家发展的实际影响来看，高等教育已成为促进国家科技振兴、经济发展、政治民主、文化繁荣的必要条件；从高等教育对社会个体的影响来看，高等教育不仅是提高个人素质、开发个人潜能的重要基础，更是促进社会流动、实现人生价值的主要途径。的确，高等教育对社会及个人的影响力从来没有像今天这样巨大，社会变革对高等教育的影响也从来没有像今天这样深刻。

然而，随着现代科技的发展和工业化进程的加速，科学文化及其内含的经济价值和工具价值得以彰显，高等教育发展中理性主义与功利主义的冲突日趋激烈。同时，高等教育大众化的进程加快及其与政府、市场、大学三者关系日益复杂，加之财政困难，高等教育商业化、官僚化、技术至上和教育质量下降等问题凸显，高等教育发展的现状和社会的期望之间的鸿沟逐渐加深，高等教育与社会发展之间的冲突也不断加剧。著名的高等教育学家约翰·S. 布鲁贝克在其《高等教育哲学》一书中，专门从冲突论的视角，论述了高等教育发展中认知论与政治论、自治与控制、学术自由与社会责任、精英教育与大众教育、普通教育与专才教育五方面的冲突，还就传统的高等教育与现代的高等教育、学术研究与社会现实道德、大学与教会等方面的冲突展开了论述。联合国教科文组织前总干事费德里克·马约尔在1995年发布的联合国教科文组织关于“高等教育的变革与发展的政策性文件”中更明确指出，“全世界几乎所有国家的高等教育都处于危机之中”。

在我国，随着社会现代化进程的加快，人们已愈来愈清楚地认识到，高等教育与社会的良性互动和协调发展不仅是政治稳定、科技振兴、经济发展、文化繁荣、人民幸福的必要前提，而且是保障高等教育健康发展、高效运行的基本条件。然而，现实的高等教育与社会互动机制仍不够健全，高等教育与社会发展不协调的现象也普遍存在。尤其是在社会大转型的今天，新旧体制、新旧观念与新旧因素的对立与摩擦，以及由此产生的社会失序、混乱与震荡，不仅使高等教育与社会的互动日趋复杂，也使高等教育与社会的协调发展严重受阻。有关高等教育与社会发展的关系的研究也面临着一系列值得研究的新问题。

从宏观的层次讲：一是社会结构转型与高等教育制度的调适问题。社会转型主要包括政治结构、经济结构、文化结构等在内的社会结构的整体性变迁过程。社会转型必然引起与原有社会结构相配套的规则与程序不同程度的失效，而新社会结构要素的生长亟待制度创新来促进和保障。高等教育制度如何调适与创新，如何形成与各种新的社会结构要素协调发展的关系，如何实现高等教育自身健康发展与着眼于学科发展、促进社会全面协调发展的双重目标等问题，必须通过高等教育社会学的研究才能作出科学的回答。二是高等教育与社会关系的变化及高等教育的社会功能重构。社会结构的全面转型必然对高等教育产生巨大的影响，并使高等教育与社会的关系出现一系列新变化。如市场经济的发展打破了高等教育自我封闭的格局，加强了高等教育对市场的关注；民主政治的推进提升了高等教育的自主地位，弱化了高等教育对政府的依赖；对外开放格局的形成拓展了教育者的视野，加强了高等教育同世界的联系，等等。在这种情况下，如何重新认识高等教育的社会价值，如何重构高等教育的各种社会功能，如教育对市场经济的适应、支持与矫正功能，对政治的维护、监督与批评功能，对国外文化的选择、吸收与融合功能，等等，也是高等教育社会学研究的重要任务。三是高等教育与社会冲突的加剧及高等教育的整合机制。社会全方位的变革使高等教育赖以生存的基础发生了变化，高等教育本身也进入了一个剧变时期，旧的运行机制正在被打破，新的运行机制尚未被建立，高等教育与社会的冲突大量存在。如社会经济发展对高等教育的人才需求结构与高等教育的人才培养、输出结构的冲突，高等教育发展对投入的需求与社会经济承受力的冲突，高等教育对理性精神的追求与社会现实的功利取向的冲突，高等教育的价值观念取向与社会文化观念更新的冲突，等等。诚然，高等教育社会冲突的出现并不必然产生消极的后果。如果通过高等教育社会学的研究能够形成比较健全的教育与社会的整合机制，高等教育与社会之间的冲突就会向积极的方面转化。

从中观的层次讲，主要是社会转型带来的各种社会分化引发了一系列新的高等教育社会问题。如区域分化与高等教育发展的失衡问题，阶层分化与弱势群体子女的高等教育问题。急剧的社会转型使原有社会阶层结构产生了前所未有的大分化，进而导致利益的大分化，这必然会在不同利益主体间产生广泛的矛盾和冲突。由此引发了地区之间高等教育差距扩大、高等教育资源配置不合理、高等教育机会不均等等新的高等教育社会问题。

从微观的层次看，主要有社会行为无序与大学行为失范问题，高等教育时空拓展与高校师生关系变化问题，大学校内、校外环境变化与大学教师角色冲突问题，商业的价值原则渗透与大学生的功利行为问题，等等。这些现实的问题，都是令人感到困惑的新的教育问题、社会问题，迫切需要高等教育社会学的探讨与解决。

在这种情况下，高等教育社会学理应顺应时代的要求，调整研究的视角，真正树立起高等教育与社会一体化协调发展的观念，加强对高等教育与社会互动机制的研究，努力探寻高等教育与社会协调发展的规律，促进我国高等教育的健康发展和社会的全面进步。本丛书的出版目的正在于促进这一研究。

本丛书在编写上突出了下列特点：一是研究立场的本土性与研究内容的时代性。从中国近代高等教育的发展过程看，过去高等教育学的研究在一定程度上存在着过于依赖西方教育理论和教育观念的问题，相关研究缺乏本土意识。本丛书强调立足中国国情来解决中国高等教育实践中的问题。在研究内容上，牢牢把握当下中国社会大转型这一时代背景，直面因新旧体制、新旧观念及新旧因素的对立与冲突所产生的社会失序、混乱及震荡给高等教育发展带来的冲击与挑战，紧紧围绕“高等教育与社会和谐发展”这一核心主题，提出了摆脱困境、战胜危机所要解决的一系列重要问题，并通过实实在在的研究，给出了明确回答。本丛书提出的这些问题，都是“高等教育与社会和谐发展的中国问题”，或者说是“中国的高等教育与社会和谐发展问题”。而丛书作者通过研究作出的回答，可视为有助于解决问题的一些“中国答案”。

二是研究视域的广阔性与研究视角的多层性。高等教育与社会发展都是多层次、多类型、多主体的系统，探讨二者的关系应该有广阔的视域和多层的视角。在研究的视域上，本丛书既着力审视整个社会的结构与文化、体制与机制同整个高等教育之间的关系，也努力探明区域分化、地方传统文化同地方高等教育之间的关系，并用力探究具体高校中的职业性别政治、权力关系及角色冲突等问题。在研究的视角上，本丛书立足于高等教育学，比较倚重于社会学，但并不局限于社会学，而是根据研究的具体问题及主要目的，将研究的视角延展至经济学、文化学、人类学、教育学等学科。开阔的学术视野与多样的研究视角，使得丛书内容格外丰富多彩。

三是研究方法的多元性与研究手段的实证性。本丛书遵循了理论研究与实证研究相结合、立足国情与合理借鉴相结合、问题分析与对策探讨相结合等原则，注重多种方法的综合运用。尤为强调运用实证分析的手段，将研究结论建立在翔实的资料基础之上，力图更多地用客观事实说话，用实际材料说话。如制度政策的文本分析、形式多样的问卷调查、扎根实地的田野研究、已有统计数据的二次分析等，在本丛书中都有合理运用，从而为发现高等教育与社会协调发展中存在的问题、揭示成因、寻觅对策提供了必要依据。通过开展实证研究，本丛书改变和克服了老套社会科学研究“从概念到概念”、“从理论到理论”、“从问题到问题”的不良倾向，增强了理论研究的“问题导向”与策略研究的“有的放矢”。

本丛书得以出版，既要感谢华中师范大学出版社新老领导的精心策划与大力支持，也要感谢编辑部主任和各位编辑的认真审读与细致编校，更要感谢顾明远先生与吴康宁先生的充分肯定与郑重推荐。

本丛书的作者主要是高等教育与社会发展研究方向的博士和博士后，丛书多是在他们的博士学位论文的基础上修改而成，虽然研究宗旨与写作要求一致，但每本书的主题思想与写作风格各异。作为丛书主编，我希望本丛书的出版能够为促进我国高等教育与社会协调发展起到一定的作用，也希望高等教育与社会发展的议题能受到学界更多的关注。由于作者的水平以及对高等教育与社会协调发展规律的认识有限，本丛书必有诸多不足之处，诚望诸位学者、读者不吝赐教。

董泽芳

2017 年 6 月 6 日

目　录

导　论

一、问题缘起

（一）研究背景

近年来，伴随我国现代大学制度设计的不断推进，作为现代大学制度载体的大学章程逐渐成为人们关注的热点问题。事实上，1995 年 3 月 18 日，八届人大三次会议通过《中华人民共和国教育法》（以下简称《教育法》），该法第二十六条明确规定设立学校及其他教育机构必须具备的首要条件就是“有组织机构和章程”①。1998 年 8 月 29 日，九届人大四次会议又通过《中华人民共和国高等教育法》（以下简称《高等教育法》），该法第二十七条明确要求申请设立高等学校，应向审批机关提交章程，并在第二十八条中对高等学校章程应当载明的事项作出了具体的规定。② 2010 年 7 月 29 日，我国发布《国家中长期教育改革和发展规划纲要（2010—2020 年）》，再次提出要“加强章程建设。各类高校应依法制定章程，依照章程规定管理学校”③。随后不久，教育部于 2011 年11 月 28 日发布《高等学校章程制定暂行办法》，明确指出“章

① 中华人民共和国教育法［EB/OL］.（2015-06）. http://old.moe.gov.cn/publicfiles/business/htmlfiles/moe/moe_619/200407/1316.html.

② 中华人民共和国高等教育法［EB/OL］.（2015-06）. http://old.moe.gov.cn/publicfiles/business/htmlfiles/moe/moe_619/200407/1311.html.

③ 国家中长期教育改革和发展规划纲要工作小组办公室. 国家中长期教育改革和发展规划纲要（2010—2020）［EB/OL］.（2010-07-29）. http://old.moe.gov.cn/publicfiles/business/htmlfiles/moe/info_list/201407/xxgk_171904.html.

程是高等学校依法自主办学、实施管理和履行公共职能的基本准则”，并对高等学校章程的内容、制定程序、核准与监督作出具体的规定。[①]紧接着，教育部于2013年9月22日印发《中央部委所属高等学校章程建设行动计划（2013—2015年）》，要求到2015年年底，教育部及中央部门所属的114所高等学校，分批全部完成章程制定和核准工作。“985工程”建设高等学校原则上于2014年6月前完成章程制定工作。“211工程”建设高等学校原则上于2014年年底前完成章程制定工作。[②]截至2015年底，我国112所“211工程”建设高校和38所“985工程”建设高校（军事院校除外）的章程全部核准发布，与此同时，我国各地方高校的章程也先后核准发布。至此，我国高校“一校一章程”的建设目标基本完成。

目前，尽管我国大学章程建设取得了一定的成效，但是仍然存在诸多问题。现行的大学章程与大学章程建设的初衷和愿景相去甚远。具体来说：一是大学章程的制定程序不太规范，可操作性弱；二是大学章程的文本要素不尽合理，内容不够系统；三是大学章程缺乏自身特色，呈现较为明显的趋同性；四是大学章程的实施和执行缺乏有效的监督，致使我国许多高校的大学章程沦为一纸空文，学校治理陷入“有章不循”的尴尬境地。

2014年10月23日，党的十八届四中全会通过《中共中央关于全面推进依法治国若干重大问题的决定》，提出全面推进依法治国，建设中国特色社会主义法治体系，建设社会主义法治国家的总目标，努力促进国家治理体系和治理能力现代化，对高等学校依法治校提出了更高的要求。2015年10月24日，国务院印发《统筹推进世界一流大学和一流学科建设总体方案》，提出要“推动一批高水平大学和学科进入世界一流行列或前列，加快高等教育治理体系和治理能力现代化，提高高等学校

① 中华人民共和国教育部. 高等学校章程制定暂行办法［EB/OL］.（2011-11-28）. http://www.gov.cn/flfg/2012-01/09/content_2040230.htm.

② 中华人民共和国教育部. 中央部委所属高等学校章程建设行动计划（2013—2015年）［EB/OL］.（2013-09-26）. http://old.moe.gov.cn//publicfiles/business/htmlfiles/moe/s5933/201310/xxgk_158133.html.

人才培养、科学研究、社会服务和文化传承创新水平，使之成为知识发现和科技创新的重要力量、先进思想和优秀文化的重要源泉、培养各类高素质优秀人才的重要基地”①。我国世界一流大学和一流学科建设需要一流的治理体系和治理能力加以保障，这对我国高校依法治校、依章治校提出了更高的要求，迫切需要我们对已出台的大学章程中所存在的问题进行系统、深入的研究，进一步完善我国大学章程，为我国世界一流大学和一流学科的建设奠定坚实的制度基础。

就美国大学而言，作为当今世界最为发达的高等教育体系，美国大学在其发展过程中一方面汲取英国和德国大学理念的精髓，另一方面扎根于多元开放的文化土壤，在不同时期制定了具有不同特点的大学章程，为美国大学成为世界一流大学奠定了坚实的制度基础，使美国大学得以在世界高等教育体系中独领风骚。透过美国大学章程的发展，我们不禁要追问，美国大学章程的发展究竟经历了哪几个具体的阶段？美国大学章程的发展变迁反映了何种逻辑？美国大学章程的现实状况究竟如何？美国大学章程的发展蕴涵着哪些价值理念？从美国大学章程中我们究竟可以获取哪些可资借鉴的经验？所有这些问题构成本研究的主要内容。

（二）研究价值

从大学治理视角对美国大学章程进行系统研究，不仅具有重要的学术价值，而且具有极强的实践意义。

1. 学术价值

我国关于学校章程的研究始于《教育法》的颁布，对大学章程的研究始于《高等教育法》的颁布，对于大学章程的广泛研究则是在2004年以后，并在2010年后出现较多的研究成果。目前，尽管我国关于大学章程的研究已经具有一定的基础，但相关研究在许多问题上尚未形成一致看法。到底大学章程具有何种法律地位，大学章程的制定主体

① 中华人民共和国国务院. 统筹推进世界一流大学和一流学科建设总体方案[EB/OL]. (2015-11-05). http://www.gov.cn/zhengce/content/2015-11/05/content_10269.htm.

是谁，大学章程应该包括哪些主要内容，等等，所有这些问题亟待人们作出回应。因此，本研究在对美国大学章程的历史演进和现实状况进行梳理的基础上，探究美国大学章程所蕴含的理念，将有助于完善大学章程研究的理论内涵。

同时，作为现代大学的“宪章”，大学章程上承国家教育法律法规，下启高校具体规章制度，是高等教育法学的重要研究领域。作为大学决策的结构与过程，大学治理主要涉及高等教育政治学和高等教育管理学。因此，对美国大学章程进行研究将对高等教育法学、高等教育政治学和高等教育管理学研究领域的拓展具有重要的意义。

此外，从研究范式方面看，美国大学章程研究属于比较高等教育的研究范畴。而在目前关于大学章程为数不多的比较研究中，大多是每个国家各选1～2所大学作为代表，进行大学章程个案的比较研究，有关大学章程系统的国别研究近乎空白。因此，从大学治理视角对美国大学章程进行系统研究，对于深化比较高等教育的研究范式也是一种积极的探索。

2．实践意义

自1995年《教育法》和1998年《高等教育法》，特别是2010年《国家中长期教育改革和发展规划纲要（2010—2020年）》颁布以来，大学章程建设问题一直困扰着中国大学的办学者和管理者。即便截至2015年底，我国绝大多数高校均已完成其章程的制定与核准，但很多高校的章程沦为一纸空文，致使我国很多高校陷入“有章不循”的境地。因此，对美国大学章程进行系统的研究，总结美国大学章程制定和实施的经验，可以为我国大学章程的制定与实施提供借鉴。

“大学章程不仅是大学法人设立的基本要件，也是大学治理结构建构的法律基础。”① 现代大学治理是法律维度下的治理，是以章程为制度载体的治理。大学治理构成大学章程的核心内容。作为现代大学的“宪章”，大学章程不仅演绎着校内政治权力、行政权力与学术权力的博弈，而且体现了高校与政府和社会的互动。美国高等教育长期处于国际领先

① 欧阳光华．董事、校长与教授：美国大学治理结构研究［M］．北京：高等教育出版社，2011：222．

地位，成熟和完善的大学章程是其办学取得成功的关键之一。因此，从治理的视野出发对美国大学章程进行系统的研究，可以为我国大学章程的制定和实施提供价值导引和经验借鉴，对推进依法治校、完善我国大学治理结构、建设现代大学制度也具有非常重要的意义。

二、概念界定

德国著名教育理论家沃尔夫冈·布列钦卡曾说过："没有准确的概念，明晰的思想和文字也就无从谈起。"① 概念是人们在认识过程中将所感觉到的客观事物的共同特点抽象出来加以概括而产生的，是对客观事物本质的认识。概念是抽象的，它们在不同的语境下具有不同的涵义。如果将这些充满歧义的概念用于学术研究，难免造成研究范畴的模糊。为了对美国大学章程研究的边界进行明确的界定，我们有必要对研究范畴中的核心概念进行辨析，从而确保研究范畴的清晰明了和前后一致。

（一）治理

"治理"一词的英文为"governance"，该词由拉丁语的"gubernare"演化而来，意为"驾驭"（to steer）。长期以来，治理与"统治"（government）交叉使用，主要用于与公共事务相关的管理和政治活动。20 世纪 90 年代以来，伴随治理理论在国际上的兴起，"治理"已超越其传统的经典意义和学科领域，不仅与原有的"government"相去甚远，而且在政治学、经济学、管理学和社会学等许多语境中大行其道，成为当今国际社会科学中最时髦的术语之一。

目前，许多政治学家、经济学家、社会学家以及公共管理学家都从各自的视角对治理进行不同的诠释。依照英国纽卡斯尔大学政治社会学者罗伯特·罗茨（Robert Rhodes）的归纳，到目前为止，人们对"治理"一词至少有 6 种不同的理解：（1）作为最小国家的管理活动的治理，是指国家削减公共开支，以最小的成本取得最大的效益。（2）作为公司管理的治理，是指导、控制和监督企业运行的组织体制。（3）作为新公共管理的治理，是指将市场的激励机制和私人部门的管理手段引入政府

① 沃尔夫冈·布列钦卡. 教育科学的基本概念：分析、批判和建议 [M]. 胡劲松，译. 上海：华东师范大学出版社，2001：15.

的公共服务。(4) 作为善治的治理，指的是强调效率、法治、责任的公共服务体系。(5) 作为社会——控制体系的治理，指的是政府与民间、公共部门与私人部门之间的合作与互动。(6) 作为自组织网络的治理，指的是建立在信任与互利基础上的社会协调网络①。

在各种关于治理的界定中，全球治理委员会关于“治理”的界定最具代表性和权威性。1995年，全球治理委员会在《我们的全球伙伴关系》报告中对治理作出如下界定：“治理是各种公共的或私人的个人和机构管理其共同事务的诸多方式的总和，它是使相互冲突的或不同的利益得以调和并且采取联合行动的持续的过程。它既包括有权迫使人们服从的正式制度和规则，也包括各种人们同意或以为符合其利益的非正式的制度安排。它有四个特征：治理不是一整套规则，也不是一种活动，而是一个过程；治理过程的基础不是控制，而是协调；治理既涉及公共部门，也包括私人部门；治理不是一种正式的制度，而是持续的互动。”②

从语义学来看，治理不同于行政（administration）。“行政”一词，其拉丁词源为“minor”，后演变为“ministrare”，其意为“进行服务”。按照《牛津词典》的解释，行政是“一种行政执行行为”。另外，还有人将“行政”界定为“与执行他人制定的规定、程序和政策有关的活动”③。同时，治理也不同于管理（management）。“management”一词源自“manus”，其意为“亲自控制”。后来，该词被美国学者运用于管理学中，意指“为实现一定的目标而进行的活动”。

（二）大学章程

1. 大学章程的概念界定

所谓章程是指各个组织规定其内部事务的规范性文件。德国学者拉伦茨认为：章程是在相关法律法规的基础上制定的，其效力只限于特定

① RHODES R. The new governance: governing without government [J]. Political Studies, 1996, XLIV: 652-667.

② 俞可平. 治理与善治 [M]. 北京：社会科学出版社，2000：2-4.

③ 欧文·休斯. 公共管理导论 [M]. 彭和平，等译. 北京：中国人民大学出版社，2001：6-7.

的组织或社团内部并对加入该组织或社团的个体产生约束力①。我国民法规定，提交章程是设立法人的必备条件。对于任何一个法人组织而言，提交章程是其成立的前提条件。

而“大学章程”一词，在不同的语境中具有不同的表述方式。在新中国成立之前，我国就曾经出现《京师大学堂章程》（1898 年）、《国立北京大学规程》（1918 年）、《清华学校组织大纲》（1926 年）等。在我国台湾地区，大学章程更多地表述为“组织规程”，如《“国立”台湾大学组织规程》，而在我国香港特别行政区则表述为“大学条例”，如《香港大学条例》。由此可见，“大学章程”一词在我国不同时期、不同地区有着不同的表述方式。就国外大学而言，大学章程在不同法系国家也存在着不同的表述方式。在大陆法系国家中，由于许多国家都制定了统一的高等教育法，这些国家的大学章程大多表现为单一型大学章程。例如，法国将大学章程表述为“statutes”或“ordinance”等；德国将大学章程表述为“statutes”及“constitutions”等；而在英美法系（又称海洋法系）国家中，由于许多国家没有制定统一的高等教育法，这些国家的大学章程更多地表现为复合型大学章程。例如，英国的大学章程除包括从英国王室所获得的“charter”（特许状）之外，还包括“university ordinance”或“statutes of the university”等；在美国，私立大学的章程通常包括从政府所获得的“charter”和大学根据特许状制定的“bylaws”，而公立大学的章程则包括州宪法或州法令中有关各大学的条款和各大学根据这些条款所制定的“bylaws”。尽管处于不同历史背景和不同发展轨迹的大学章程表述各异，但其本质属性和功能效用基本一致。

对于大学章程应该包括哪些具体的内涵，不同的学者有着不同的理解。刘菊香与周光礼从法律的视角解读大学章程，认为大学章程是“由大学权力机构制定的、上承国家或政府教育政策或法律法规，下启大学内部管理的具有一定法律效力的治校总纲”②。复旦大学的周鲁卫提出：

① 拉伦茨．德国民法通论［M］．王晓晔，等译．北京：法律出版社，2003：201.

② 刘香菊，周光礼．大学章程的法律透视［J］．高教探索，2004（3）：39-41.

“大学宪章，是简述大学办学理念、原则、职能和方法的文本，是阐述在一定办学理念下，大学组织运营的基本原则。”① 米俊魁则认为：“大学章程是在国家相关法律法规基础上，为保证高校办学的自主性，按照一定的程序而制定的体现高校自治原则的规范性文件，这种文件对大学重大的、基本的事项作出规定。”② 陈立鹏将大学章程界定为：“为促使大学科学有效运行，主要就办学宗旨、内部治理结构、外部关系及权利和义务主体等重大的、基本的问题作出全面规范而形成的自律性文件。大学章程是大学办学和治理的纲领性文件，是大学奠定其法人组织地位的必备条件，是政府、社会及大学自身依法治校的重要根本依据。”③ 于丽娟、张卫良通过总结国外大学章程的普遍特质，认为大学章程是“由大学的权力机构根据大学设立的特许状和国家或地方政府教育法律法规而制定的有关大学组织性质和基本权利具有一定法律效力的治校总纲领”④。此外，周光礼与朱家德在《大学章程的国际比较》一文中依据对西方大学章程的探讨，提出一个完整的大学章程应该包括三个方面：一是“charter”，相当于办学许可证，反映大学与政府之间的关系；二是“statutes”，即大学内部规则，用来调整大学内部各主体之间的关系；三是“bylaws”，指的是最高决策机构的议事规则，直接规范大学治理机构⑤。

综上所述，尽管我国目前尚未形成关于大学章程统一的、权威的表述，但是不同学者从不同的视角，对大学章程进行了界定，并形成了趋向一致的看法。在此基础上，本研究将大学章程界定为大学权力机构依据国家法律法规和大学组织特性，按照一定程序，将办学理念、原则和

---

① 周鲁卫．大学宪章，凝固的教育理念［J］．复旦教育论坛，2005（3）：9-10.

② 米俊魁．大学章程价值研究［M］．青岛：中国海洋大学出版社，2006：18.

③ 陈立鹏．大学章程研究——理论与实践的探索［M］．北京：北京师范大学出版社，2012：14.

④ 于丽娟、张卫良．我国大学章程的现状及建议［J］．江苏高教，2005（6）：12-14.

⑤ 周光礼、朱家德．大学章程的国际比较［J］．中国高校科技与产业化，2011（5）：27-30.

治理结构等重大的、基本的事项以文本形式作出说明，对大学办学活动进行规范的纲领性文件。这主要包括五个方面的涵义：一是大学章程的制定主体是大学权力机构；二是大学章程的制定依据，包括国家法律法规和大学的内在逻辑；三是大学章程的制定应遵循一定的程序；四是大学章程的内容涵盖办学理念、原则和治理结构等重大的、基本的事项；五是大学章程是大学的最高纲领，可以对大学的办学活动进行指导与规范。

2．大学章程的相关概念辨析

（1）大学章程与《高等教育法》

《高等教育法》是由国家权力机关制定或认可的、以国家强制力保证实施的、调整高等教育活动过程中所形成的各种社会关系的行为规范的总称。《高等教育法》体现国家的意志，具有强制性与普适性。而大学章程是由大学举办者在不违背国家相关法律法规的基础上自主对大学事务所作的制度安排，体现的是举办者的利益。可见，大学章程与《高等教育法》的本质是不同的。

就法律层级而言，《高等教育法》是大学章程的“上位法”。这表现为：从效力方面看，《高等教育法》具有强制性与普适性，所有大学的一切事务，包括大学章程的制定都必须遵循《高等教育法》的基本要求。而大学章程不具有普遍的约束力，它依据《高等教育法》制定的内容仅对该大学的成员及其相关主体有效。从内容方面看，《高等教育法》只对国家高等教育中的基本的、重大的问题作出规定，关注的是所有大学共同的问题，而大学章程在体现《高等教育法》基本精神的基础上，为特定的大学的运行发展提供了切实可行的行为规范，可以体现大学自身的办学特色。这种法律关系，不仅揭示了大学章程的法律渊源，还体现了《高等教育法》与大学章程之间的隶属关系。

（2）大学章程与大学规章制度

依据《辞海》的解释，所谓规章制度是“国家机关、社会团体、企业事业单位等颁发的有关行政管理、生产操作、学习与生活等方面的各种规则、章程与制度的统称”①。由此可见，规章制度是包含章程在内的

① 辞海编辑委员会．辞海（中）［M］．上海：上海辞书出版社，1999：4097．

集合概念。为了突显大学章程在大学中的“宪章”地位，有必要对大学章程与大学其他规章制度的概念进行区分。

大学章程与大学一般的规章制度不同，两者的区别主要体现在以下几个方面：一是制定主体不同。大学章程的制定主体为大学的举办者，或举办者授权的学校权力机构，而大学规章制度的制定主体为学校或校内的各职能部门。二是制定与修改程序不同。大学章程在经过一系列的制定及修改程序之后，还需上报国家权力机关或教育行政主管部门审批核准，而大学规章制度由高校依据大学章程自主制定，不需要经过国家权力机关或教育行政主管部门审核。三是效力范围不同。大学章程对高校内外的利益相关者均具有约束力，而大学规章制度只在学校内部或职能部门内部有效。

美国密歇根大学将其内部所制定的规则分为三个层级：第一个层级为理事会章程，主要包含有关大学组织和政策的重要事项，而非行政琐事和某些教学领域特定的技术要求。理事会章程由理事会依据理事会的立法权，由理事会直接制定。第二个层级为由下属单位提出，并经理事会批准的规则，其重要性要次于理事会章程。这一层级包含更为技术性的实施细则，如有关毕业的要求等。考虑到记录的完整性，这类规则通过理事会会议记录的方式予以公布。第三个层级是经授权，由下属单位实施，只在下属单位有效的规则。这类规则包括许多更为次要性的问题，如评分规则、委员会组织和各学院内部的管理等。这类规则由大学下属单位根据所确立的程序自行实施、修订或废止。①

可见，大学章程和大学规章制度之间是“纲”与“目”的关系。作为大学的“宪章”，大学章程旨在阐释大学的理念、原则和治理结构等基本的、重大的问题和事项，而不涉及大学办学过程中的具体问题。大学规章制度是大学及其职能部门为提高办事效率，针对大学管理过程中局部的、具体的问题而作出的规范说明。大学规章制度是大学章程的细化，体现大学章程的内涵和精神。

---

① Board of Regents of University of Michigan. Bylaws［DB/OL］.（2017-07）. http://www.regents.umich.edu/bylaws/bylaws_pref.html.

三、文献综述

国外大学章程的产生可以追溯到大学诞生之初的中世纪，其最初的形式是国王或者教皇颁发给大学的特许状。此后，经过几百年的发展，西方大学章程的发展已成熟完善。因此，国外学者较少关注大学章程问题，有关大学章程的研究文献相对较少。我国学者对于大学章程的关注始于1995年《中华人民共和国教育法》和1998年《中华人民共和国高等教育法》的颁布和实施。进入21世纪，伴随我国现代大学制度建设的不断推进，特别是《国家中长期教育发展纲要（2010—2020年）》对学校章程作出明确规定之后，有关大学章程的研究逐渐增多。

1．关于大学章程历史演进的研究

要深入了解大学章程的本质，就需要对大学章程的历史发展脉络进行梳理。大学章程的缘起可追溯到中世纪。当时的国王或教皇为大学颁发特许状，允许大学开设课程、延聘教师、规范学术标准等。大学特许状在内容和形式上已经具备现代大学章程的雏形。

朱家德在其著作《权力的规制：大学章程的历史流变与当代形态》中将大学权力的规制视为大学章程的核心要素，并根据大学外部权力关系和内部权力关系对大学章程的历史流变进行梳理，将世界各国的大学章程分为四种类型：中世纪大学章程、罗马传统大学章程、盎格鲁-萨克逊传统大学章程和社会主义传统大学章程①。而尹建锋、吕晓燕在《变迁中的大学知识范式和权力：西方大学章程的历史演变及其启示》一文中基于福柯的知识权力观，从知识话语视角将大学章程的发展分为五个历史阶段：一是中世纪知识权力的起源阶段；二是中世纪中晚期的经院哲学知识神权化建构阶段；三是文艺复兴之后的人文与科学知识王权化建构阶段；四是启蒙运动时期的理性主义知识法权化建构阶段；五是二战之后的科技知识商权化建构阶段②。

① 朱家德．权力的规制：大学章程的历史流变与当代形态［M］．北京：中国社会科学出版社，2013：65．

② 尹建锋，吕晓燕．变迁中的大学知识范式和权力：西方大学章程的历史演变及其启示［J］．高等教育研究，2016（8）：76-82．

关于我国大学章程的渊源，不同学者持有不同的观点。有学者认为古代书院学规是我国最早的大学章程①，但也有学者认为学规不具有大学章程的意义，两者不能等同。至于我国近代大学章程的历史开端，也同样是见仁见智。一些学者认为1895年天津中西学堂（现天津大学）向清政府提交的《拟设天津中西学堂章程禀》是我国近代最早的大学章程②。另一些学者则认为1898年梁启超起草的《奏议京师大学堂章程》、1902年张百熙拟定的《钦定京师大学堂章程》和1904年张之洞主持拟定的《奏定京师大学堂章程》是晚清时期三个最具代表性的大学章程，为我国现代大学章程的肇始。

在有关我国大学章程的研究中，很少有单一的有关大学章程历史演进的研究，有关我国大学章程历史演进的研究大多散见于其他大学章程的研究之中，作为我国大学章程的历史基础加以阐述。侯德华在《我国大学章程的发展历程》一文中对我国大学章程的发展阶段进行过划分。该文以京师大学堂为开端，将我国大学章程的发展分为《京师大学堂章程》和《奏定大学堂章程》、民国时期大学章程的发展、“高教六十条”和目前大学的章程状况四个时期③。

2. 关于大学章程法律性质的研究

关于大学章程的法律性质，不同的学者基于不同的视角有着不同的阐释。目前，学术界对大学章程的法律性质主要存在以下几种具有代表性的观点：

（1）契约说。契约说最早出现于美国联邦最高法院1819年关于达特茅斯学院案的诉讼和判决之中。在此诉讼案中，达特茅斯学院的辩护律师丹尼尔·韦伯斯特（Daniel Webster）将达特茅斯学院的特许状界定为英国王室与达特茅斯学院之间的契约。该观点得到美国联邦最高法院的

---

① 季凌燕，陆俊杰. 大学章程的历史生长逻辑与价值预期［J］. 教育学术月刊，2009（7）：41-44.

② 陈敏. 我国现代大学章程的缘起与困境分析［J］. 现代教育科学，2007（4）：29-32.

③ 侯德华. 我国大学章程的发展历程［J］. 延安教育学院学报. 2008（4）：24-26.

认可并被纳入美国联邦最高法院关于达特茅斯学院案的判决之中。而美国学者琼顿·克拉普（Gordon R. Clapp）在《学院特许状》一文中再次将学校特许状视为州政府与学校举办者和慈善团体之间达成的契约。而《美国联邦宪法》第1条第10款明确规定：各州不得通过有损契约义务之法律，因此学院特许状得到《美国联邦宪法》的保护。①

同时，持契约说的学者对于契约的缔结主体仍存在分歧：一些学者认为大学章程是大学的举办者、管理者、办学者等利益相关者之间的契约，这主要反映在英美大学与政府之间的特许状（charter）之中；另一些学者认为大学章程是大学内部组织成员之间的契约，这主要反映在美国大学的"bylaws"之中。

（2）自治法说。王国文和王大敏在《学校章程的法律分析》一文中最早提及大学章程的自治法，认为大学章程是依照国家法律制定对大学组织和内部活动进行规范的自治法②。湛中乐和徐靖在《通过章程的现代大学治理》一文中通过对我国法律相关规定的分析，也认为大学章程的性质为抽象行政行为和自治规则。但湛中乐和徐靖指出这种自治规则不同于一般的行政规范。一般的行政规范主要是为了实施法律规范，必然受到法律的严格约束，行政规范的制定与发布属于"准行政立法"行为。而制定大学章程的主要目的是保证大学科学有序的管理和发展，尽管其制定以合法为前提，但因大学的特色属性，大学章程较多地呈现出自主和自律色彩③。

（3）公法说。陈学敏在《关于大学章程的法律分析》一文中通过解读《高等教育法》等法律文本后提出，教育主管部门对大学章程的审核是一种行政许可行为。同时，陈学敏还对大学章程"契约说"提出质疑。他认为契约是在两个或多个平等主体之间达成的一致意见，而对公

① CLAPP G R. The college charter [J]. The Journal of Higher Education，1934，5 (2)：79-87.

② 王国文，王大敏. 学校章程的法律分析 [A] 劳凯声. 中国教育法制评论（第二辑）[C]. 北京：教育科学出版社，2003：118.

③ 湛中乐，徐靖. 通过章程的现代大学治理 [J]. 法制与社会发展（双月刊），2010 (3)：106-124.

立高校而言，无论是大学与政府，还是大学与其成员间都是一种非对等关系，它们之间是管理与被管理的关系，在这种关系基础上很难建立平等的契约。大学章程固有的行政法属性使得“契约说”无从谈起。①

（4）多重性说。米俊魁在《大学章程法律性质探析》一文中总结了各种有关大学章程法律性质的观点并指出：大学章程具有多重性。从大学举办者的立场来看，大学章程是大学举办者之间的组织性契约，是举办者与办学者及师生员工之间的格式合同。从大学组成者的立场来看，大学章程是大学的自治法；站在大学行政管理相对人的立场来看，大学章程具有公法性质，因为大学是可以行使公权力的、特殊的行政主体。大学章程的多重性是由大学法律地位的多重性所决定的。② 姚叶在其学位论文《基于公共治理的中国大学章程的制定》中提出确定我国大学章程法律性质可遵循如下原则：在制定章程时坚持以公法为基调，在规范大学办学行为时以“章程自治”为手段，在规范大学各权力主体关系，尤其是那些不适合用法律形式进行规定的关系时，可采取契约形式。③

3．关于大学章程制定机制的研究

在我国大学章程制定之初，大学章程制定机制的研究一直是研究者们关注的重点问题。大学章程的制定机制是否科学合理是大学章程能否有效实施的基础。我国关于大学章程制定机制的研究大都包括制定主体和制定程序两个方面。

就大学章程的制定主体而言，研究者大多会对大学的管理者、举办者以及大学自身展开讨论。关于大学章程究竟由谁来制定主要存在两种不同的观点。

一些学者认为，大学或大学权力机构是制定大学章程的主体。这主要体现在教育部的相关文件之中。例如，1999年，教育部在《关于加强教育法制建设的意见》中强调：“各级各类学校特别是高等学校要提高

---

① 陈学敏．关于大学章程的法律分析［J］．武汉大学学报，2008（2）：169-172.

② 米俊魁．大学章程法律性质探析［J］．现代大学教育，2006（1）：52-55.

③ 姚叶．基于公共治理的中国大学章程的制定［D］．湘潭：湘潭大学，2007：32.

依法管理学校的意识，依据法律、法规的规定，尽快制定、完善学校章程”。[①] 随后，教育部在 2003 年颁布的《关于加强依法治校工作的若干意见》中指出，“学校要依据法律法规制定和完善学校章程”[②]。2010 年，教育部又在《高等学校章程制定暂行办法》中规定：“高等学校应当按照民主、公开的原则，成立专门起草组织开展章程起草工作。章程起草组织应当由学校党政领导、学术组织负责人、教师代表、学生代表、相关专家，以及学校举办者或者主管部门的代表组成，可以邀请社会相关方面的代表、社会知名人士、退休教职工代表、校友代表等参加。”[③] 这些文件均将大学视为大学章程的制定主体。

另一些学者则认为，无论是我国的《教育法》，还是《高等教育法》，均规定章程是学校设立的基本要件之一，在学校设立之前就应该存在，所以根本谈不上由学校来制定章程，章程制定的主体只能是学校的举办者。陈立鹏等学者在其著作——《大学章程研究：理论与实践的探索》中通过对理论与实践的分析，提出高等学校章程的制定主体应该是高等学校的举办者，即公办高等学校主要为政府，民办高等学校应该是投资举办民办高等学校的社会组织或者个人。[④]

就大学章程的制定程序而言，段海峰和韩晖在《试析大学章程的制定程序》一文中将大学章程的制定程序分为章程的制定准备（即章程的起草）、章程草案的审议、章程的表决、章程的审核、章程的公布几个阶段。[⑤] 陈立鹏等学者认为公办大学的章程应先由学校起草，经学校教

---

① 中华人民共和国教育部. 关于加强教育法制建设的意见 [EB/OL]. (2015-06). http://old. moe. gov. cn/publicfiles/business/htmlfiles/moe/moe_623/200501/5144. html.

② 中华人民共和国教育部. 关于加强依法治校工作的若干意见 [EB/OL]. (2015-06). http://old. moe. gov. cn//publicfiles/business/htmlfiles/moe/moe_623/200501/5145. html.

③ 中华人民共和国教育部. 高等学校章程制定暂行办法 [EB/OL]. (2011-11-28). http://www. gov. cn/flfg/2012-01/09/content_2040230. htm.

④ 陈立鹏，等. 大学章程研究：理论与实践的探索 [M]. 北京：北京师范大学出版社，2012：54-59.

⑤ 段海峰，韩晖. 试析大学章程的制定程序 [J]. 云南科技管理，2009 (1)：79-81.

职工代表大会及校长办公室核准，经主管教育部门审核批准后，章程的制定程序才随之结束。修订程序是由学校提出章程中需要修改的事项，经学校教职工代表大会及校长办公会、学校党委会审议通过后，由学校法定代表人签名，报原核准机关核准。① 同时，陈立鹏和杨阳还指出，在我国章程的制定程序中存在着程序性规范缺失、主管部门审批形式化、流程透明度低等一系列问题。② 李昕欣和张德祥则认为当前我国大学章程存在着法律效力不明确、章程内容缺乏个性、文字表述含糊不清、制定与修改程序不完善等问题。③ 随着我国大学章程制定工作的相继完成，研究者们开始关注大学章程修订问题的研究。

4. 关于大学章程文本内容的研究

大学章程的文本内容是否科学完备决定着大学章程的质量。关于大学章程的文本内容应涉及哪些内容，我国《高等教育法》及《高等学校章程制定暂行办法》规定的事项如下：一是学校的名称、校址；二是办学宗旨；三是办学规模；四是学科门类的设置；五是教育形式；六是内部管理体制；七是经费来源、财产和财务制度；八是举办者和学校之间的权利、义务；九是章程的修改程序；十是其他必须由章程规定的事项等。张建初在《论高等学校章程》一文中提出我国大学章程的基本要素是《高等教育法》规定的有关高等学校章程的条款，同时包含各项条款所蕴含的具体内容。王国文和王大敏在《学校章程的法律分析》一文中指出依据法律对学校章程记载事项有无明确的规定，可以将章程中的事项分为必要记载事项和任意记载事项。④ 而姚叶在其《基于公共治理的中国大学章程的制定》的学位论文中提出大学章程应载明 11 项内容，具

① 陈立鹏，等. 大学章程研究：理论与实践的探索［M］. 北京：北京师范大学出版社，2012：59-60.

② 陈立鹏，杨阳. 贯彻落实《教育规划纲要》、全面推动大学章程建设［J］. 国家教育行政学院学报，2010（8）：25-30.

③ 李昕欣，张德祥. 关于高等学校章程制定与实施的几个问题［J］. 中国高教研究，2006（9）：48-52.

④ 王国文，王大敏. 学校章程的法律分析［A］劳凯声，中国教育法制评论（第二辑）［C］. 北京：教育科学出版社，2003：118.

体为：大学章程的法律渊源、大学本身的相关规定和其法律地位、大学的领导体制和管理体制、学术委员会、大学主要负责人及师生的权责规定、社会参与大学管理的规范、财务制度以及大学章程的修订和生效程序。①

5. 有关大学章程国际比较的研究

在我国，关于国外大学章程的研究主要可以分为两类：一类是对某一国家或某一所大学章程的专题研究或个案研究。例如，石月在《试论俄国1804年大学章程》的硕士学位论文中系统介绍了俄国1804年第一个大学章程的筹备、确立和实施过程，试图分析大学教育体制形成的一般规律。② 陶智在《美国大学章程研究》的硕士学位论文中梳理美国大学章程的历史，分析美国大学章程的现状，总结美国大学章程的特点，进而提出美国大学章程对我国大学章程建设的若干启示。③ 刘燕青在《英国大学章程要素分析及其在学校治理中的作用》的硕士学位论文中通过对英国大学章程的文本分析，探讨大学章程在大学治理中的作用。④同时，陈立鹏与梁莹莹在《日本的大学章程建设》一文中总结了日本大学章程的五大特点。⑤ 于丽娟在《国外大学章程文本探析——以英国牛津大学和美国康奈尔大学为主要案例》一文中通过对国外大学章程的个案分析，提出我国在制定大学章程时要明确大学领导体制、教授治学、大学与外部之间的权利义务关系以及学生与校友的规定等建议。⑥

另一类是对国外大学章程的综合性比较研究，其中最具代表性的研究成果当属马陆亭和范文曜主编的《大学章程要素的国际比较》一书。

① 姚叶．基于公共治理的中国大学章程的制定［D］．湘潭：湘潭大学，2007：56-57.

② 石月．试论俄国1804年大学章程［D］．长春：吉林大学，2007：2.

③ 陶智．美国大学章程研究［D］．北京：中国人民大学，2008：8-38.

④ 刘燕青．英国大学章程要素分析及其在学校治理中的作用［D］．北京：中国人民大学，2009：19-38.

⑤ 陈立鹏，梁莹莹．日本的大学章程建设［J］．中国高等教育，2010（17）：61-62.

⑥ 于丽娟．国外大学章程文本探析——以英国牛津大学和美国康奈尔大学为主要案例［J］．高教探索，2009（1）：76-79.

该书在英国、法国、德国、美国、日本和中国各选取1～2所大学的章程作为比较对象，深入研究各国大学章程的社会与体制背景，以及所体现的法治精神，提炼大学章程的本质要素。① 樊学莱在学位论文《国外大学章程的研究和建立我国大学章程的探索》中对国外几所大学章程的制定和实施过程进行比较分析，提出了适合我国大学章程建设的一般模式。② 金建陵在《国外制定学校章程的实践经验和法律规定》一文中详细描述了澳大利亚维多利亚州制定大学章程的具体过程，并对俄罗斯、日本、法国等国的大学章程进行了简要的探讨。③

目前，尽管我国已经对大学章程的相关问题进行了较为广泛的研究，这些研究对我国大学章程的建设起到了一定的促进作用，但我国对大学章程的研究依然存在诸多不足。

第一，理论研究有待进一步提升。目前，尽管我国已经对大学章程进行了一定的研究，但对大学章程的一些基本问题，诸如大学章程的内涵、大学章程的法律性质、大学章程的制定主体等依然存在较大的争议，而且既有研究呈现相对碎片化的特征，缺乏对大学章程系统、深入的理论建构。因此，有关大学章程的理论探究有待进一步提升。

第二，实证研究有待进一步拓展。目前我国大学章程的研究大多是关于大学章程的思辨研究，主要是对大学章程应然状态的阐述，缺乏大学章程实然状态的印证，尤其对我国各大学章程制定与核准完毕后的实施保障机制关注不够，因此，关于大学章程的实证性研究有待进一步拓展。

第三，比较研究有待进一步深化。就大学章程的国际比较而言，目前为数不多的大学章程比较研究大多从几个国家分别选取1～2所大学的章程进行个案比较，大学章程系统的国别研究近乎空白，难以形成对各

---

① 马陆亭，范文曜. 大学章程要素的国际比较［M］. 北京：教育科学出版社，2010：50-339.

② 樊学莱. 国外大学章程的研究和建立我国大学章程的探索［D］. 南京：南京理工大学，2006：3.

③ 金建陵. 国外制定学校章程的实践经验和法律规定［J］. 外国中小学教育，2001（3）：42-44.

国大学章程的整体性把握。同时，我国大学章程的比较研究大多是对各国大学章程现行的文本进行研究，既没有清晰梳理各国大学章程发展的来龙去脉，也未能深入探究各国大学章程文本背后所蕴涵的价值，从而使国外大学章程研究缺乏历史厚度与学理高度。此外，我国现有大学章程的比较研究未能结合中国大学章程建设的特定境遇和实际问题开展相关的本土化研究，无法为建构既遵循“世界通例”，又体现“中国特色”的大学章程提供有针对性和可操作化的对策建议。

综上所述，我国有关大学章程的现有研究为我国大学章程的后续研究预留了广阔的空间。同时这也说明我国大学章程研究依然任重而道远。

四、研究方法

本研究首先从纵、横两个向度对美国大学章程的历史演进和现实状况进行系统的梳理和分析；然后以之为基础，归纳和提炼美国大学章程所蕴含的基本价值；最后以美国大学章程的基本价值为背景，通过对我国大学章程的历史追寻，分析我国大学章程建设中存在的问题，展望我国大学章程建设的未来走向。为此，本研究将以比较研究法为主，辅之以文献研究、历史研究、个案研究等多种研究方法，努力建构历史研究与现状研究、事实考证与价值分析、综合研究与个案研究相结合的研究范式。具体来说，本研究运用了如下研究方法：

1. 文献研究法

美国大学章程研究最为理想的方式是亲临美国大学，直接感受和体悟美国大学章程的实际状况。然而，由于各种客观条件的限制，文献研究成为美国大学章程研究的基本方法。本研究通过中国期刊全文数据库、优秀硕博论文等中文数据库和ProQuest、JSTOR、EBSCO等外文数据库以及美国国会书馆和各大学图书馆搜集有关美国大学章程的研究文献，并对研究文献进行筛选、分类，使所收集的文献具有客观性和代表性，力求将美国大学章程的研究建立在充分、翔实的文献资料基础之上。

2. 历史研究法

美国大学章程的发展是一个动态的历史过程。因此，对美国大学章程进行历史的追溯，考察不同时期美国大学章程的具体形态，探寻美国大学章程的演进逻辑，对于完整、准确地把握美国大学章程发展的基本规律尤为重要。本研究将依照美国高等教育发展的大致脉络，将美国大学章程的发展分为殖民地时期、建国初期、南北战争以后和二战以后四个不同的发展阶段，呈现美国大学章程发展各阶段的基本特征，同时遵循史论结合、论从史出的原则，努力探寻美国大学章程的演进逻辑和发展规律。

3．比较研究法

对美国大学章程进行研究，其最初的出发点与最终的归宿都是为了从美国大学章程发展过程中汲取有益的经验，为我国大学章程的制定和完善提供启示与借鉴。为此，美国大学章程研究理所当然应将比较研究法作为最主要的研究方法。本研究始终将我国大学章程存在的问题作为“一以贯之”的参照系，将研究过程视为中美大学章程不断比较的过程，努力探寻我国大学章程建设中的问题，以期为我国大学章程的未来发展提供建设性的思考。

4．个案研究法

受多元文化特性和地方分权管理体制的影响，美国大学章程极具多样性与个性，因此对于美国大学章程而言，个案研究尤为必要。本研究拟选择哈佛大学、耶鲁大学、芝加哥大学等有代表性的私立大学和密歇根大学、弗吉尼亚大学、加州大学等有代表性的公立大学以及兼具公私立特征的康乃尔大学等7所大学的章程为典型个案，从法律地位、制定机制、文本内容和法律效力四个维度对所选取大学的章程文本进行深入的研究。在中国大学章程的研究中，本研究选取1920年的《北京大学现行规程》、1927年的《清华大学组织大纲》、2005年的《吉林大学章程》和2011年的《南方科技大学管理暂行办法》作为研究对象，对中美两国的大学章程进行比较研究。

五、研究框架

本研究旨在以我国现代大学制度建设为背景，从大学治理的视角，从法律地位、制定机制和文本内容三个维度系统考察美国大学章程的历史演进和现实状况，并以之为基础提炼美国大学章程所蕴含的基本价值；然后通过对我国大学章程的历史追寻，结合我国大学章程建设中存在的问题，展望我国大学章程建设的未来走向，从而为我国大学章程的建设和大学治理结构的完善提供价值导引和经验借鉴。具体来说，全书共分为四章：

第一章主要探讨美国大学章程的历史演进。纵观美国大学章程的历史演进，它不仅在不同阶段表现出各自鲜明的特征，而且在各阶段之间也显示出明显的承继性。为此，本章依照美国高等教育发展的大致脉络，将美国大学章程的演进分为殖民地时期、建国初期、南北战争以后和二战以后四个阶段，追溯美国大学章程的历史流变，展现美国大学章程发展各阶段的独特图景；然后以之为基础，依照历史与逻辑统一的原则，提炼美国大学章程的演进逻辑，探寻美国大学章程发展的内在规律。

第二章主要呈现美国大学章程的现实状况。通览美国大学章程的现实状况，基于不同的历史传统与社会境况，美国大学章程尽管极具多样性与复杂性，但也表现出鲜明的统一性与共通性。因此，本章选择哈佛大学、耶鲁大学、芝加哥大学等有代表性的私立大学和密歇根大学、弗吉尼亚大学、加州大学等有代表性的公立大学以及兼具公私立特征的康乃尔大学等7所大学的章程为典型个案，从法律地位、制定机制、文本内容和法律效力四个维度，对美国大学章程进行系统的解读，归纳美国大学章程的基本特征。

第三章旨在探寻美国大学章程的价值意蕴。无论历史演进还是现实状况，所反映的不过是美国大学章程的具体事实。尽管这些事实或许能激发人们某些零星的、新奇的灵感，但由于它们深深根植于美国大学章程赖以生存的特定土壤之中，具有鲜明的本土化特性，因而并不能为其他国家的大学提供直接效法的普适性模板。因此，本章在系统梳理美国大学章程的历史演进与现实状况的基础上，选择美国大学有代表性的特许状与章程，努力提炼美国大学章程所蕴含的基本价值诉求和理念意涵，包括法治、秩序、正义、自由、民主等，探寻美国大学章程背后的“无形的、不可捉摸的精神力量”，以增强美国大学章程的解释力和迁移性。这不仅是美国大学章程研究的学术旨趣，而且可以为我国大学章程建设提供可资借鉴的启示。

第四章旨在展望我国大学章程建设的未来走向。比较研究不仅需要国际视野，更需要本土情怀。因此，本章以美国大学章程所蕴含的理念意涵为参照，系统梳理我国大学章程的发展脉络，分析我国大学章程建设过程中存在的不足，展望我国大学章程发展的未来走向，并试图为我国大学章程的建设和大学治理结构的完善提供价值导引和经验借鉴。

第一章　美国大学章程的历史演进

大学章程在美国历史非常悠久。美国第一所大学——哈佛学院建立之初，大学章程就以“特许状”的形式出现在美国高等教育制度之中。作为一种大学治理制度，美国大学章程从诞生之时起，就伴随美国大学内外环境的变化而不断变革和发展。美国不同发展阶段的政治、经济、文化以及高等教育自身的发展给美国各大学章程的发展带来很强的时代印记，使得美国大学章程的发展不仅具有连续性，而且具有鲜明的阶段性特征。尽管不同学者对美国历史发展阶段的划分略有不同，但结合美国政治、经济和文化以及高等教育发展的自身状况，我们将美国大学章程的发展分为殖民地时期、建国初期、南北战争以后和二战以后四个阶段。本章从大学治理的视角分阶段考察美国大学章程的演变历程，探寻美国大学章程的演进逻辑和规律。

第一节　殖民地时期美国学院章程

自 1607 年英国殖民者在一个被称为“詹姆斯城”的地方登陆，到 1775 年美国独立战争爆发，英国殖民者通过各种手段在北美东北岸建立了 13 个殖民地。在殖民地建设的过程中，殖民者不仅全面移植英国的政治、经济制度，在高等教育领域也借鉴英国高等教育的制度。殖民地时期所建立的 9 所学院大多移植和借鉴英国高等教育的制度经验，其中大学章程就是典型代表。大学章程历经演化和发展，最终成为美国大学治理的基本制度。

一、殖民地学院的创建

美国高等教育的发轫以殖民地学院的创建为起点。然而，殖民地学院的肇始又以1636年在马萨诸塞殖民地设立的哈佛学院为标志。

马萨诸塞殖民地地处新教加尔文教派较为集中的新英兰地区。新教的突出特点是非常重视教育事业。在《新英格兰的最初成果》的小册子中，新教徒们写道："当上帝将我们安全带到新英格兰后，我们建造了自己的房屋，为生活提供了必需品，在附近建立了礼敬上帝的教堂，并且组织了世俗政府。下一步我们渴望和期待的是获得高深知识，并使之永存于我们的子孙后代之中。"① 因此，当新教徒们在马萨诸塞站稳脚跟后，他们就开始着手创办学校。

创建哈佛学院的动议始于1633年。当年，剑桥大学毕业生约翰·艾利奥特（John Eliot）在提交给马萨诸塞殖民地议会（General Court）的信函中提出在马萨诸塞建立一所学院的建议。② 这项提议得到马萨诸塞殖民地当局的积极回应。1636年10月28日，马萨诸塞殖民地议会通过法案，决定拨付400英镑建立一所学校或学院，但并未确定学院建立的具体地点。1637年11月15日，殖民地议会通过法案决定在新城（New Town）建立学院。1637年11月20日，殖民地议会成立了一个由12个人组成的委员会负责学院的筹建工作。由于所筹建的学院以英国剑桥大学，尤其是剑桥大学伊曼纽尔（Emmanuel）学院为原型，因此不久之后，新城学院被殖民地议会命名为剑桥（Cambridge）学院。1638年9月7日，剑桥学院正式开学。1638年9月14日，波士顿富商、英国剑桥大学伊曼纽尔学院的毕业生约翰·哈佛（John Harvard）去世。根据其遗嘱，哈佛的家人将其一半的遗产，即799英镑17先令2便士和400册图书捐赠给剑桥学院。为了纪念约翰·哈佛的义举，马萨诸塞殖民地议会于1639年3月13日决定将剑桥学院更名为"哈佛学院"

---

① CREMIN L A. American education: the colonial experience, 1607-1783 [M]. New York: Harper & Row Publishers, 1972: 207.

② WESTMEYER P. A history of American higher education [M]. Illinois: Charles C. Thomas Publisher, 1985: 8.

(Harvard College)，并追认约翰·哈佛为哈佛学院的创始人。[①] 哈佛学院的创建拉开了美国高等教育的序幕。

继哈佛学院之后，北美英属殖民地又相继创建了 8 所学院。1693 年，弗吉尼亚殖民地的圣公会获得英国王室颁发的特许状，创建威廉·玛丽学院；1701 年，“为了培养服务教会和本州世俗社会的人才”[②]，经康涅狄格殖民地议会批准，公理会在纽黑文创建耶鲁学院；1746 年，新泽西长老会获得英王乔治二世的特许创建新泽西学院（1896 年更名为普林斯顿大学）；1754 年，多个教派组织在纽约创建国王学院（1784 年更名为哥伦比亚学院），但后来圣公会控制了该学院；1755 年，经英国王室的特许，宾夕法尼亚殖民地在一所慈善学校的基础上创建了无教派控制的费城学院（1779 年改组为宾夕法尼亚大学）；1764 年，经英国王室批准，浸礼会创建罗德岛学院（1804 年改称布朗大学）；1766 年，经英国王室特许，归正会创建女王学院；1769 年，公理会获得英国王室颁发的特许状，创建达特茅斯学院。

殖民地时期创建的 9 所学院，经历为期 8 年的独立战争的洗礼，虽有个别学院因财政困难被迫暂时停办，但最终大部分学院顽强地生存下来，成为美国高等教育发展的基础。

二、殖民地学院特许状的出现与发展

在殖民地学院创建的过程中，美国各学院经由各殖民地当局的立法机关或英国王室颁发特许状（charter），获得授权建立学院并确定学院的治理结构，特许状由此成为大学章程的重要组成部分。从某种意义上说，正是殖民地学院特许状开启了美国大学章程建设的进程。

（一）殖民地学院特许状的经验来源

大学特许状是欧洲中世纪大学发展的产物。12 世纪～13 世纪，在意大利的博洛尼亚、法国的巴黎、英国的牛津和剑桥，教师和学生们为了

---

① QUINCY J. The history of Harvard University：1［M］. Cambridge：Harvard University Press，1860：10.

② HERBST J. From crisis to crisis：American college government，1636—1819［M］. Cambridge：Harvard University Press，1982：38.

避免自身利益受到城市居民的侵害，仿照城市中的商业和手工业者建立学者行会，依照行会的章程自主管理自身事务。后来，学者行会通过争取，获得由教皇或国王颁发的教谕、谕令、敕令或特许状，使学者行会的大学法人地位得到承认并使大学被授予诸多特权，例如独立的司法审判权、罢课权、迁校权、教师证书发放权、大学印章的制作和使用权等。17世纪，随着北美殖民地的建立，欧洲各国特别是英国的政治、文化教育制度随之被带入这块新大陆。在殖民地学院建立之时，殖民地学院通过特许状借鉴英国大学的法人制度、学院制度以及其他欧洲大学和教会管理的经验建构了独具特色的治理结构。

1. 英国大学的法人制度

法人是相对自然人而言的，是具有民事权利主体资格的社会组织。[①]法人观念源于罗马法。根据罗马法和罗马法专家的解释，成立法人需具备两个前提条件：第一，法人应由三个或三个以上行业内的成员组成；第二，法人应得到普通法的承认或上级机关的默许或批准。此外，法人还应符合其他相关要求，如能够选举自己的官员和代理人，以及可以制定章程、拥有财产、作为法人通过其代理人起诉和应诉等。[②] 1066年，诺曼征服英国之时，正值欧洲罗马法复兴，罗马法及法人观念随之在英国得到进一步发展。16世纪上半叶，英国实行宗教改革，英国国教脱离罗马教廷，英王将自己封为教会和世俗国家的最高领导人。为了保证王室的权威，英国法律规定，只有王室或经王室授权的机构才有确立法人的资格。例如，英国王座法庭（Court of King's Bench）在1568年的一个判例中规定，臣子不能创设法人，但王室可以授权臣子设立法人，并要求臣子严格按照皇家授予的权力行事。在此情况下，臣子的行为就被看作王室的行为。在1612年的“苏顿医院案”（the Case of Sutton's Hospital）中，库克勋爵（Lord Coke）也明确指出，“除了国王之外，任何人不得创设法人”[③]。

① 丁卫国．什么是法人制度［J］．经济管理，1985（7）：65-64．

② POST G. Parisian masters as a corporation，1200—1246［J］．Speculum，1934（4）：421-445．

③ HERBST J. From crisis to crisis：American college government，1636—1819［M］．Cambridge：Harvard University Press，1982：14．

1167年，由于英王和法王交恶，英王召回在法国巴黎学习的全部英国学者，这些被召回国的学者按照法国巴黎大学的学者行会模式创建了牛津大学。1209年，因牛津的师生与市民发生流血冲突而被迫罢课，部分出走剑桥的师生创办了剑桥大学。牛津和剑桥在成立之初并没有像博洛尼亚大学、巴黎大学那样获得教皇或国王的特许状而成为正式的法人。然而，这并不妨碍牛津大学和剑桥大学的合法性。根据习惯法的习俗和时效，牛津和剑桥从一开始就按照法人治理的模式制定了自己的章程，管理自身事务。1571年，英国王室颁布《牛津和剑桥法》（*The Act of the Incorporation of Oxford and Cambridge University*）。根据该法，牛津大学和剑桥大学在成立300多年后被正式授予法人地位，具有起诉和应诉权利。1636年，英国国王又以皇家确认信（Royal Letters of Confirmation）的方式批准牛津大学校长主持起草的《劳狄安法典》（*Laudian Code*）。该法典对大学的治理机构、学监的任命、执行委员会的建立及职责等事项作出了明确的规定。①

《牛津和剑桥法》、《劳狄安法典》以及之前的各种判例，无疑使创建于17世纪的北美殖民地学院对特许状的地位及重要性有了更深的认识，并对这些学院特许状的获得途径、特许状的内容设计等具有很强的启发和指导意义。纵观北美殖民地学院的发展史，我们发现，尽管有个别大学（如哈佛学院）并没有像其他学院那样从建校伊始就获得特许状，但随着大学自身的发展，它们最终都毫无例外地从殖民地当局或英国王室获得特许状。而殖民地学院之所以费尽周折地向殖民地当局或英国王室争取特许状，其根本原因在于他们认识到根据牛津和剑桥的经验，只有获得最高权威机关颁发的特许状，才能确立学院的法人地位并获得相应的权利。

2. 欧洲教会和大学的外行治理经验

在殖民地学院创立之初，它们虽然大多以其宗主国的牛津大学和剑桥大学作为模本，但在内部治理方面，殖民地学院却采用与牛津、剑桥不同的治理模式。在牛津和剑桥，大学的权力主要掌握在大学内部人员

① 张国有. 大学章程［M］. 北京：北京大学出版社，2012：4-5.

手中。例如，自13世纪发展起来的"教职工大会"（Congregation）是大学的立法机构，拥有制定规章、授予学位、选举校务委员会成员和其他学校机构成员以及任命副校长的权力。此外，教职工大会有权对章程的修订进行批准。[①] 然而，在殖民地学院，无论是采取"双院制"的哈佛学院、威廉·玛丽学院，还是其他实行"单院制"的学院，其核心权力均掌握在由"外行人"（laymen）组成的董事会及其代理人校长手中。殖民地学院进行这种制度安排的原因是多方面的，而最主要的原因是基于殖民地的师资和经济状况。牛津大学和剑桥大学是在教师行会的基础上发展起来的，有许多享有崇高声誉的教师。而殖民地学院建立之初，其教师主要由那些希望将来当牧师的年轻人担任。学院的创办者们并不放心将学院的命运交给这些年轻人。另外，殖民地学院的资金主要来自政府的拨款和捐赠人的捐赠。作为捐赠的"受托人"（trustees），他们有义务保证捐赠人的利益不受损害。为了解决上述问题，殖民地学院的创建者们从欧洲一些国家的教会和大学的"外行人"治理模式中获得启示。

宗教改革后，在欧洲一些信仰新教的公国，公理会实行外部人士管理教会的政策，很快这一政策就被应用到大学的治理之中。在荷兰的莱顿大学（University of Leyden），先由"三级会议"（Estates General）任命代表大学最高权威的学监（curators），然后再由学监和市长共同任命驻校教授，并批准他们组成元老会（senatus academicus）。[②] 这种由学监委员会和元老会所组成的治理模式与哈佛学院由监事会和法人会构成的"双院制"治理体制具有一定的相似性。

3. 英国大学的学院制

在殖民地学院，校长主持学院的一切行政和学术事务，在学校的发展中具有举足轻重的地位。殖民地学院的这种制度安排，固然有其实际的考量，如限于当时的交通条件和董事会中校外人士的时间及精力，由校外人士组成的董事会并不能随时处理学院的日常事务，但从其经验来

① 张国有. 大学章程［M］. 北京：北京大学出版社，2012：10-11.

② BRUBACHER J S, RUDY W. Higher education in transition: A History of American colleges and universities［M］. 4th edition. New Brunswick: Transaction Publishers, 1997: 25.

源来看，英国牛津大学和剑桥大学的学院制使殖民地学院获得了深刻的启发。在当时英国的牛津大学和剑桥大学，虽然也设有校长（Chancellor）职位，但校长实际上只具有象征意义，他们并不直接参与大学事务的管理。例如，从15世纪起，英格兰的大学不再选举一位研究员做校长，而是选举一位非驻校的显贵，因为他能够通过皇家议会维护大学的利益，而大学的真正领导则是副校长。[①] 然而，在殖民地时期，美国高校并不像牛津大学和剑桥大学那样，设立荣誉性质的校长职位和实际负责大学事务管理的副校长职位。在殖民地学院，只设置校长职位，校长就是殖民地学院事务的具体管理者。殖民地学院这种由校长管理日常事务的思想主要来源于英国大学的学院制。

自从牛津大学1274年建立默顿（Merton College）学院、剑桥大学1284年建立彼得学院（Peterhouse College）之后，随着学院的不断增建，牛津大学和剑桥大学逐渐演变成为学院的集合体。最初，学院的建立目的仅仅是解决学生的食宿问题。后来，学院的功能渐渐扩展，成为既提供住宿，还给低年级学生提供预备性、补习性教育和指导的场所。为了解决那些贫穷的外来学生的住宿问题，一些慈善家通过捐赠方式创建了很多的学院。这些学院最终也获得特许状，成为独立的法人机构。到16世纪，学院承担大学的全部教学职责，大学只负责颁发学位。[②] 这样，学院同样是法人实体，各学院的院长从学院教授中选举产生，主管学院的学术和行政事务。从某种意义上说，英国大学的院长比校长担负更多的职责并掌握更多的实权。而在殖民地学院，其校长与英国大学的学院院长一样，具体负责学院的日常运行，管理日常事务。由此可见，殖民地学院在建立其内部治理体制的过程中，对于校长地位和职能的定位更多地借鉴牛津和剑桥的学院，而非大学母体的治理体制。

4．英国的慈善信托制度

慈善信托制度起源于英国，但将慈善信托制度发扬光大的却是17世

---

① 希尔德·德·里德-西蒙斯．欧洲大学史：中世纪大学［M］．张斌贤，等译．保定：河北大学出版社，2008：187．

② 贺国庆，王保星，朱文富，等．外国高等教育史［M］．北京：人民教育出版社，2006：76．

纪英属北美殖民地的殖民地学院。慈善信托是英国用益（uses）设计和衡平法相结合的结果。

英国的用益设计和衡平法产生于欧洲中世纪。当时，农业经济在英国占绝对优势，土地上的收益是英国税收最主要的来源。英国国王宣称国王是全国土地唯一的和最终的所有者。但实际上，通过国王的分封、赠予或其他方式，英国的王室、贵族、教会、自由民等成为土地的实际占有者。英国王室可以向除教会之外的土地所有者征收土地税。根据英国法律，英国实行土地的长子继承制度。在土地的所有者去世后，其土地只能由长子继承。但如继承人尚未成年，其土地则由领主代为管理。待继承人成年后，领主再将土地交还给继承人，但继承人需向王室缴纳一定数量的继承税。该继承税对于继承人来说却是不小的负担。为了避免继承税给继承人带来负担，英国人设计出一套规避缴纳继承税的办法。他们立下遗嘱，即在他们死后，秘密将土地委托给他人耕种，但需将土地上的部分收益归还给原土地的所有者家族。这就是英国用益设计的始因之一。另外，由于战争、宗教信仰等，土地所有者并没有严格地遵循长子继承制，而是希望将土地转让给教会或除长子之外的其他人。为了避免直接将土地转让给他人而被国王没收，他们同样将土地委托给第三人耕种，耕种所得，则为教会或除长子之外的人员所有。但这种做法在当时并不受法律保护。一旦被委托人违约将土地和收益据为己有，受益人将蒙受巨大损失。

随着英国经济社会的发展，这种土地转让的行为越来越普遍。为了适应这一发展形势，英国于1536年颁布《用益法》（Statute of Uses）。该法承认土地转让的合法性，即土地的第一层受益，土地的受让人即是土地的所有者。但作为土地的最终受益人，即土地的第二层受益人的权益并没有得到《用益法》的保护。这使得获得土地让渡权的人出于私心而将土地据为己有，并且不履行义务。但如果有人将他们告上国王的衡平法院，那么主要由宗教人士和法官组成的衡平法院会根据“良心”和“正义”的原则，要求土地的受让人履行义务，将土地的收益归还给第二层受益人。这就形成一种有趣的法律现象，即《用益法》从普通法的角度，保证土地的第一层用益，而衡平法院则维护土地的第二层用益。

为了区别第一层用益，第二层用益也被称为“信托”(trust)。

16世纪下半叶至17世纪初，随着英国王权的进一步巩固，英国颁布了几部资助穷人的法律，对英国慈善信托的发展起到了重要的推动作用。其中，最为重要的是1601年颁布的《慈善用益法》(Charitable Use Act)。该法根据信托原则，通过富人的捐赠建立信托财产，并将之交由专门的慈善组织负责管理，主要用于穷人的救济和修建教堂、医院、学校等公共设施。为了避免慈善资金被滥用，该法还要求地方政府以郡为单位任命5名慈善专员负责监督慈善资金的使用情况。一旦慈善专员委员会发现有滥用慈善财产的行为，该委员会则做出相应的反应，如提请地方政府注意，同时宣布慈善财产存在滥用现象，并做出纠正命令或向衡平法院提起诉讼。① 17世纪初，英国的慈善信托制度随着英国海外殖民的开拓而被带到北美大陆。殖民地当局和各教派根据慈善信托制度，通过殖民地当局的资助和民众的捐赠，创建殖民地学院并建立相应的治理制度。

(二) 殖民地学院特许状的建设进程

1. 哈佛学院：美国殖民地学院特许状的开创者

作为美国的第一所高校，哈佛学院不仅开创了美国高等教育的新纪元，而且在探索具有美国特色的高等教育治理体制方面作出了重要的贡献。

(1) 1642年特许状——哈佛学院的首份特许状

在哈佛学院成立后的第二年，马萨诸塞大议会通过法案成立一个由12名成员组成的委员会(Committee)负责哈佛学院的具体事务。但该委员会的性质并不明确，致使其权威性非常有限，殖民地当局对大学内部事务的干预时有发生。1638年，该委员会任命纳撒尼尔·伊顿(Nathaniel Eaton)作为哈佛学院的首任主管(master)。但由于伊顿对学生野蛮粗暴，经常体罚学生，因而受到学生指控。随后议会启动对伊顿的调查程序，并于1639年将伊顿解雇。在此背景下，马萨诸塞议会于1640年聘请远在英国的亨利·邓斯特(Henry Dunster)担任哈佛学院的校长。由此可见，从伊顿的开除到邓斯特校长的聘请，都是由议会而不

① 解锟. 英国慈善信托制度研究[D]. 上海：华东政法大学，2010：42-43.

是委员会完成的。

在邓斯特校长上任两年后（1642 年），哈佛学院第一届学生毕业。尽管当年只有九名学生毕业，但邓斯特仍为他们举行了毕业典礼。鉴于当时的哈佛学院办得小有成就，在毕业典礼的四天后，殖民地议会通过《关于成立哈佛学院监事会的法案》（The Act of Establishing the Overseers of Harvard College）。[①] 尽管该法案尚未完全确立哈佛学院的法人地位，但仍被看作哈佛学院的第一份特许状。例如，在《哈佛大学史》一书中，哈佛大学校长乔西亚·昆西（Josiah Quincy）在谈到邓斯特校长的贡献时就曾提及"1642 年特许状"。[②]

哈佛学院 1642 年特许状的治理功能主要体现在以下几个方面。首先，通过该特许状，哈佛学院建立了该学院的治理机构——监事会。该监事会的成员包括总督、副总督、校长、议会的所有助理以及六个邻镇的牧师。第二，明确监事会的权限。如特许状规定监事会在议会的要求和授权的情况下，有权对大学的所有捐赠、遗赠、土地、收入、捐款等进行处置、订购、管理和使用。第三，授予监事会制定或建立规则、章程和法规的权力。第四，明确监事会的议事规则。如对重要事务的处理，在校长出席的情况下，超过半数的成员出席，即可以监事会的名义做出决定。最后，该特许状也为议会保留干预大学事务的权力。法案规定，如果发现监事会制定的规章制度损害学院、监事会成员或公众的利益，受害人可以向监事会请求废除这些规章制度，但如果请求得不到回应，则由议会作出裁决。

对于哈佛学院的 1642 年特许状，美国著名教育史学家于尔根·赫伯斯特（Jurgen Herbst）曾经评论道："从法案的意图和目的来看，监事会已经被当作一个政治和法人团体，但它仍然缺乏一个明确的和正式的法人授权法案。它虽拥有权力和特权，但离成为一个独立的大学法人的差

---

① ELLIOTT E C，CHAMBERS M M. Charters and basic laws of selected American universities and colleges［E］. New York：The Carnegie Foundation for the Advancement of Teaching，1934：208.

② QUINCY J. The history of Harvard University：1［M］. Cambridge：University Press，1860：15.

距还很远。”① 尽管如此，1642 年特许状对于哈佛学院，甚至殖民地学院章程的建设仍然具有重要的意义。第一，作为美国高校第一份特许状，该特许状开创了美国高校“依章治校”的历史；第二，该特许状开创了美国高校“外行董事会”的先例，并通过立法的手段确定了政府和社会参与高校治理的方式和途径；第三，该特许状初步确定美国高校董事会的产生办法及其权限和权力的运行规则。

（2）1650 年特许状——哈佛大学治理的基石

在 1642 年特许状颁布八年后的 1650 年，邓斯特校长向马萨诸塞殖民地议会提出在哈佛学院建立法人的请求。在得到殖民地议会的明确回复后，邓斯特和监事会着手起草特许状文本，并提交殖民地议会。1650 年 5 月 30 日，议会通过哈佛学院的第二份特许状，哈佛学院就此成为法人实体。

1650 年特许状是哈佛学院最为重要的章程文件之一。直到今天，哈佛大学仍在该特许状的约制下运行。该特许状不仅确立了哈佛学院的法人地位及其法人权利，而且建立了哈佛学院法人会和监事会的“双院制”治理结构。

首先，该特许状正式确立了哈佛学院的法人地位。特许状明文规定，“今后新英格兰的中塞克斯郡剑桥镇的这所学院的权威应当是一个法人会，由七个人组成，校长、五个评议员、司库或会计”，“该校长与评议员从此以后在名义上和事实上对于所有的意愿和目标都将在法律上是一个政治和法人团体，并被称为‘哈佛学院校长和评议员’”。②

其次，该特许状赋予法人会诸项法人特权。第一，新成员的选举权。特许状规定，在法人会成员去世或离职时，法人会在征得学院监事会同意的情况下，有权选举新的校长、评议员或司库。而在此之前，这项权

① HERBST J. From crisis to crisis：American college government，1636—1819［M］. Cambridge：Harvard University Press，1982：8.

② Harvard University. The Harvard Charter of 1650［EB/OL］.（2017-10-12）. http://library. harvard. edu/university-archives/using-the-collections/online-resources/charter-of-1650.

力被保留在马萨诸塞殖民地议会。第二，学院资产的处置权。特许状规定，法人会拥有接受、购买和处置学院土地、房产、捐赠等不动产的权利。第三，免税权和公民义务豁免权。特许状规定，校长或学院所辖范围内的价值每年不超过五百英镑的所有土地、地产、财产和收入免除各种税赋；学院的校长、评议员、学生、佣人及学院的其他人员，每年可免除10人的公民服务。第四，薪酬待遇权。特许状规定校长及评议员如果不是创办学院的官员和公务人员，可以享受薪酬待遇，在他们死去或离职之后，可以继续选择其他人来顶替其职位。第五，规章制度的制定权。第六，起诉和应诉权。特许状规定，法人会可以法人的名义在马萨诸塞殖民地议会司法范围内的所有法庭和法律场所进行起诉、辩护或者被起诉和控告。第七，法人印章的使用权。特许状规定，校长与任何评议员中的三人应当有权并被授权在他们认为合适的时候制作和使用法人印章。

再次，该特许状开创了美国殖民地学院"双院制"治理结构的先河。在1650年特许状中，哈佛学院在建立法人会的同时，不仅没有撤销1642年特许状中作为"准法人"的监事会，相反赋予监事会多项最终审批权。这些权力主要包括：第一，人事任命和变更的批准权。如法人会在选举新的校长、评议员或司库时，需征得监事会的同意。第二，学校规章制度和章程的最终审批权。特许状规定，法人会制定的规则和章程须经监事会准许才能生效。第三，学院土地收益处置的最终决定权。1650年特许状规定，校长及三名以上评议员可在遵守捐赠人意愿的情况下，通过召开会议对学院土地的收益作出处置决定。当意见不统一时，法人会则需通过投票表决的方式作出决定。在赞成票数和否决票数相同的情况下，校长拥有打破僵局的权力。但学院土地收益的最终处置意见需经监事会的同意方能执行。上述这些规定，一方面确立了法人会作为法定代表人具体管理学院的权力，同时顾及校长作为法人会首席代表的权威；另一方面，作为受托人，法人会所有规章制度的制定和重要决定或决策都处于监事会的监督之下。

从1650年特许状的"双院制"治理结构的制度设计来看，其本意在于通过监事会和法人会之间的制衡，使哈佛学院始终处于主要由殖民地政府官员和教会人士组成的监事会的监控之下，从而避免法人会在治理学院时独断专行。但是，这种相互牵制也给学院的运行带来很多麻烦和掣肘。正如邓斯特校长所说："特许状中的限制规定实际上削弱和影响了特许状所要达到的目的，对学校的发展也是具有毁灭性质的。"① 1657年10月14日，为了协调法人会和监事会之间的关系，扩展法人会的自主权，马萨诸塞殖民地议会通过《学院特许状附则》（An Appendix to the College Charter）。该附则规定："为了更好地管理学院和开展学院事务，法人会有权随时制定规则和章程，而不需要监事会的同意。但是，法人会应当对规则和章程负责，监事会可以依据其自由裁量权对这些规则和章程进行修改。"同时，"法人会应当举行会议来统一学院公务人员的意见，制定规则和章程，讨论和决定与土地或捐赠收益等一切有关的事宜（法案规定这些收益的处置必须遵循捐赠人的意愿）"②。此外，1657年的《学院特许状附则》还确定了法人会和校长在处置争议事务中的主导权力。该附则规定，在处理任何其他有关学院的事务时，法人会中超过半数成员作出的决议就是有效的，并且校长拥有最终的裁量权。只不过附则同时规定，在任何时候，法人会对于上述事务的处理都应当对监事会负责。附则的这一规定，为监事会干涉学院事务预留了空间。但总体而言，1657年的《学院特许状附则》在一定程度上赋予法人会独立制定规则和章程、独立处理学院资产及学院其他相关事务的权力。

在1650年特许状平稳运行35年后（即1685年），由于特许状所涉及的法人设置的合法性问题受到英国王室的质疑而被英国王室撤销，哈佛学院陷入存在的合法性危机之中。经过哈佛学院的不懈努力，英国王室的代表约瑟夫·杜德利（Joseph Dudley）总督最终于1707年同意恢复1650年特许状的效力。哈佛学院的合法性危机才随之被解除。

2. 威廉·玛丽学院：殖民地学院第一份皇家特许状的获得者

威廉·玛丽学院是英国殖民者于1693年在弗吉尼亚殖民地创办的一

---

① 李子江，李卓欣. 哈佛大学章程溯源［J］. 大学教育科学，2013（6）：73-78.

② QUINCY J. The history of Harvard University：1［M］. Cambridge：University Press，1860：591-592.

所高校。此时距离北美殖民地的第一所学院——哈佛学院的创建已达57年之久。其实，威廉·玛丽学院最初的建校计划可以追溯到1618年[①]，比哈佛建校还早近20年，但由于各种原因被拖延。随着弗吉尼亚社会经济的发展和人口的增加，通过创办殖民地自身的教育来培养牧师和政府官员日益成为国教会和殖民地政府的现实需要。作为弗吉尼亚殖民地统治集团的上层人士，伦敦大主教代表和弗吉尼亚圣公会领袖詹姆斯·布莱尔（James Blair）积极回应这一时代需要，并在提议和创建威廉·玛丽学院的过程中发挥了非常关键的作用。经过布莱尔的持续努力，威廉·玛丽学院于1693年获得由英国王室颁发的特许状。这是英国王室授予殖民地学院的首份皇家特许状。

威廉·玛丽学院是一所经皇家特许状特许建立的高校。在大学章程建设方面，威廉·玛丽学院走的是一条与哈佛学院完全不同的道路。首先，在时间上，威廉·玛丽学院是依特许状建立的高校。从获得皇家特许状的那一刻起，威廉·玛丽学院在法律意义上就具有完全的法人地位，而哈佛学院则是在依照殖民地当局的法令创建后，经过几年的运行才获得其第一份特许状。此外，哈佛首份特许状的功能并不完善，其首份特许状仅允许其设立一个“半法人”性质的监事会。哈佛学院完全的法人地位直到其第二份特许状颁布后才得以确立。其次，从特许状的授予主体来看，威廉·玛丽学院从一开始就直接向英国王室申请获得特许状，而哈佛学院的特许状是由哈佛学院所在殖民地议会颁发的。再次，从特许状的法律权威性方面看，威廉·玛丽学院获得的是王室特许状，是殖民地学院所获得的最高权威的特许状，而哈佛学院的特许状是殖民地当局颁发的，其合法性、权威性都要弱于英国皇家特许状。1685年，哈佛学院的特许状被英国王室撤销就是例证。

当然，哈佛与威廉·玛丽两校特许状之间的差异，主要是由两校的建校背景和所在的环境造成的。哈佛学院所在的马萨诸塞殖民地位于新英格兰地区，这里的人们主要信奉新教，他们担心如果向英国王室申请

---

① College of William & Mary. History & Traditions [EB/OL]. (2017-10-13). https://www.wm.edu/about/history/.

特许状，可能会受到信奉国教的英国王室的控制。在威廉·玛丽学院所在的弗吉尼亚殖民地，人们大多信奉英国的国教，并且在创建学院之时，弗吉尼亚已从私人性质的殖民地转变为皇家殖民地，因此向英国王室申请特许状要比哈佛学院更加便利。当然，从大学治理体制角度来看，威廉·玛丽学院与哈佛学院也有一些相似之处。作为一所后于哈佛创建的高校，威廉·玛丽学院有更多的经验可以借鉴。威廉·玛丽学院特许状及其治理体制的特点主要体现在以下几个方面：

第一，采取以外行董事会为绝对权威的“双院制”治理模式。威廉·玛丽学院的“双院制”制度设计，与当时殖民地当局的干预和制度设计者的实地调查有很大关系。在由谁控制这所即将创建的高校的问题上，殖民地当局希望建立一个外行人组成的委员会，而不是由教师或评议员来管理学校。况且，在筹备这所高校的 1691 年，在弗吉尼亚还没有一名教师。[①] 同样，那些支持布莱尔建校的资助者们也建议采取 16 世纪英格兰文法学校那种由外部人士或受托人作为巡视员（visitors）来治理学校的模式。但当布莱尔去英国为这所尚未建立的高校寻求最好的特许状和治理模式时，伦敦主教却警告他，在殖民地由地方控制的学校最终可能会成为反国教的中心。经过一番考察，布莱尔发现，由外行董事会治理的学校并不一定会成为反国教的学术机构。在这方面，苏格兰的爱丁堡学院（College of Edinburgh）就是一个很好的案例。爱丁堡学院 1582 年由皇家捐赠建立，该校的治理权被控制在镇议会的手中。爱丁堡学院并未像其他大学那样设置校长职位，而是将学监和校长两者合二为一，只设一个职位。

在经过一番努力之后，布莱尔终于在 1693 年获得由英国王室批准的特许状。1693 年威廉·玛丽学院根据特许状授权确立外行董事会和法人会双重治理，并由外行董事会主导学院重要事务的治理体制。在外行董事会方面，特许状授权弗吉尼亚殖民地议会提名和选举包括弗吉尼亚殖民地总督、弗吉尼亚和马里兰殖民地副总督以及布莱尔等人在内的 18 名

---

① HERBST J. From crisis to crisis: American college government, 1636—1819 [M]. Cambridge: Harvard University Press, 1982: 30.

官员和宗教人士组成董事会。该董事会享有的主要权力包括：一是享有负责学院的选址和组建工作的权力；二是享有学院的章程制定和修订的权力；三是享有选举法人会成员及其继任者以及教区长（rector）和校长的权力；四是在学院组建完成之前，还享有通常是法人会才享有的诸如获取、持有和处理庄园土地、房屋、租金、遗产等权力。此外，学院组建完毕，董事会将转成为监事会（Visitors and Governors），继续享有诸如制定规章制度的权力以及选举法人会成员及其继续任者、教区长和校长等人事权。然而，与哈佛学院相比较而言，法人会的权力被极大地削弱。特许状规定，威廉·玛丽学院一旦建成，该学院的"校长、教师或教授"将在契约上和名义上成为一个政治的和法人的团体，在法律上永久延续，并拥有获取和持有爵位、庄园、土地、财产等权力；同时有赠予和授予庄园、土地、财产等权力。但是，在学院章程、规则的制定方面没有创制和修订的权力。1727 年，威廉·玛丽学院在特许状的基础上，制定了《威廉·玛丽学院章程》（Statutes of William and Mary，1727）①。在 1727 年的学院章程中，监事会保留修订章程的权力，法人会只被授予向监事会提交修改建议的权力。②

第二，选用外行人士组成学院评议会。在威廉·玛丽学院 1727 年章程中，监事会也被称为学院评议会（College Senate），负责管理学院的事务。这种由外部人士组成学院评议会的方式，与欧洲大学有很大的不同。在剑桥大学，大学评议会由大学官员和教师组成，并被视为大学的治理机构。在爱丁堡学院，评议会则被认为是在正常会期内的校长和教师会议。威廉·玛丽学院评议会的成员构成与 19 世纪下半叶的美国大学评议会或学术评议会也有很大区别，后者的成员主要由大学官员和教师组成。

第三，明确规定学院的办学经费来源。相对于哈佛学院主要依靠捐赠和政府极不稳定的拨款来说，作为一所由英国王室特许的学院，威

① HOFSTADTER R，SMITH W. American higher education：a documentary history：1 [M]. Chicago：The University of Chicago Press，1961：39-49.

② HOFSTADTER R，SMITH W. American higher education：a documentary history：1 [M]. Chicago：The University of Chicago Press，1961：46.

廉·玛丽学院在办学经费来源方面具有很大的优势。1693年特许状规定，划拨两千英镑用于学院建设，并分配烟草税作为学院的建设经费。

第四，将学院分成四个分院并作不同要求。为了实现对弗吉尼亚青年进行教育和道德培养，为教会培养受过良好教育的牧师，以及对印第安人进行基督信仰教育的学院创建目的，1727年的《威廉·玛丽学院章程》将学院分成文法学院（Grammar School）、哲学院（Philosophy School）、神学院（Divinity School）和印第安学院（Indian School）四个分院，并对四个分院的任教师资、学习科目、教师工资和学习要求分别作出规定。在这些分院中，神学院的地位最高，师资配备最好，教师的薪酬也最高；印第安学院的地位最低，师资配备最差，教师的薪酬也最低。例如，神学院配备2名教授，每名教授年薪150英镑；而印第安学院只配备1名教师，年薪只有40或50英镑。

第五，授予法人会相应的法人权力。1693年特许状在权力划分上虽然偏重于监事会，但也赋予法人会所应具有的一般权力，如起诉和应诉、使用大学的印章和获得爵位、土地、庄园、报酬等。

总之，1693年的王室特许状和1727年的学院章程从制度上确定威廉·玛丽学院的外部监事会与内部法人会相结合的双董事会治理模式。但与哈佛学院相比，威廉·玛丽学院以校长和教师为代表的法人会所拥有的权力明显小许多。这种治理体制既反映了威廉·玛丽学院倚重外部势力支持的现实需要，也反映了威廉·玛丽学院的主要倡导者布莱尔及其他创办者对学院办学宗旨的认识。

3. 耶鲁学院："单院制"治理模式的创立者

耶鲁学院是一所经康涅狄格殖民地议会于1701年颁发特许状创立的殖民地学院。它是英国殖民者在北美创立的第三所高校。在1701年特许状中获准创立的学校，其名称并不是"耶鲁学院"，而是"学院式的学校"（Collegiate School）。耶鲁学院的名称源于时任英国东印度公司高层官员的伊莱休·耶鲁（Elihu Yale）向这所尚处于襁褓之中的学校的慷慨捐赠。1718年，耶鲁先生向这所名为"学院式的学校"捐赠9捆总价值562英镑12先令的货物、417部书籍以及英王乔治一世的肖像和纹章。为了感谢耶鲁先生的捐赠，经康涅狄格议会批准，学校更名为"耶鲁学院”。那么，康涅狄格殖民地议会当初为何在特许状中将其名称定为“学院式的学校”，而不像哈佛和威廉·玛丽学院一样命名为“学院”呢？这主要源于耶鲁学院创办时期的政治、经济、文化以及殖民地学院特许状早期发展的历史背景。

耶鲁学院的所在地原为1638年建立的纽黑文殖民地。在殖民地建立之初，殖民地的清教徒领袖们就产生了创建大学的想法，但这些想法由于种种原因并未实现。1664年，纽黑文殖民地被并入康涅狄格，成为康涅狄格殖民地的一部分。此后，由于不堪忍受哈佛学院年轻教师在宗教方面的自由主义和高额的费用，同时也为了让年轻人免于两地之间的劳途奔波，康涅狄格的公理会牧师们决定创建一所适合年轻人并能为教会和本州世俗政府提供公共服务的学校。然而，应该向谁申请开办学院的特许状的问题困扰着耶鲁学院的创建者们。如果仿效哈佛学院向殖民地政府申请特许状，他们担心会遇到与哈佛学院类似的问题。因为哈佛学院1650年的特许状在1685年被英国王室撤销，虽然该学院随后多次向英国王室申请新的特许状，但屡次失败，致使学院处于非常困难的境地。而如果仿效威廉·玛丽学院向英国王室申请特许状，公理会的牧师们又担心会遭到英国国教会的干涉。另外，对于采用什么样的治理体制的问题也让耶鲁学院的创建者们伤透脑筋。因为如果采用哈佛学院和威廉·玛丽学院一样的“双院制”治理模式，他们担心由外部人员组成的董事会会对学院的内部事务干预过多，从而难以保证学院独立地开展教育活动，并可能侵害学院的宗教正统性。为此，学院的创建者们在权衡利弊之后，决定向康涅狄格殖民地议会申请特许状，并将学院的名称定为“学院式的学校”。因为将学院称为学校，可以避免引起英国王室的关注而出现类似于哈佛学院的麻烦。1701年，康涅狄格殖民地议会通过建立这所“学院式的学校”的法案。

1701年的特许状授权康涅狄格殖民地的10名牧师及其继任者作为该学校的“受托人、合伙人或承办人”。受托人享有组建这所学校的权力；享有管理已经获得或将来由殖民地议会及其他人捐赠的资金和财产的权力；学校一旦建成，受托人有权对学校进行管理，任命校长、教师和学校官员。在1701年的特许状中，殖民地议会承诺每年赠予学校120英镑。最后，该法案授予学校颁发学位或证书的权力。① 尽管耶鲁学院希望获得地方政府的资助，但该法案并没有将地方政府的巡视权列入特许状之中，因此耶鲁学院没有像哈佛和威廉·玛丽学院一样的监事会。这样，在北美殖民地学院中出现一种新的治理体制——“单院制”治理模式。此后美国绝大多数高校都采用与耶鲁类似的治理模式。

然而，由于 1701 年的特许状对学院的权力主体如受托人、合伙人和承办人的定义及其权力划分，以及在学院重大事务的决策规则等方面的模糊性，导致耶鲁学院在办学过程中遭遇诸多困难和阻碍。如果权力主体是受托人，那么在重大事项的决策上只需要参会人数达到法定人数，赞成票过半数即可；如果权力主体是合伙人，则学校的重大决策需要所有成员，包括缺席会议的代表都同意。由于 1701 年的特许状并未对董事会的性质作出清晰的界定，耶鲁学院在一些重大问题的决策上出现很大争议。例如，1715 年，殖民地议会决定拨款 500 英镑为耶鲁学院建设屋舍，但由于对原来的办学地点不太满意，董事会决定将办学地点换到别的地方。然而，这项决定遭到塞布鲁克（Saybrook）的两名董事反对。他们联合当地的居民向议会请愿，要求将建设屋舍的地点保留在他们的家乡塞布鲁克。这两名董事根据特许状的条款认为，有关学院的创建、组织、构成、管理、完善等事项的决定在任何时候都要得到所有董事的认可，然而，大部分的董事认为，只要董事中的多数认同即可。董事会最后以耶鲁学院章程的决策原则处理这一问题。《耶鲁学院章程》规定，只要过半数人数参会，并且有三分之二的人赞同，即可通过有关决议。② 此后，该问题继续困扰着耶鲁学院，直到 1745 年耶鲁学院获颁新特许状。

1745 年，在托马斯·克莱普（Thomas Clap）任校长期间，康涅狄格殖民地总督批准了耶鲁学院的新特许状。该特许状的内容包括：第一，授权包括克莱普校长在内的 11 个人组成一个法人团体或政治和法人

① HERBST J. From crisis to crisis：American college government，1636—1819 [M]. Cambridge：Harvard University Press，1982：42.

② HERBST J. From crisis to crisis：American college government，1636—1819 [M]. Cambridge：Harvard University Press，1982：44.

实体，其名称为“耶鲁学院校长和评议员”（The President and Fellows of Yale College）。该法人享有自我永续权和作为民事主体的相关权利，如起诉和应诉、辩护和答辩、咨询和应询的权力，以及获取、持有、处理相关动产和不动产的权力。第二，授予董事会持有和使用法人印章的权力。第三，任命克莱普为校长，确定塞缪尔·惠特曼（Samuel Whitman）等人为评议员。授权董事及其继任者除辞职、被开除或撤职之外，可以终身担任其职务。第四，建立董事会的会议制度。董事会议分为两种，一种是董事会大会，另一种是紧急会议。董事会大会可以就学院的职务任命、建议、咨询及有关学院事务的行动等问题进行讨论和决策。在紧急情况下，校长和 2 名评议员或 4 名评议员即可召开会议。另外，有校长和 6 名评议员参加的会议，或者在校长缺席的情况下，有 7 名评议员参加的会议即可认定为董事会全体会议；同时，参会人员中半数以上投赞成票的决定，即可认定为整个董事会的决定。在出现赞成票和否决票相同的情况下，校长有最终的决定权。第五，授予董事会选举校长和评议员，任命学校相关教师、教授和职员的权力。同时，该特许状也为地方政府监督管理学院的人事事务预留了空间，如果总督和议会认为董事会的相关人员具有行为不端、不诚实、渎职或无行为能力的情形，可以要求董事会予以开除。第六，要求校长、评议员及其继任者以及所有的教师、教授、职员在任职前必须起誓和签署有关声明。第七，授权董事会管理学院和随时制定法则、规则、条例的权力，但议会可以对这些制度措施进行问询，如果有必要还可以驳回或废止这些制度措施。第八，授权校长颁发荣誉、学位或证书的权力。第九，对学院每年持有的财产价值的上限进行限制，并给予学院相关人员财产免税权和相关劳役的豁免权。第十，规定殖民地议会每年给予耶鲁学院 100 英镑的资助。①

耶鲁学院 1745 年特许状的颁布，对耶鲁学院以及美国之后创建的高校有着重要的影响。首先，1745 年特许状从法律层面延续了根据

① HOFSTADTER R, SMITH W. American higher education: a documentary history: 1 [M]. Chicago: The University of Chicago Press, 1961: 49-53.

1701 年的特许状所形成的“单院制”治理模式。特许状规定，由校长和评议员组成的董事会是学院唯一的治理主体。其次，维护学院的自治权。特许状规定，由校长和评议员组成的董事会享有规章制定权、财产的免税权、劳役和兵役的豁免权、法人印章的使用权、人事任命权等权力，为学院自主处理自身事务提供了法律保证。第三，确立董事会的决策规则。特许状对法人会决策规则作出了明确规定，避免董事会成员之间相互牵制，保证董事会对一些重大事项作出及时的反应，提高其决策的效率。第四，特许状虽然成功将政府官员排除在董事会之外，但同时赋予殖民地政府对学院的规章制度以及人事安排的监管权力，避免学院在特殊情况下做出有害社会的不当行为，保证政府和社会的公共利益。最后，1745 年的耶鲁特许状所确立的“单院制”治理模式具有极强示范作用，之后建立的美国高校大多采用“单院制”的治理模式。

继哈佛学院、威廉·玛丽学院和耶鲁学院之后，北美殖民地又相继创建了 6 所高校，它们都在章程建设方面进行了有益的探索。但上述高校通过特许状确立的大学治理模式被其他新建院校继承。

三、殖民地学院特许状的主要特征

1. 制度移植与创新并存

大学并非美国的自创之物，大学特许状也并非美国人的发明。17 世纪初，当来自英国的清教徒在新英格兰地区建立哈佛学院之时，大学作为一种文化教育机构在欧洲已经存在 500 多年，而作为制度形式的特许状也已有 400 多年的历史。北美最早的殖民地，如弗吉尼亚、马萨诸塞、康涅狄格等都是英属殖民地。根据当时英国的法律，作为法人机构，大学的创建必须获得由国王或其代理机构枢密院颁发的特许状。大学特许状对于早期殖民地领袖和牧师们来说并不陌生，他们之中许多人都是英国牛津大学或剑桥大学的毕业生。因此，借鉴和移植欧洲，特别是英国大学的特许状制度成为殖民者们创建大学时理所当然的首要选择。

首先，根据英国的法律和欧洲大学创建的惯例，北美殖民地在创建学院时借鉴了特许状这一制度形式。例如，1642 年，马萨诸塞殖民地议会通过了设立哈佛学院监事会的法案。1650 年，马萨诸塞殖民地议会又通过授权哈佛学院成立法人会的法案。其次，按照英国大学特许状的形式，建立巡视制度和法人制度。如哈佛学院根据1650年的特许状建立法人会，并延续根据1642年的特许状建立的监事会。第三，殖民地学院借鉴英国大学特许状授予大学各种特权的制度形式。例如，哈佛学院在其特许状中，授予法人会各种特权，如规章制度制定权、财产免税权、劳役豁免权等。当然，在借鉴和移植过程中，由于北美殖民地特殊的政治、经济和宗教环境，美国高等教育的先驱们也对特许状的具体内容进行了创新。在特许状的具体内容上，殖民地学院并未完全照搬英国大学的特许状制度。在涉及学院治理的核心问题上，殖民地学院根据北美殖民地政治、经济和宗教的特殊状况，创造性地确立了由外行人董事会主导的治理体制。这种治理体制以后虽然历经变化，但直到现在依然在美国大学的治理中发挥着重要的作用。

2. 宗教色彩极其浓厚

美国殖民地学院的主要功能是为各教派培养牧师，对早期移民进行宗教文化思想教育。17世纪初，欧洲移民特别是来自英国的清教徒和国教徒不远万里，漂洋过海来到北美殖民地。在这些移民当中，有一些是非常虔诚的宗教领袖。他们来到北美殖民地后，最先关心的事情就是设立教堂，开展宗教活动。由于所持教义不同，在北美同属于基督教的各移民团体逐渐分化成公理会、圣公会、长老会、浸礼会、归正教等不同教派。各个教派在政治、经济和文化生活领域形成强烈的竞争关系。为了传播不同教派的教义，扩大各自教派的影响，各教派都需要熟练掌握宗教教义的牧师人员。但是，在殖民地早期，北美殖民地依然是一片文化的荒漠。为了尽快培养殖民地所需要的牧师，北美各殖民地纷纷通过颁发特许状的方式创建了教派色彩鲜明的学院，如清教徒（或公理会）创建哈佛学院、达特茅斯学院，圣公会创建威廉·玛丽学院、国王学院，长老会创建新泽西学院等9个学院。特许状既是殖民地学院得以设立的法律依据，同时也是各教派实现自身目的并管理学院的规程，因此，特许状的表述具有很强的宗教色彩。

首先，从学院开办目的的表述方面看，特许状非常强调宗教的目的。如哈佛学院1650年的特许状强调，建立哈佛学院是“为了教导英国和印第安青年的文化知识和对上帝的虔诚"①。威廉·玛丽学院1693年的特许状则强调，建立该学院是"为了给弗吉尼亚教会建立一所传播四福音书的牧师学校，为了给年轻人提供一种好的书写和德行的虔诚的教育，为了在西部印第安人当中传播基督信仰和为了万能的上帝的荣耀"②。耶鲁学院1745年的特许状同样强调，建立这所学院的目的在于"为本州和教会培养服务上帝的有价值的人"③。其次，从学院监事会或法人会以及教师的构成来看，其中大部分甚至全部人员都来自教会。在17世纪，宗教的力量牢牢地控制美国政治、经济、文化生活的方方面面。教会和牧师是知识和文化的实际掌控者。他们通过控制学校，来实现对美国殖民地文化知识的传播和思想的控制。例如，经1642年的特许状设立的哈佛学院监事会，其18名成员中就有9人是牧师，经1650年的特许状设立的哈佛学院法人会，其成员则全部是牧师或未来的牧师；1693年颁布的威廉·玛丽学院的特许状也同样规定，由地方官员和牧师组成监事会；而耶鲁学院本身就是由公理会的牧师发起而成立，从半法人的董事会到具有法人资格后的法人会，其成员也全部都是牧师。

3．外行董事会主导核心权力

"外行董事会"制度是殖民地学院特许状为美国高校确定的历史传统，也是殖民地学院区别于欧洲大学内部治理体制的重要体现。欧洲大学由中世纪的"学者行会"发展而来，"学者自治"是中世纪欧洲大学最为重要的特征之一。大学的师生在与教会王室的合作与冲突过程中，通过获得教皇或王室颁发的特许状逐步取得课程设置、教师聘任、学位颁发、罢课、迁校，甚至相对独立的司法审判等全方位的特权。中世纪欧洲大学所形成的自我管理、自我发展的内部治理体制，使得欧洲较早成为世界知识传播与生产的中心。然而，正是由于中世纪欧洲大学以学

---

① HOFSTADTER R，SMITH W. American higher education：a documentary history：1［M］. Chicago：The University of Chicago Press，1961：10.

② HOFSTADTER R，SMITH W. American higher education：a documentary history：1［M］. Chicago：The University of Chicago Press，1961：33.

③ HOFSTADTER R，SMITH W. American higher education：a documentary history：1［M］. Chicago：The University of Chicago Press，1961：49.

者行会为中心的自治权力过于强大，大学俨然成为欧洲各国的“国中之国”，更容易形成对社会需要的新学科、新知识的漠视，从而成为远离国家和社会需要的“象牙之塔”。

在北美殖民地，无论是实行“双院制”的哈佛学院、威廉·玛丽学院，还是实行“单院制”的其他殖民地学院，对于大学自治传统的承继都是通过外行董事会来实现的。在实行“双院制”的哈佛学院和威廉·玛丽学院，由政府官员、牧师等外部人士组成的监事会掌握着学院的核心权力，如规章制度制定权或否决权、人事任命权等。实行“单院制”的耶鲁学院，其法人会由校长和评议员组成，除校长是学院的内部人员之外，其他 10 名评议员皆为学院附近的牧师。法人会掌握校长的任命权、规章制度的制定和修订权、财产处置权等核心权力。由外行董事会主导学院权力的治理模式，一方面为美国高校加强与社会的联系提供了管道，使美国高校能够对社会的需要作出准确、及时的反应；另一方面，外行董事会在大学与政府和社会之间扮演着缓冲器或减压阀的角色，避免政府和社会对学院内部事务直接进行干涉。

4. 治理体制具有多样性

美国高等教育的治理体制具有多样性的特点，这一特点在殖民地时期就已显现。17 世纪，当英国殖民者建立北美殖民地之时，获得由教皇或王室颁发的特许状成为创建学院的必要前提。因此，北美英属各殖民地筹建学院时，他们首先想到的就是参照其宗主国英国的法律，向代表殖民地的统治权威申请开办学院的特许状。但是，由于北美英属殖民地的各教派与英国国教会关系的复杂性和亲疏差别，各殖民地学院的创建者们在向谁申请特许状、以何种方式管理学院的问题上呈现出多元化的特性。

首先，在特许状批准机关的选择问题上，为了避免英国王室或英国国教会的过多干扰，哈佛学院、耶鲁学院等高校选择向所在殖民地政府申请特许状；而威廉·玛丽学院、国王学院、女王学院、达特茅斯学院等学院，由于其创建学院的教派与英国国教会比较亲近，或者其本身就属于北美殖民地的国教会，则选择向英国王室申请特许状。其次，在内部治理体制问题上，由于各教派或创建者们的学习经历或各殖民地政府官员在学院创建过程中的参与程度不同，有的学院采取“双院制”内部治理体制，如哈佛学院、威廉·玛丽学院，也有学院采取“单院制”的治理体制，如耶鲁学院及其之后所建立的各学院。第三，在创建或办学经费的来源问题上，除接受捐赠、收取学费和征收税款等相同途径之外，哈佛学院、耶鲁学院等向殖民地政府申请获得特许状的学院可以从殖民地政府获得办学资金；而向英国王室申请获得特许状的学院还可得到英国王室的资助。第四，在学院治理主体方面，各学院也不尽相同。如哈佛学院的监事会，其构成人员为总督、副总督、校长、议会的 9 名助理和 6 个邻镇的 9 名牧师。威廉·玛丽学院特许状则授权弗吉尼亚殖民地议会提名和选举包括弗吉尼亚殖民地总督、弗吉尼亚和马里兰殖民地副总督以及布莱尔校长等人在内的 18 名官员和宗教人士组成董事会。实行“单院制”的耶鲁学院，其法人会成员全部由牧师组成。由此可见，特许状不仅赋予殖民地学院法人地位，还为各殖民地学院确立了多元的治理体制。

第二节　建国初期的美国大学章程

美国建国后，在公共教育思想的推动下，新生的合众国试图利用自身的权力优势建立完整的、世俗的公共教育体系。为此，以乔治·华盛顿、托马斯·杰斐逊为代表的开国元勋们不遗余力地推进“国立大学”的建设。但由于经由 1787 年《美国联邦宪法》所确立的分权思想已深入民心，加上 1791 年《美国联邦宪法第 10 修正案》明确规定，“凡本宪法未授予联邦，也未禁止各州行使的权力，分别保留给各州或人民”，最终导致创建“国立大学”失败。与此同时，一些州政府开始将目标转向原殖民地时期所建立的学院，企图通过修改特许状的方式改变学院的性质，将殖民地学院纳入公共教育体系。1819 年，美国联邦最高法院作出对“达特茅斯学院案”的判决之后，各州政府放弃对原殖民地学院的改造，转而通过公共税收创建州立大学，建立公共高等教育体系。在州立大学的创建过程中，各州通过授予特许状或通过州宪法（州法令）以及制定大学章程等方式积极探索与州立大学发展相适应的治理体制，为州立大学的有序发展提供坚实的制度保障。

一、原殖民地学院特许状的调整

美国建国后，原殖民地学院依特许状而建立起来的治理体制仍未退出历史舞台，各大教派仍然牢牢地掌握着各学院的控制权。然而，随着美国民主政治、高等教育世俗化以及公共教育思想的发展，要求变革高等教育治理体制、重新确立高校与政府、教会的关系的呼声此伏彼起。大学特许状是原殖民地学院创建和治理体制确立的法律基础，要想获得对原殖民地学院的控制权，必须对原特许状进行修订。但作为原殖民地学院的既得利益者及其拥护者并不愿轻易放弃对学院的控制权，为此，围绕特许状的存废和修订，美国政府各党派之间、政府与教会之间、政府与学院董事会之间的各种力量展开了激烈斗争。

（一）对原殖民地学院控制权的争夺

哈佛学院是美国最早成立的殖民地学院。根据其 1650 年由马萨诸塞殖民地议会颁发的特许状，哈佛学院实行由监事会和法人会共同管理学院的“双院制”治理体制。1780 年，新成立的美国尚处于独立战争时期，马萨诸塞州议会在其新宪法中就将哈佛学院确立为州立大学，并对更名后的哈佛大学监事会进行改组。改组后的监事会成员包括州长、副州长、众议院、参议院的所有成员、校长和 6 个附近乡镇的公理会牧师。① 相比较而言，改组后的监事会与改组前的监事会在人员结构上并无太大区别，因为根据 1642 年马萨诸塞殖民地议会颁布的法案，政府官员同样在监事会中占主导地位，包括总督、副总督在内的政府官员占监事会 21 名成员中的一半以上，达到 11 人。但是，通过 1780 年的州宪法，州政府对哈佛大学的控制权得到加强。根据哈佛学院 1650 年特许状，监事会掌握着法人会人事任命和变更的批准权。然而，根据 1780 年的州宪法，州议会保留变更大学管理当局的权力，即州议会同时拥有监事会和法人会的人事变更权力。这就意味着 1780 年的州宪法将原本只属于监事会的法人会的人事变更权也交给了州议会，这使得监事会和

---

① BOWDOIN J. Massachusetts Constitution（1780）［EB/OL］.（2017-10-30）. http://press-pubs.uchicago.edu/founders/print_documents/v1ch1s6.html.

法人会几乎完全处于非驻校官员（non-resident officers）的控制之下。州政府对哈佛学院的控制，也由原先通过监事会的间接控制转变为直接控制。

进入 19 世纪以后，哈佛学院被卷入马萨诸塞州民主共和党人与联邦党人以及教派的政治斗争之中。在哈佛学院，民主共和党人、联邦党人以及各教派的政治斗争主要体现在对哈佛学院监事会的人事安排上。在 19 世纪最初的 10 年里，哈佛学院法人会和监事会均由联邦党人和唯一神教派控制。这反映马萨诸塞州领导层在政治上的保守性和在宗教上的自由倾向。1806 年和 1810 年，有两名唯一神教派人士先后被任命为哈佛神学院教授和哈佛校长。然而就在这个时候，联邦党人开始担心民主共和党人在该州的活动会对哈佛的自治地位带来威胁，并感觉到正统公理会对唯一神教派控制哈佛越来越不满。[①] 为了避免哈佛的控制权落入州政府手中，同时也为了安抚正统公理会的情绪，联邦党人在 1810 年取得州政府的控制权之后，通过法令将哈佛监事会中的参议员排除出去，并增加 15 名公理会牧师和 15 名世俗人士进入监事会。1812 年，民主共和党人在重新夺回马萨诸塞的控制权以后，又加强了对哈佛学院的控制，安排州参议员重新进入哈佛监事会。两年后，一名联邦党人参议员以及州长又将哈佛学院的局势恢复到 1810 年的状态。就这样，民主共和党人与联邦党人通过在监事会进行人事安排的方式轮流控制哈佛学院。在此期间，议会还通过法案，将哈佛学院确认为州立大学，并承诺每年向哈佛学院拨款 10 000 美元。这个数额比鲍登（Bowdoin）、威廉斯（Williams）两所学院每年各 3 000 美元的拨款加起来还要多。[②] 不过，从结果来看，在哈佛学院从慈善性质的学术机构转变成为公立大学的过程中，其法人地位并没有发生变化，却获得了来自州政府的稳定的财政支持，这为大学的发展提供了较为充足的经费。

---

① 唯一神教派与公理会的主要分歧在于：唯一神教派认为世界只有一个神，就是上帝，并否认教徒要经过圣子耶稣才能得到庇护；公理会则不然，他们既相信上帝，也相信必须通过圣子耶稣作为中介才能得到上帝的庇护。

② HERBST J. From crisis to crisis: American college government, 1636—1819 [M]. Cambridge: Harvard University Press, 1982: 213.

同样的情况也发生在耶鲁学院。1792年，为了提升州政府在耶鲁学院治理过程中的话语权，康涅狄格州议会通过一项改组耶鲁学院董事会的法案。该法案规定，在耶鲁学院原董事会成员的基础上，增加州长、副州长和6名议会资深助理进入新成立的董事会，并承诺每年拨付超过40 000美元的预收税款作为耶鲁学院的发展资金。康涅狄格州议会的这一决定，打破了自耶鲁学院成立以来州政府官员不直接参与学院事务的先例，耶鲁学院因此丧失了对其自身事务的独断权。不过，该法案也在很大程度上维护了耶鲁学院1745年特许状所规定的各项权力。首先，该法案除增加公职人员进入董事会之外，并没有改变耶鲁学院自建校以来所实行的“单院制”治理体制，董事会仍然是耶鲁学院唯一的治理机构。其次，通过该法案增加了8名公职人员进入董事会，但人数也没有超过原董事会的人数，原董事会的13名牧师仍在新董事会当中占多数。再次，该法案充分保证耶鲁学院董事会的权威和自治权。法案规定，除非经现任董事会的接受和批准，本法案所涉及的拨款、特许状和章程的变更才能实施或生效。1792年法案通过后，康涅狄格州政府与耶鲁学院的联系较以前更为紧密。1818年的州宪法专门对经过耶鲁学院认可的1792年法案进行确认，这等于承认了耶鲁的自治权。

在宾夕法尼亚州，费城学院的董事会也没能逃脱被改组的命运。费城学院的前身是一所始建于1740年的慈善学校。1751年，在慈善学校的基础上，慈善学校董事会创办了一所学院。1753年，该慈善学校和学院董事会首次获得由宾夕法尼亚州总督颁发的特许状，成为一个法人团体，其名称为“宾州学院和慈善学校董事会”（The Trustees of the Academy and Charity School in the Province of Pennsylvania）。1755年，该校再次获得由宾州副总督颁发的特许状，学校正式更名为“费城学院”。1755年特许状除授予费城学院各种法人特权之外，还要求费城学院的校长、副校长、教授、董事会成员宣誓效忠英国王室。① 正是这一规定，为建国以后费城学院董事会和宾州议会的冲突埋下了伏笔。

---

① SACK S. History of higher education in Pennsylvania [E]. Harrisburg: Pennsylvania Historical and Museum Commission, 1963: 270.

1775年，殖民地与英国的战争发生后，费城学院校长和部分董事会成员与亲英的托利（Tory）党分子结盟。费城学院董事会的行为招致宾州议会的强烈不满。为了报复费城学院董事会，宾州议会于1778年通过法案指控费城学院一些董事会成员与英军联合起来反对美利坚合众国。① 该法案也仅仅是州议会强硬针对费城学院的一系列动作的开始。费城学院与议会的关系稍有缓和之后，议会开始思考学院与政府到底是一种什么样的关系。1779年1月，州议会委派一个委员会对费城学院的资金来源进行调查。该委员会虽然承认学院的正常运行以大量捐赠为基础，对基督教的各教派也一视同仁，但同时认为学院特许状中有一些特别条款存在明显的瑕疵，例如要求所有董事会成员都要宣示向英国效忠，并且在殖民地与英国的战争中董事会成员要站在英国一边，该委员会认为这样的条款说明费城学院董事会成员已然成为叛国者。尽管学院董事会后来作出许多解释，并一再强调学院是经由1753年和1755年特许状建立的私立组织，可以免于州政府的任何监督和控制，但依然于事无补。1779年11月，宾夕法尼亚州议会通过一项法案，对1753年和1755年特许状进行修订。根据该法案，宾州议会不仅解散了费城学院董事会，成立新的董事会，还将费城学院更名为“宾夕法尼亚州立大学”（The University of the State of Pennsylvania）。改组后的大学董事会由25人组成，包括6名官方代表，6名来自不同教派的高级牧师和13名个人董事。新的特许状授予议会董事会成员选举的最终决定权，即董事会享有选举非当然董事继任者的权力，但议会拥有最终否决权。同时，特许状要求董事会宣示效忠于宾夕法尼亚州政府。这样，费城学院从董事会自治转变为由政府通过董事会和州选监事会来行使公共管理权的新大学。

宾夕法尼亚州立大学成立后，原费城学院董事会与州议会的争端并没有停止。在随后的三年里，费城学院的董事们不断向州议会提出恢复他们的特许权力，但由于州议会的坚持，他们收效甚微。直到第4年，保守派开始掌握州议会的控制权，费城学院董事会的诉求才得到州议会

① SACK S. History of higher education in Pennsylvania [E]. Harrisburg: Pennsylvania Historical and Museum Commission, 1963: 280.

的考虑。1789年，州议会援引《宾州宪法》第45条之规定，认为有关剥夺费城学院董事会权力的决定没有经过法院的审判是无效的。接着，议会恢复原董事会的相关权利，但同时保留宾夕法尼亚州立大学董事会的权利。就这样，费城学院和宾夕法尼亚州立大学一并保留下来。但是由于两所大学为有限的资源展开竞争，经济上极为困难，经过两年的谈判，两所大学于1791年合并，州议会为合并后的新大学颁发特许状，将大学的名称改为“宾夕法尼亚大学”。合并后的董事会由13名董事组成，其中包括来自合并的12个学院的12名代表（各学院一名代表）和作为董事会主席的州长。董事会是自治法人机构，拥有自我永续权。大学通过州长以及大学的年度财政报告实现与州政府的联系。[①]

（二）达特茅斯学院案及其治理意义

达特茅斯学院的前身是伊利亚撒·惠洛克（Eleazar Wheelock）于1755年创办的“摩尔印第安慈善学校”（Moor's Indian Charity School）。1769年，达特茅斯学院获得由英国王室颁发的特许状。根据该特许状，达特茅斯学院校长保留推选其继承人的权力，但同时赋予董事会对继承人的否决权。[②] 老惠洛克在其遗嘱中推选25岁的儿子约翰·惠洛克（John Wheelock）继任学院的校长。1779年5月24日，老惠洛克去世。依据老惠洛克的遗嘱，小惠洛克继任校长职务。小惠洛克是军人出身，并无多少神学素养，加上专横武断，上任后即与董事会矛盾不断。随着双方矛盾进一步恶化，最终导致小惠洛克在1815年被董事会依据特许状授予的权力解除校长、教授和董事职务。1816年的州议会选举中，民主共和党人击败之前在新罕布什尔掌权的联邦党人，获得议会的主导权。小惠洛克顺势倒向民主共和党，希望民主共和党帮助他恢复校长职位。

在新当选的州长威廉·普拉姆（William Plumer）和托马斯·杰斐逊

① HERBST J. From crisis to crisis: American college government, 1636—1819 [M]. Cambridge: Harvard University Press, 1982: 182-183.

② LORD J K. A history of Dartmouth College, 1815—1909 [M]. Concord: The Rumford Press, 1913: 1.

（Thomas Jefferson）的影响下，由民主共和党人主导的州议会于当年 6 月 27 日通过一份名为“调整、扩充和改进达特茅斯学院董事会”的法案。该法案规定：（1）将达特茅斯学院改为州立的达特茅斯大学。（2）建立一个 21 人的董事会[①]。（3）增设一个为数 25 人的监事会，其中议会两院议长和州长、副州长为当然成员。监事会有权审查、批准、否决董事会做出的决议和行动。（4）监事会和董事会成员由州长任命。（5）校长为董事会的当然成员，须每年向州长报告校务。[②] 同时，被免去校长职务的小惠洛特受聘为达特茅斯大学的校长。

然而，该法案的通过并不意味着小惠洛克和原董事会之间纷争的结束。尽管原达特茅斯学院董事会的成员全都被吸收进入新大学的董事会，但他们仍然拒绝执行州议会的法案，拒绝交出原达特茅斯学院的特许状、印章和账本。不久之后，惠洛克校长的外甥威廉·伍德沃德（William H. Woodward），即原达特茅斯学院的秘书兼司库将学院的特许状、印章和账本偷偷带到新的达特茅斯大学。于是，原达特茅斯学院董事会将伍德沃德告上法庭，与州议会对簿公堂。这样，一桩普通的校内纠纷逐渐演变成为原达特茅斯学院董事会与州政府关于达特茅斯学院控制权的斗争。[③]

在新罕布什尔州法院，由民主共和党把持的州法院采信州议会的辩词，判决达特茅斯学院董事会败诉。其理由是：达特茅斯学院是为公众服务的，而且自 1769 年创建以来不断得到州政府的资助，因此达特茅斯学院其实是一个公法人。既然达特茅斯学院是一个公法人，它理应受到通过民选产生的州政府的监督，加之独立以后的州政府继承原英王殖民地的一切权力，因此州议会有权修改学院的特许状。但是，达特茅斯学院董事会不服，并上诉至联邦最高法院。

1818 年 3 月 10 日，联邦最高法院正式受理该案。经过长达一年的

---

① 原达特茅斯学院董事会的规定人数为 12 人。

② LORD J K. A history of Dartmouth College，1815—1909 [M]. Concord：The Rumford Press，1913：90.

③ 欧阳光华. 董事、校长与教授：美国大学治理结构研究 [M]. 北京：高等教育出版社，2011：72.

诉讼，1819年，身为联邦党人的联邦最高法院首席大法官马歇尔作出终审判决：（1）1769年英国王室授予达特茅斯学院董事会的特许状是《美国联邦宪法》第1条所规定的契约。该条款规定，各州不得通过有损契约义务之法律。特许状不能因为革命而被废除。（2）新罕布什尔州议会的法案，未经达特茅斯学院董事会同意变更特许状内容，是对特许状义务的破坏，违反《美国联邦宪法》有关契约的条款，因此无效。（3）尽管该学院是为了公共福祉或普通大众的教育而建立，但达特茅斯学院仍是一个私法人而非公法人，亦不能将其变成公法人并为议会所控制。①

从《独立宣言》发表的1776年到19世纪20年代，各州政府通过变更原殖民地学院特许状强化对学院的控制，使大学与政府的关系日渐紧张。联邦最高法院关于达特茅斯学院案的判决，确立了大学特许状受联邦宪法保护的契约性质。在特许状面前，政府与大学是平等的契约关系，不经董事会同意，特许状赋予大学的责任和义务不得做任何更改。这为董事会依照特许状自主管理大学事务提供了充足的法律依据。同时，联邦最高法院的判决明确了私立大学的私法人地位，由此确立了私有财产神圣不可侵犯的原则。此后，美国兴起一股创建私立学院的热潮。通过此案，各州政府意识到，企图通过改制的办法来建立州立大学的办法已经行不通了。在此背景下，各州转而通过依靠公共税收创立由政府控制的州立大学。

二、建国初期公立大学章程的探索

欧洲启蒙运动推动了美国民主政治思想的形成与发展。摆脱教会对教育的控制，建立由联邦或州政府控制的、世俗的公共教育系统，成为建国初期以托马斯·杰斐逊为代表的民主共和党人的梦想和追求。由于担心联邦政府权力过于集中，影响各州的自主权，美国开国元勋极力推动建立“国家大学”的计划以失败告终。而达特茅斯学院案的判决，更是彻底摧毁了民主共和党人试图将原殖民地学院改造成为公立大学的念想。为此，美国开启了创建州立大学的进程。然而，新的州立大学从创

① LORD J K. A history of Dartmouth College，1815—1909［M］. Concord：The Rumford Press，1913：90.

建到运行主要依靠州政府的公共税收，这与主要依靠捐赠作为经济来源的殖民地时期所建立的学院有着明显差异。如何构建与州立大学相匹配的治理体制，考验着州立大学创建者们的智慧。

（一）弗吉尼亚大学

弗吉尼亚大学是1819年由托马斯·杰斐逊在其家乡——弗吉尼亚的夏洛茨维尔（Charlottesville）创办的一所州立大学。在弗吉尼亚大学创办之前，美国已经开始了创建州立大学的实践。除建国初期原殖民地学院的"公立化"尝试之外，美国还建立了一批新的"州立大学"，如佐治亚大学（1785）、北卡罗来纳大学（1789）、佛蒙特大学（1791）、南卡罗来纳大学（1801）、迈阿密大学（1809）、马里兰大学（1812）等。然而，随着达特茅斯学院案的判决，原殖民地学院"公立化"的尝试宣告失败；新建的州立大学也由于在董事会成员的产生方式、经费来源或法律实践等方面与之前的私立高校并无太大差别而未被视为"真正"的州立大学。与之不同的是，弗吉尼亚大学从创立之初就通过特许状确立了州立大学的法律地位及治理体制，成为美国"南方州立大学的楷模"①。弗吉尼亚大学之所以取得这样的办学成果，与其创建者托马斯·杰斐逊的贡献是分不开的。

1．杰斐逊的公共教育计划

托马斯·杰斐逊是《独立宣言》的主要起草人、美国第三任总统和宗教自由的积极倡导者，但令他觉得最为荣耀的还是弗吉尼亚大学的创办。正如他的墓志铭所写的那样："托马斯·杰斐逊，《独立宣言》的起草人，《弗吉尼亚宗教法案》的起草人，弗吉尼亚大学的创建人埋葬于此。"弗吉尼亚大学的创办，是杰斐逊公共教育思想的重要结晶。

在独立战争期间，尽管杰斐逊忙于政务，但时刻惦记着遭受战火蹂躏的教育事业。1779年，在为新生的合众国建章立制的时候，他和他的同事们就想依照普鲁士的模式，将普通教育制度纳入新生的国家法律体系之中。这项制度的依据是民族教育是政府需要关注和承担的责任，它

① 黄宇红．美国州立大学的发展历程［M］．北京：北京航空航天大学出版社，2013：16．

虽然与每个社会成员的利益息息相关，但是人们对事务的管理是有边界的，因此通过公共财政的支持实现这个目标是有必要的。①

基于上述认识，杰斐逊提出了贯穿初等教育、中等教育和高等教育的公共教育计划。该计划的主要内容为：（1）初等学校：将各个县划分为若干个区，在每个区设立初等学校，由公共资金来维持，为所有儿童提供免费的小学教育，并要接受县督学的督查。（2）中等学校：主要承担机构是学园和学院，它们可由县办或几个县联办，其教育对象是那些有时间、有能力和对学习感兴趣的学生。这些学校的日常运行可由公共财政提供一部分资金，但主要依靠学生的学费。（3）大学：大学由州举办，为学生传授各个学科领域最高层次的知识。大学建立和运行的资金由公共财政提供。大学的一切法规由州议会或立法部门颁布。州立大学的最高领导机构是监事会（Board of Visitors），其成员由州议会推选和任命的世俗人员担任。大学的校长和教师由委员会负责选聘，并监督大学的运行。该计划虽然提交给州议会，但直到1796年才为议会所关注。整个方案除部分被运用于低层次的教育之外，其他基本上流产。而建立由公共财政支持的大学，直到杰斐逊晚年卸任公职后才得以实现。

除了公共教育计划，杰斐逊的宗教信仰自由思想以及建立教育税收制度和文教基金的提议对创办弗吉尼亚大学产生了重要的影响。宗教信仰自由思想为建立世俗的弗吉尼亚大学提供了理论依据；教育税收制度和文教基金则成为弗吉尼亚大学得以创办的资金来源。

2. 弗吉尼亚大学的治理体制

1819年1月25日，弗吉尼亚州议会通过《创建弗吉尼亚大学法案》，弗吉尼亚大学就此诞生。晚年的杰斐逊，为了实现自己的教育理想，全身心地投入弗吉尼亚大学的创建之中，他不仅亲自为学校选定校址、设计教学楼、制订课程计划，还制订弗吉尼亚大学章程，创建大学的治理体制。

---

① University of Virginia. A sketch of the University of Virginia [E]. Richmond: Whittet & Shepperson Publishers, 1885: 4.

根据建校法案，弗吉尼亚大学实行外行监事会行使法人权责的治理体制。弗吉尼亚大学组建了由 7 名成员组成的监事会（The Rector and Visitors of the University of Virginia）。该监事会享有起诉和应诉权力、使用大学印章的权力以及接受捐赠的权力。监事会成员由议会提名、州长任命。监事会从其成员中选出一名成员担任校长。监事会每年至少召开两次会议，时间是 4 月和 10 月的第一个星期一，但在特殊情况下可随时召开紧急会议。监事会须就学校的办学条件、进展情况向州议会进行年度汇报。此外，该法案授予监事会管理和保护大学校产、聘请或解聘教授、分配教授、任命大学财务主管及其他工作人员和制定大学法则等一系列权力。1819 年法案还特别强调监事会要遵守州的法律，服从立法机构的监管。

根据监事会章程，在监事会的指导下，弗吉尼亚大学组建一个教授会管理大学内的即时（immediate）事务。① 作为大学的管理实体，教授会有权针对大学的学生、下级官员的管理事务行使司法职能。教授会有权制定针对上述人员的规章制度，但这些制度必须符合监事会制定的法则和州的法律。在大学初建时期，弗吉尼亚大学并未设置校长的职位，而是通过监事会每年从教授中选出一名代表任教授会主席来履行校长的职能。这种做法在弗吉尼亚大学法律系迈纳（Minor）教授看来不是没有坏处，但好处还是占主要的。因为不设校长职位可以让大学不必过分依赖某一个人，并可以使教授会中每一位成员对教授会的命运产生更多关注。同时，它能让教授们觉得无论担当多少责任，教授会的成功与否都是他们应该分担的责任。②

总之，通过议会颁发的法案，弗吉尼亚大学确立由州政府直接控制的法人治理体制。从州长任命监事会成员、监事会须向议会进行年度工作报告以及州政府（通过文教基金会）在大学建设过程中提供经费等事实来看，弗吉尼亚大学已经完全具备州立大学的特征，也因此被美国历

---

① University of Virginia. A sketch of the University of Virginia [M]. Richmond: Whittet & Shepperson Publishers, 1885: 7.

② CABELL N F, et al. Early history of the University of Virginia [E]. Richmond: J. W. Randolph, 1856: 519-520.

史学家一致公认为美国第一所真正意义的州立大学。

（二）密歇根大学

密歇根大学是美国 19 世纪上半叶建立的一所典型的州立大学。密歇根大学始建于 1817 年，时称“学术大统殿”（Catholepistemiad）或“密歇根大学”（University of Michigania），后因故停办。1837 年 3 月 18 日，密歇根州议会通过《密歇根大学组织与治理法案》（An Act to Provide for the Organization and Government of the University of Michigan）。根据该法案，密歇根州议会决定重建密歇根大学，并为密歇根大学设计新的目标任务、组织架构和管理体系。

首先，对于大学的办学目标，该法案规定：“该大学的目标是为本州居民提供获得文学、科学和艺术等各个领域的全面知识的方法手段。”① 该法案对密歇根大学目标任务的规定充分体现了美国建国后世俗的、民主的观念。大学不仅仅为教会和上层社会服务，还应为普通民众服务，为发展科学知识服务。为了让普通大众上得起大学，该法案对密歇根大学入学费用的上限进行了规定。该法案第 12 条规定：“该大学的入学费用不得超过 10 美元，并且对本州内的居民不再收取学费。”② 为了体现其服务对象的广泛性，该法打破自 1636 年哈佛学院建立以来不招收女生的惯例。该法案第 19 条规定，“密歇根大学的每个分校，都要为女子学习高等知识建立学习机构”③。这样就使得密歇根大学作为全民州立大学的地位更加稳固。大学不再是教会和上层社会的专利，也不再是美国男子的天下，而成为包括女性在内的所有普通百姓接受高等教育的场所。

---

① ELLIOT E C. Charters and basic laws：selected American universities and colleges［E］. New York：The Carnegie Foundation for the Advancement of Teaching，1934：342.

② ELLIOT E C. Charters and basic laws：selected American universities and colleges［E］. New York：The Carnegie Foundation for the Advancement of Teaching，1934：344.

③ ELLIOT E C. Charters and basic laws：selected American universities and colleges［E］. New York：The Carnegie Foundation for the Advancement of Teaching，1934：345.

其次，该法案为密歇根大学确立了基本的组织架构和相应的教授职位。该法案第8条规定大学建立三个学系：一是文学、科学和艺术系，二是法律系，三是医学系。在每个学系之下，根据其涵盖的学科门类或课程建立若干教授职位，如在文学、科学和艺术系设置包括古代语言、道德哲学与自然神学（包括所有宗教的历史）、数学、化学与药学、地理学与矿物学等在内的14个教授职位；在法学系设置普通法、成文法及衡平法，自然法、国际法和宪法，商业法和海事法3个教授职位；在医学系则设立包括解剖学、外科等在内的6个教授职位。①

第三，该法案为密歇根大学确立了由州政府控制的治理体制。（1）确立大学的法人机构。该法案建立密歇根大学理事会（The Board of Regents of the University of Michigan）。理事会由13名理事组成。理事会成员由州长提名、议会任命。州长、副州长、州高等法院的法官以及州首席大法官（chancellor of the state）为理事会的当然理事。理事会的理事长由首席大法官担任。作为密歇根大学的法人组织，理事会享有起诉和应诉，制作、使用和变更法人印章的权利。（2）理事会成员实行任期制。在理事会产生后的第一次会议上，理事会成员将被分成三个组，每个小组制作四个签，并标上1到4等四个数字，抽到数字1的，任职一年，抽到2的，任职两年，依次类推。密歇根大学理事会决定理事任期制的做法，改变了美国大学董事会成员无任期限制的历史。在以往的其他大学中，若非因渎职、死亡或辞职而出现的人员变动，董事会成员大多为终身制。董事会成员的任期制，为大学董事会根据需要及时更新人员提供了法律保障。（3）实施大学巡视制度。由州公共教育督学任命一个由5人组成的巡视会（The Board of Visitors），督察密歇根大学的办学实况。密歇根大学理事会每年需要将学校的办学现状报告提交巡视会，比如经费支出、教授和教员数量及其薪酬、每个学系和班级的学生数以及下一年度的经费预算等。巡视会则在议会的下一个会期将上述情况以

① ELLIOT E C. Charters and basic laws: selected American universities and colleges [E]. New York: The Carnegie Foundation for the Advancement of Teaching, 1934: 344.

及其他重要事项报告给议会。（4）在全州范围内建立分校系统。该法案规定，经州议会授权，密歇根大学理事会有责任与密歇根州公共教育督学一道，在全州范围内建立大学分校，并为分校建立相关规章制度，但分校不得颁发学位。①

1837年密歇根州议会通过的法案不仅为密歇根大学确立了有效的治理体制和模式，还成为各州创建州立大学的制度参照。1851年创建的明尼苏达大学（University of Minnesota）几乎逐字抄录密歇根大学1837年的相关制度文献。同样，《密歇根大学组织与治理法案》对1848年创建的威斯康星大学（University of Wisconsin）的特许状的草拟也产生重要影响。②

当然，在密歇根大学创建早期，由于密歇根州的政治气候不太稳定，州长或议会在任命理事会成员的时候，经常受政治气候所左右，使得学校的自治权受到损害。为此，密歇根州在1850年对其州宪法进行修订，将密歇根大学理事会成员的产生办法由州长或议会任命制改为由全州人民直接选举产生。密歇根州1850年宪法规定：第一，将在1863年最高法院法官选举的同时，选举8名大学的理事，其任期分别是2名2年、2名4年、2名6年和2名8年。他们将在选举后的首个1月份履行其职责。在随后每次最高法院法官的选举中将选举2名理事，其任期均为8年。当理事职位出现空缺时，将由州长任命来填补。由此选举产生的理事将组成密西根大学理事会。第二，大学理事会成员及其继任者将组成法人团体，其名称为“密歇根大学理事会”（The Regents of the University of Michigan）。第三，大学理事会将在其第一次年会或其后尽早推选一位大学校长，该校长依其职位成为理事会的当然成员，并享有发言权但没有投票权。校长主持理事会议，是大学主要的执行官员。大学理事会全面

① ELLIOT E C. Charters and basic laws: selected American universities and colleges [E]. New York: The Carnegie Foundation for the Advancement of Teaching, 1934: 345.

② BRUBACHER J S, RUDY W. Higher education in transition: a history of American colleges and universities [M]. 4th edition. New Brunswick: Transaction Publishers, 1997: 156.

监管大学，并对大学基金的一切开支进行指导和控制。① 这样，密歇根大学由原来从属于州议会的学术机构转变成为与州议会、政府、法院平行的“第四部门”。这为密歇根大学理事会自主处理内部事务提供了宪法保障。

此后，有许多州在建立自己的州立大学时都仿效密歇根州的做法。例如，加利福尼亚州通过 1879 年宪法，将 1868 年成立的加州大学的法律地位界定为“公共信托”（public trust）。该州的宪法规定：“加州大学将组成一个公共信托，其组织与管理依据 1868 年 3 月 23 日创设该大学的组织法所规定的形式和性质而永久续存，仅在有必要保证遵守捐赠条款和资金正当投资与安全的情况下依从于立法机构的控制。它完全独立于任何政治或教派的影响，自由地聘任理事并管理其事务。”② 加州 1879 年宪法将加州大学视作为公共信托，并将其治理权授予该大学的理事会，且该理事会不受该州的任何法律的约束，这无疑大大增强了加州大学的自治权。

三、建国初期美国大学章程的主要特征

（一）外部控制与大学自治形成张力

大学章程是美国大学治理的基本制度。作为一种具体的制度形式，美国大学章程一方面要与美国高等教育的治理体制相适应，另一方面还要受美国政治、经济和文化制度，特别是政治制度的制约和影响。《美国联邦宪法》及其修正案所确立的联邦分权制和州主导的教育管理体制，为各州政府参与高等教育管理提供了宪法依据。建国以后，由于美国仍然延续殖民地时期英国的普通法传统，在高等教育领域并未制定全国通行的成文法，各州对大学的治理尚处于探索阶段。各州可以依循惯例或制定新的法律对原有的或新建的大学施加影响。但各州政府无论在对原殖

① GOODWIN D. Constitution of Michigan of 1850 [EB/OL]. (2017-10-30). http://www.legislature.mi.gov/documents/historical/miconstitution1850.htm.

② ELLIOT E C. Charters and basic laws: selected American universities and colleges [E]. New York: The Carnegie Foundation for the Advancement of Teaching, 1934: 65.

民地学院的“州立化”改造过程中，还是在创建新式州立大学的过程中，都力图达到既对大学进行有效控制，同时又给大学较大程度自治权的目的。

例如，根据马萨诸塞州1780年宪法对哈佛学院特许状的变更，哈佛学院虽然被确定为州立大学，并且其监事会也屡遭改组，同时也丧失了对法人会的人事任命权，但哈佛大学的“双院制”治理体制没有改变，大学的一切内部事务仍掌控在监事会和法人会手中。同样，在宾夕法尼亚州，费城学院尽管最终被改组，成为宾夕法尼亚大学，但大学内部事务仍然处于董事会的掌控之下。1819年，在达特茅斯学院案判决后，原殖民地学院摆脱了州政府的直接控制，但外行董事会仍然是大学的最高权力机关，政府官员也仍然是大多数大学董事会的当然成员。由于原殖民地学院“州立化”的失败，州政府转而利用公共税收建立新的州立大学。根据各州法律或大学特许状，州政府对州立大学的控制与原殖民地学院相比有所增强。例如，州立大学理事会成员主要由州长或州议会任命，而不能像原殖民地学院那样由董事会自己选举产生，但在州立大学，其理事会仍然被确定为大学的法人机关，具有处理大学内部事务的一切权力。

总之，建国以后各州政府在原殖民地学院“州立化”和创建真正意义上的州立大学的进程中，一方面强化州政府对大学的控制，另一方面又给予大学相当程度的自治权，使得美国大学在外部控制与大学自治之间形成一种张力，既保证大学在一定的制度规范下运行，又给予大学处理自身事务的充分权利。

（二）大学逐渐走向世俗化和民主化

18世纪末至19世纪初，在欧洲启蒙运动的影响下，欧洲资产阶级所宣扬的自由、民主、平等的思想在美国得到广泛传播。1776年美国《独立宣言》所确立的“人人平等和天赋人权”的民主思想成为美国人民推翻英国殖民统治和日后争取平等教育权利的思想武器。1791年，《美国联邦宪法第一修正案》所确立的“宗教信仰自由”原则和“禁止确立国教”的规定，为美国举办政教分离的世俗化教育奠定了法律基础。19世纪上半叶，美国州立大学的建立，为美国高等教育走向世俗的和民主的公共教育提供示范作用。

1819年弗吉尼亚大学的创建得益于美国开国元勋及《独立宣言》的主要起草人杰斐逊的大力推动。杰斐逊是宗教信仰自由和政教分离的积极倡导者和践行者。早在1777年，杰斐逊就为弗吉尼亚州议会起草《宗教自由法案》。该法案于1785年正式成为弗吉尼亚州宪法的组成部分，为弗吉尼亚州确立了宗教自由和政教分离制度。在《弗吉尼亚大学章程》的制定过程中，杰斐逊同样坚持宗教信仰自由和政教分离原则。首先，从弗吉尼亚大学监事会的成员构成来看，他们全部由世俗人员组成，并通过议会提名、州长任命，而不像同时期的其他大学那样，给宗教人士留出位置。其次，1825年，杰斐逊为弗吉尼亚大学设计了8个学科门类的教学方案，其中包括古典语、现代语、数学、自然哲学、博物学、解剖学和医学、道德哲学和法学。这些学科之中没有一门与神学或宗教有关。①

1837年重建的密歇根大学同样具有世俗化和民主化的特征。首先，密歇根大学理事会成员也是由州政府任命的世俗人员担任；其次，在课程设置方面，密歇根大学同样没有开设神学或宗教方面的课程；第三，为了人们有平等的教育权利，密歇根大学章程不仅限定入学费用的最高标准，还有对本州人民免于缴纳学费的规定。此外，密歇根大学还要求其各分校要设立女子学院，接收女性学生。

（三）大学内部组织开始分化

19世纪上半叶是美国从传统大学向现代大学过渡的重要时期。为了满足美国经济和社会发展的需要，美国大学除增加许多现代科学的课程，如现代语、矿物学、地理学、化学、自然哲学（物理学）等课程之外，还借鉴德国大学的选修制度，在教学管理上推行选修制度。正是选修制度的采用，促使美国大学组织结构发生重大变化。

1825年，选修制几乎同时被弗吉尼亚大学和哈佛大学所采用。1825年，经过多年的筹备，弗吉尼亚大学迎来第一批学生。弗吉尼亚大学的创办

---

① University of Virginia. A sketch of the University of Virginia [M]. Richmond: Whittet & Shepperson Publishers, 1885: 9.

者杰斐逊打破传统大学垂直安排课程的做法，平行安排古典语、现代语、数学、自然哲学、博物学、解剖学和医学、道德哲学和法学八组课程。学生可在开设这些课程的八个学院（school）间自由选择课程，而一旦选定专修学科，便不得再在各自的学院中选择课程。对于学生来说，完成选定课程是他们获得学位的必要条件。如果学生无意获取学位，他们可选学任何课程。同年，在乔治·提克纳（George Ticknor）的极力推动下，哈佛大学采纳课程选修制，允许高年级的学生在一定范围内选修课程。为了便于推行选修制，哈佛大学的教师被分到各个不同的学系（department）。① 此后，"学系"开始成为美国大学开展专业化教育的基本单位。

例如，1837 年重建密歇根大学的法案提出建立文学、科学和艺术系、法律系和医学系 3 个系。在弗吉尼亚大学，原先以"学院"命名的教学单位也被重新组建或合并为学系。1827 年，弗吉尼亚大学医学院改为医学系，下辖生理学和外科学等 5 个学院。1851 年，法学院改为法学系，1854 年，法学系已下设普通法和成文法、宪法及国际法、衡平法、证据法（evidence）学院和商业法学院两个学院。② 作为大学的基层组织，学系逐渐得到完善。由密歇根大学理事会 1859 年修订的《密歇根大学理事会的一般规则、规程和章程》（General Rules and Regulations and Bylaws for the Regents of the University of Michigan）的相关表述可知，密歇根大学当时已经在各学系建立教授会，教授会由各学系的教授组成，主要负责各学系的教学和学生管理等日常事务。学系设系主任，负责召集教授会会议，并在校长缺席的情况下主持会议。③

---

① BRUBACHER J S, RUDY W. Higher education in transition: A history of American colleges and universities [M]. 4th edition. New Brunswick: Transaction Publishers, 1997: 101.

② University of Virginia. A sketch of the University of Virginia [M]. Richmond: Whittet & Shepperson Publishers, 1885: 11-12.

③ University of Michigan. General rules and regulations and bylaws for the regents of the University of Michigan (March 31, 1859) [M]. Detroit: John Slater, Book, Card and Job Printer, 1859: 13, 23.

第三节　南北战争之后的美国大学章程

南北战争以后，美国“西进运动”和工业革命的持续推进，既给美国高等教育带来新的机遇，同时也提出了新的挑战。始于18世纪末的“西进运动”给美国带来大量土地和其他资源的同时，还带动西部农业、采矿业等相关产业的发展。随着农业、采矿业的发展和工业革命的持续推进，信奉实用主义哲学的美国人民愈加发现美国传统大学与社会需求脱节，纷纷要求美国大学重视实用人才的培养。在此背景下，联邦政府开始改变以往不干预教育事业发展的传统，在战争尚未结束时就顺势颁布《莫雷尔法案》（Morrill Act），创建了一大批独具特色的“赠地学院”。与此同时，随着英国科学思潮和德国大学教育模式在美国的传播，一些有识之士对注重古典课程低水平的传统大学日益不满，开始按照德国大学模式组建或改造原有的大学，开展研究生教育。然而，新型大学的产生和发展不仅意味着大学职能的增多，而且会使大学与政府和社会的关系、大学内部组织结构、大学各利益主体的地位和作用等均发生显著变化。为了应对美国大学内外治理环境的变化，作为美国大学治理基本制度的大学章程也随之不断变革和发展。

一、美国新型大学的兴起

19世纪下半叶到20世纪初是美国高等教育发展的重要时期。一大批在联邦政府资助下设立的赠地学院与新生的研究性大学共同推动着美国高等教育向前发展。

（一）《莫雷尔法案》与赠地学院的兴建

根据1791年《美国联邦宪法第10修正案》，联邦政府将教育的领导权留给各州政府，联邦政府不再过问各州的教育事业。然而，为了满足美国工农业快速发展对实用人才的需要，1862年，林肯总统签署由国会议员贾斯汀·莫雷尔（Justin Morrill）起草并提交的《关于向农业和机械学院赠送土地的法案》（也称《莫雷尔法案》）。该法案规定：在每个州至少资助一所致力于农业和机械教育的学院。按照1860年的国会议员配额，按每人3万英亩的标准给参、众两院议员所在州赠送联邦政府土地或土地券；各州出售土地获得的资金，除其中10%可用于购买建校用地之外，剩余部分要建立年利率不低5%的捐赠基金；如果该基金在5年内没有用完，将被退还给联邦政府。① 考虑到让那些新加入联邦的州和领地也能受益于该法案，联邦政府于1866年通过延长《莫雷尔法案》实施期限和扩大其适用范围的法案，规定任何新加入联邦的州或领地同样有权享受1862年《莫雷尔法案》规定的权利。

1887年，为了资助农业实用知识的研究与传播，促进与农业科学理论和应用有关的科学试验，美国联邦政府通过由众议员威廉·哈奇（William H. Hatch）提交的《建立农业试验站法案》（Act of Establishing Agricultural Experiment Station，又称为《哈奇法案》）。《哈奇法案》规定为每个州拨款15 000美元在赠地学院建立农业试验站。在上述法案的刺激下，赠地学院在美国获得较大的发展。但由于缺乏充足的捐赠资金，一些州的赠地学院的运营变得非常困难。为此，莫雷尔于1890年提交第二份法案（称为《莫雷尔赠地学院第2法案》）。通过该法案，联邦政府对赠地学院的拨款开始常态化，即从1890年开始的10年内，每年给各州的拨款额以15 000美元为起点，以后逐年增加1 000美元，直到拨款金额达到25 000美元为止。1890年法案还将赠地基金的使用范围从原来的军事、农业、机械工艺领域扩大到英语、数学、物理、自然和经济科学等各学科领域；同时还规定赠地基金不能被用于对白人和黑人入学有差别对待的学院，但可为白人和黑人分别设立学院。

在莫雷尔法案的资助和影响下，全美共有48个州和3个领地利用赠地基金建立新的大学，或在原有大学基础上建立新的农业与机械学院。据统计，到19世纪末共有69所大学获得赠地基金的资助，其中州立大学有22所。②在南部17州，赠地基金除了每州资助一所专供白人上学的

① WESTMEYER P. A history of American higher education [M]. Springfield: Charles C. Thomas Publishers, 1985: 61.

② ELLIOTT E C, CHAMBERS M M, et al. The government of higher education: designed for the use of university and college trustees [M]. New York: American Book Company, 1935: 12-13.

大学外，还另外资助一所专供黑人就读的大学。赠地学院的兴建，改变了美国传统大学与社会现实相脱节的传统。大量农业、机械技术人才走向生产领域，为美国的“西进运动”和工业革命提供了雄厚的智力支持，也改变了人们对联邦政府和美国大学的看法。大学不再是远离社会的象牙塔，而是能为人们提供高效生产、健康生活所需知识和技能的重要场所。

（二）研究性大学的建立

早在建国初期，刚刚获得国家独立的美国就开始学院“大学化”的进程。1780 年，马萨诸塞州议会通过法案，将哈佛学院升格为“哈佛大学”。宾夕法尼亚州议会也于 1779 年通过法案将费城学院改组为“宾夕法尼亚大学”。在达特茅斯学院案判决的 1819 年，在杰斐逊的积极活动下，弗吉尼亚州议会颁布“建立弗吉尼亚大学”的法令，创建弗吉尼亚大学。弗吉尼亚大学从一开始就仿效德国大学模式，给学生开设比其他学院更高级的课程，并于 1831 年开始给完成规定数量选修课的学士授予“文科硕士学位”。[①] 当然，尽管这些大学冠以“大学”名称，但其办学水平远未达到欧洲大学，特别是德国大学的水准。1852 年，留德归来的教育家亨利·塔潘（Henry P. Tappan）就任密歇安大学校长后，按照德国大学模式为该大学制定研究生层次的教育计划，但由于后来塔潘与密歇根大学董事会矛盾激化而被解聘，该计划没有完全得以实施。

南北战争后，随着美国社会工业化、都市化、专业化和世俗化的步伐加快，人们要求建立研究性大学的呼声日益高涨。加之留德博士源源不断归来以及来自工商业的捐赠大量涌入高等教育领域，使得美国已经具备建立研究性大学的人力、物力和财力。1876 年，在大银行家约翰斯·霍普金斯（Johns Hopkins）遗赠的资助下，美国建立约翰斯·霍普金斯大学。该校被称为美国第一所真正意义的大学。约翰斯·霍普金斯大学在创办初期就设立专门从事研究生教育的研究生院，将研究生教育作为其第一要务，由其培养的毕业生在其他大学大受欢迎。例如，在 1896 年，教授队伍中有 3 名或 3 名以上约翰斯·霍普金斯大学毕业生的

① 陈学飞. 美国高等教育发展史 [M]. 成都：四川大学出版社，1989：68.

美国大学超过 60 所，其中哈佛大学有 10 人，哥伦比亚大学有 13 人，威斯康星大学有 19 人。[①] 在约翰斯·霍普金斯大学之后，美国又创建了克拉克大学（Clark University）、芝加哥大学（University of Chicago）等以研究生教育为主的大学。在约翰斯·霍普金斯等大学的带动下，哈佛大学、耶鲁大学、普林斯顿大学、威斯康星大学等也开始设立研究生院（系、部），从事专门的研究生教育。到 20 世纪初，研究性大学已经成为美国高等教育的主导力量。

二、美国新型大学章程的创制

19 世纪下半叶至 20 世纪上半叶，在美国诞生许多新大学，这些新大学与转型后的传统大学一道构成美国高等教育的中坚。除约翰斯·霍普金斯大学之外，康乃尔大学、威斯康星大学、芝加哥大学等也是推动美国高等教育转型与发展的重要力量。作为新型大学的杰出代表，这些大学在章程建设方面进行了创新性的探索。

1. 康乃尔大学

康乃尔大学是 1865 年创建的私立大学。1863 年，即《莫雷尔法案》颁布的第二年，纽约州议会接受《莫雷尔法案》的相关条款。为了创办一所“纽约伟大的大学”，康乃尔大学的创办者、州议会议员埃兹拉·康乃尔（Ezra Cornell）和安德鲁·怀特（Andrew D. White）摧毁了其他大学试图分割纽约州赠地基金的企图。1865 年，纽约州议会最终决定将该州所获得的赠地基金全部用于康乃尔大学的创建。作为独享赠地基金的条件，康乃尔捐赠 50 万美元成立康乃尔大学基金。[②] 同年，州议会为康乃尔大学颁发特许状。该特许状的颁布标志着康乃尔大学的正式成立。当然，康乃尔大学与其他私立大学亦有所区别。根据 1862 年《莫雷尔法案》，康乃尔大学陆续建立三个依靠联邦政府赠予纽约州的土地款来运行的州立学院和一个根据《哈奇法案》建立的农业实验站。根据

---

① 陈学飞. 美国高等教育发展史［M］. 成都：四川大学出版社，1989：72.

② SHERWOOD S. The University of the State of New York：history of higher education in the State of New York［E］. Washington：Government Printing Office，1900：325.

康乃尔大学特许状，上述三个州立学院和实验站由康乃尔大学全权负责管理。因此，从学校的性质来看，康乃尔大学是一所“公私合营”型大学。

康乃尔大学章程主要由两部分组成，一是纽约州议会通过的有关该大学的教育法令，如大学特许状；二是由康乃尔大学董事会制定的大学章程（statutes）、条例（rules）和规则（regulations）等。

康乃尔大学特许状的主要内容被编入《纽约州教育法》，成为纽约州教育法律的重要组成部分。根据1929年编印的《康乃尔大学有关法律》的小册子，康乃尔大学特许状的主要内容包括董事会的人员构成及其产生办法、法人的目标和权利、大学持有财产的范围和财产转让限制、在康乃尔大学设立的州奖学金以及在康乃尔大学设立的三所州立学院和农业实验站等相关规定。①第一，作为康乃尔大学的治理机构，康乃尔大学董事会成员共由40名董事组成，其中当然董事8名，包括州长、副州长、众议院议长、州教育厅厅长、州农业协会主席、州农业厅厅长、康乃尔图书馆馆长、康乃尔大学校长；由康乃尔家族最年长的男性后裔担任的终身董事1名；经州参议院批准后由州长任命的董事5名；经董事会选聘的董事15名；经校友会选举的董事10名；经纽约州立农场（New York State Grange）执行委员会选举的董事1名。为了避免董事会被某一教派或非教派人士所控制，康乃尔大学的特许状规定，在任何时候，任何一个教派或非教派人士在董事会中都不能超过半数。第二，作为赠地学院，康乃尔大学的特许状规定，该大学的首要目标就是教授与《莫雷尔法案》要求相一致的知识，如有关农业、机械和军事战术的学科知识。但特许状同时规定，董事会认为有用或合适的其他学科知识也可以纳入教学计划之中。另外，特许状授予康乃尔大学建立教授会、学系、分校（branches）、颁发各种学位证书的权力。第三，在财产方面，特许状授权大学法人可接受和持有保证大学正常运行的不动产和动产，

① ELLIOTT E C，CHAMBERS M M，et al. Charters and basic laws of selected American universities and colleges [E]. New York：The Carnegie Foundation for the Advancement of Teaching，1934：160-171.

以及各种捐赠。但以信托方式建立的信托财产要与其他财产有所区别，其利息和收益要用在与信托目标一致的领域。第四，作为赠地学院，康乃尔大学董事会要遵循国会相关法案的规定，并接受纽约州大学理事会的巡视。第五，在奖学金方面，特许状规定了纽约州所设立的奖学金的评选办法。第六，特许状对设在康乃尔大学的纽约州立兽医学院、纽约州立农业学院、纽约州立农业试验站、纽约州立家政学院的治理体制进行了规定。这些学院（试验站）皆由州政府资助，但康乃尔大学董事会对它们负有完全管理责任，并接受州教育厅的视察。康乃尔大学董事会每年定期向州教育厅报告它们的经费开支及资产使用情况。

同时，康乃尔大学董事会执行委员会于1891年通过其大学章程，其主要内容包括：（1）董事会的权力来源、董事会的官员、会议制度、专门委员会的人员组成和权责等；（2）执行委员会的人员构成、权限等；（3）校长的权责等；（4）司库的权责等；（5）督学的权责等；（6）大学评议会的人员构成及其权责等；（7）大学教授会（The General Faculty）的人员构成、官员产生办法及其权责等；（8）各学院的组成及其权限；（9）学者奖学金（fellowships）、奖学金（scholarships）等相关规定；此外，还包括学校图书及其他杂项规定等。①

2. 威斯康星大学

1848年，威斯康星正式成为美国第30个州，就在这一年该州政府在州宪法中提出要创建一所州立大学。这所新建的大学就是威斯康星大学。1848年州宪法规定，联邦政府为资助建立一所大学而捐赠或此后捐赠土地所获得的收益将作为并永久留作“大学基金”。该基金所获得的利息将被用于资助这所大学，并禁止在该大学开展宗教教学活动。② 为了配合宪法创建大学的规定，威斯康星州议会当年通过相应的法案。该法案及其附件对威斯康星大学董事会的人员构成及选举办法、法人及法

---

① Cornell University. Statutes of Cornell University [EB/OL]. (2017-03-23). https://babel.hathitrust.org/cgi/pt?id=uc1.$b74836;view=1up;seq5.

② ELLIOTT E C, CHAMBERS M M, et al. Charters and basic laws of selected American universities and colleges [E]. New York: The Carnegie Foundation for the Advancement of Teaching, 1934: 562-563.

人权力、大学的学系等事项作出的具体规定如下：（1）董事会。威斯康星大学董事会由校长和12名由州参、众两院选举产生的人员组成。董事会成员实行任期制。在董事会的第一次会议上，所有董事将被分为三个小组，其任期分别为2年、4年和6年；如果董事会出现空缺，将由州长任命人员来替补，替补人员的任期到议会下一个会期选出新的董事会成员后结束。①（2）大学法人。该法案规定，董事会即为大学法人机关，拥有起诉、被起诉，制作、使用和变更大学印章，任命和解聘大学官员、教授和教师等权力。（3）大学的学系。该法案规定，威斯康星大学由四个学系组成，分别为科学、文学和艺术系，法律系，医学系和小学教学的理论和实践系。这些学系的管理由相应学系的教授会来完成，但董事会拥有确定相关教学课程、授予学位和证书的权力。（4）该法案还授予董事会诸如购买建校用地、修建校舍以及与其他学院合并等权力。②

威斯康星州议会根据该州的现实需要和威斯康星大学的发展状况，对涉及威斯康星大学的有关法律进行多次修订。在《莫雷尔法案》和《哈奇农业试验站法》颁布之后，威斯康星大学通过该州1889年法案建立文学与科学学院、机械与工程学院、农学院和法学院。此外，威斯康星大学设立许多面向社会需要的实验室或实验站以及服务项目或机构。在实验室方面建立州土壤实验室、州卫生实验室、药学实验站、精神病学研究所等；在服务项目方面有军事教学、公共服务培训、暑期培训、教育推广、函授教育、地理及自然历史调查、农业试验与示范、国土勘测与地图等；在服务机构方面建立威斯康星总医院、儿童整形医院等医疗服务机构。③

---

① ELLIOTT E C, CHAMBERS M M, et al. Charters and basic laws of selected American universities and colleges [E]. New York: The Carnegie Foundation for the Advancement of Teaching, 1934: 563.

② Laws of the State of Wisconsin. Together with the joint resolutions and memorials [E]. Madison: Rhenodyne A. Bird, State Printer, 1848: 37-39.

③ ELLIOTT E C, CHAMBERS M M, et al. Charters and basic laws of selected American universities and colleges [E]. New York: The Carnegie Foundation for the Advancement of Teaching, 1934: 570-571.

3. 加利福尼亚大学

加利福尼亚大学（简称加州大学）是1868年经加利福尼亚州议会颁布的《组织法》建立的一所州立大学。该大学还获得根据《莫雷尔法案》设立的赠地基金的资助，建立相关的农工学院和农业实验站。同时，加州大学是一所依据加州宪法建立的大学。作为一所州立大学，州宪法和州的相关法律确定了加州大学章程的主要内容。

加州宪法主要就大学理事会的构成、权力作出规定。例如，1879年加州宪法将加州大学视为公共信托，由大学法人即理事会（The Regents of the University of California）治理。理事会拥有治理大学的所有权力，只在必要的情况下才服从州议会的监管，这些情况包括遵守捐赠承诺，保证基金的安全等。大学理事会由24名成员组成，其中包括州长、副州长在内的政府官员、加州大学校友会主席、校长等在内的8名人员为当然成员；其他16名成员由州长任命。州宪法授予理事会拥有法人应具有的一般权力，如起诉和应诉、使用印章等权力。州宪法还要求理事会必须遵守1862年《莫雷尔法案》的相关规定。

除加州宪法之外，加州的其他相关法律也对大学的内部治理加以限定。根据加州法典，其对大学的规定包括六个方面：（1）一般规定。即对大学的目标、大学的学院构成、大学课程、校长及其校长的权责、各教授会的权责等内容作出规定。（2）大学捐赠。主要包含大学捐赠的获取、投资等规定。（3）大学董事会。主要对董事会的构成、官员、权责等作出规定。（4）董事会秘书。主要包括董事会秘书的选举、权责等规定。（5）大学学术评议会。相关规定主要包括学术评议会的组成、一般权利和运行程序。（6）大学士官学员。主要对大学士官学员的组织、官员、器械设备、退役官员、报告制度等作规定。

三、美国新型大学章程的制度特征

南北战争以后，伴随美国经济和社会的发展，美国创建主要传授农业和机械知识的赠地学院和以研究生教育和学术研究为主导的新型研究性大学，并对美国大学的治理产生重要的影响。这些影响被逐渐纳入美国大学章程之中，使美国的大学章程呈现出新的制度特征。

1. 国家意志开始对大学产生影响

南北战争爆发以前，联邦政府对于美国高等教育的影响无足轻重。1862 年，随着《莫雷尔法案》的颁布，联邦政府开始对美国高等教育的发展产生深刻影响。由于《美国联邦宪法第 10 修正案》的限制，联邦政府对高等教育的影响并非采取直接干预的方式，而是通过将联邦土地赠送给各州，然后通过各州出售土地所获得的收益支持大学的创立和发展。然而，各州要获得联邦政府所赠予的土地就必须接受《莫雷尔法案》所规定的条款，即通过出售联邦赠地所获得的收益建立基金，并利用该基金建立有关传授农业和机械知识的学院，或开设有关农业和机械的教学项目。在《莫雷尔法案》的刺激下，美国新建了一批州立大学和农工学院。然而，《莫雷尔法案》的适用范围并不限于建立新的农工学院，而同样适用于已有的公立大学或私立大学。在学院和课程设置方面，赠地学院建立与赠地法案相匹配的农业和机械院系或开设相关课程。有些新建的大学在其章程中明确将办学的目的与赠地法案联系起来。例如，在赠地学院基金资助下建立的马萨诸塞农学院（1931 年更名为马萨诸塞州立学院）将其办学目标定为教授有关农业和机械工艺的科目，以及促进博雅和实用教育的发展①。

从赠地法案的实施情况来看，该法案对美国高等教育治理体制并未作出根本性的改变，州政府仍然掌控各州高等教育的主导权；然而，该法案通过捐赠在联邦与接受捐赠的州和大学之间形成一种契约关系，接受捐赠意味着各州和大学接受联邦政府法案的条款，从而引导美国高等教育朝着联邦政府所希望的方向发展。赠地法案开创了联邦政府影响美国高等教育的新模式。

2. 大学与社会的联系日益紧密

在推动美国传统大学向现代大学转变的过程中，康乃尔大学和威斯康星大学可谓功不可没。康乃尔大学提出的“通用课程”计划和威斯康

① ELLIOTT E C，CHAMBERS M M，et al. Charters and basic laws of selected American universities and colleges [E]. New York：The Carnegie Foundation for the Advancement of Teaching，1934：314.

星大学的“社会服务”理念不仅为美国大学的转型和职能扩展提供了实践范式，而且在其章程中将这些理念以制度的方式呈现出来。

南北战争爆发前，一些美国高校，如哈佛大学、耶鲁学院、达特茅斯学院都已开设了与机械和市政工程有关的学院或实用课程。但相比那些历史悠久的学院，诸如法学院、神学院、文学院等，学生会觉得在这些新学院就读就显得低人一等。应用性学科在传统大学受到歧视的状况让曾在耶鲁学院就读的安德鲁·怀特深有感触。在就任康乃尔大学首任校长以后，怀特下定决心，“不会让这种情况在康乃尔出现，要让所有的学生和所有的学科建立在学术平等的基础之上”。康乃尔大学的创始人康乃尔先生也同样坚持学科平等的理念。在康乃尔大学的印章上镌刻着康乃尔先生的教育理想：“我要建立一所大学，使之成为任何人想学任何学科的地方。”[①] 基于这一理念，康乃尔大学逐渐形成“通用目的”的课程计划。为了实现这一计划，康乃尔大学设立了从文学、法学到农学、机械、林学、家政等系列院系，并开设了相关课程。

威斯康星大学是大学社会服务职能的倡导者和先行者。在大学成立之初，“州立大学应当为提高农业生产水平、提高工业生产效率和更好地管理作出贡献”的理念已经为威斯康星大学董事会所接受[②]。在大学发展的过程中，威斯康星大学逐渐将其信奉的理念与威斯康星州的政治、经济和文化建设结合起来。19 世纪后期，威斯康星州主要的农业生产从小麦生产向乳制品生产转变。在此过程中，威斯康星大学给予了极大的支持。威斯康星大学开发的短期农业课程和巴布科克脂肪快速测试法为乳制业主节省了几亿美元的成本。农场主与大学之间的紧密关系为大众支持公共高等教育打下了良好的基础。1904 年，查尔斯·范·海斯（Charles R. Van Hise）就任校长以后，威斯康星大学的社会服务理念得

① BRUBACHER J S, RUDY W. Higher education in transition: A history of American colleges and universities [M]. 4th edition. New Brunswick: Transaction Publishers, 1997: 161.

② BRUBACHER J S, RUDY W. Higher education in transition: A history of American colleges and universities [M]. 4th edition. New Brunswick: Transaction Publishers, 1997: 165.

到进一步的诠释和发展。威斯康星大学的社会服务领域已不再局限于农业领域，而该大学的专家学者更在威斯康星州政府中扮演了智囊团的角色。到1910年，有35名教授已利用他们的部分时间服务于州的非政治服务领域，如大学的经济学家们为铁路和税收部门服务，政治科学家帮助起草法案，大学工程师们则帮助规划修路项目。① 结构是功能发挥的依托和载体，制度是结构功能正常发挥的保障。威斯康星大学根据本州经济社会发展需要不断调整自己的组织结构和制度。例如，威斯康星大学1931年的章程不仅对大学的治理主体——董事会的相关事项作出了明确规定，而且对大学的研究服务机构的设置作出了限定。从其大学章程可以看出，该校设立了许多直接面向民众和工农业领域的教育培训项目和机构，此外，还承担了矿产资源调查等项目。经范·海斯校长等人的总结和推广，社会服务成为继教学、科研之后美国大学的第三大职能。

3. 科层制管理体制开始形成

南北战争是美国高等教育发展的重要分水岭。南北战争以后，美国大学不仅实现了规模的扩张，还产生了新的组织结构和功能。长期以来，美国大学的规模通常比较小，从几十人到几百人不等，很少有超过一千人的大学。由于大学的规模小，结构相对简单，大学的事务主要由外部人士组成的董事会以及校长、秘书和司库负责。董事会主要负责大学重要事务的决策、筹措办学资金、聘任校长和教师、制定规章等。校长则是董事会决策的执行者，同时负责教学、学生管理、注册等具体事务；秘书通常负责董事会会议通知、会议记录等；司库的工作主要与大学的财务有关。

南北战争后，随着大学规模的进一步扩大，大学事务变得日益繁杂起来，大学的行政事务开始分化。最初，一些大学开始设立图书管理员的职位，后来随着选修制的推行，便开始设置注册员的职位。19世纪90年代，院长职位的设置开始流行起来，随后又产生男生院院长和女生

① BRUBACHER J S, RUDY W. Higher education in transition: A history of American colleges and universities [M]. 4th edition. New Brunswick: Transaction Publishers, 1997: 167.

院院长的职位。19世纪末20世纪初，为了让校长从具体的事务中解脱出来，一些规模较大的大学又设立副校长、教务长等职位。通常情况下，副校长可以设置多个，分别主管诸如审计、财务、校园及校舍规划等业务和职能部门，其中教务长主要协助校长处理教学、科学研究等学术事务。各个院系主任则在教务长的领导下开展相关的教学和科研管理工作。从这一时期开始，大学行政部门已经逐渐演变为一个多层级的科层组织机构。

4. 教授权力逐渐提升

南北战争之后，美国大学的权力开始出现分化。一方面，以校长为主导的行政权力系统日益完善，逐渐走向科层管理体制；另一方面，长期得不到重视的以教授为主体的学术权力开始萌芽，并最终得以制度化。

在美国大学诞生之初，美国大学的创业者们从其宗主国英国借鉴学院制的组织形式，并大学内实行董事会治理体制。董事会（由外部人士组成）不仅掌控大学的预算、校长聘任等重要事务，就连课程设置等学术事务也在其控制之下。除个别大学，如耶鲁大学的教师有机会参与学术事务的管理之外，绝大部分大学的教师基本上被排斥在大学的权力系统之外。南北战争以后，随着研究性大学的兴起，研究日益成为教师，特别是教授的主要工作。加之19世纪20年代，因课程选修制所形成的学系制度在南北战争以后得到进一步发展，教师职业日渐专业化。教学与研究的专业化意味着美国大学的立校基础已发生根本改变。美国大学已不像南北战争以前以传递现存知识为主要任务，而是以创造新的高深知识为目标。由于以校外人士为主导的董事会无法对大学的学术事务有足够的了解，他们不得不以授权的方式允许教师参与大学学术事务的治理。美国大学教师参与学术事务的治理主要通过学术评议会和教授会来实现。学术评议会最早产生于康乃尔大学。① 此后，一些新建的州立大学从建校之初就成立学术评议会。在建立校级学术评议会的同时，一些

① 欧阳光华. 董事、校长与教授：美国大学治理结构研究［M］. 北京：教育科学出版社，2011：97.

大学在院（系）内也建立教授会。不同层级的学术评议会（教授会）享有不同的学术权力。

康乃尔大学董事会于1891年通过的章程明确规定：康乃尔大学评议会（The University Senate）由校长和所有正教授组成。评议会的主要职责是对所有的教授提名提出咨询和建议；对超出单个学系范围的课程提出建议；对有关董事会、校长或各院系的政策问题提出建议；对校长提交的教授提名进行投票表决，并将结果报告董事会。同时，康乃尔大学还设立教授会（The General Faculty）管理具体学术事务。教授会由校长、教授、代理教授（acting professors）、副教授和助理教授组成，校长担任教授会的主席。教授会被赋予诸多学术权力，如决定各院系学生的入学要求；规定和限定本科生和研究生的课程，确定学位授予的要求，确定奖学金的人选，给院系教授会分配任务，制定教授会议事规则，推荐学位候选人等①。

1868年，在加州大学建校的当年，州议会在有关加州大学的建校法案中明确了建立加州大学学术评议会（Academic Senate）的要求。该法案规定，学术评议会由所有教授会成员和教员组成。评议会要定期开会，并由校长或临时校长主持，其目的是引导大学的管理和向大学董事会请愿（memorializing），管理通识课程和专业课程，接受和裁定各学院教师的教学行为是否符合有关条款的诉讼。加州大学学术评议会允许所有驻校教授（resident professors）、非驻校教授（non-resident professors）、讲师和教员参加会议讨论，但只有驻校教授和非驻校教授才有投票权。同样，该法案规定各院系要组建各自的教授会。各院系的教授会由校长和驻校教授组成。每个院系教授要有自己的组织，并管理本院系的事务，推荐学习课程和教科书，与作为教授会执行官员的校长一起管理各自院系的学生。②

---

① Cornell University. Statutes of Cornell University [EB/OL].（2017-03-23）. https://babel. hathitrust. org/cgi/pt? id=ucl. $ b74836;view=1up;seq=18.

② ELLIOTT E C, CHAMBERS M M, et al. Charters and basic laws of selected American universities and colleges [E]. New York: The Carnegie Foundation for the Advancement of Teaching: 1934: 73.

第四节　二战以后的美国大学章程

第二次世界大战以后，随着美国经济、政治、军事发展的现实需要和美国高等教育自身的发展，大学开始从社会的边缘逐渐走入社会的中心。基于各自的需要和价值观念，美国大学内外的各利益相关者对大学的发展方向、机构设置、内部权力的分配等大学治理问题提出了各自的主张和诉求。由殖民地学院特许状确立的"法人—董事会"制度受到强有力的质疑和挑战。20 世纪 60 年代，以美国大学教授协会为代表的各方力量所提出的大学"共同治理"理念，为大学的权力分享机制提供了理论支持和思想动员。与此同时，全美范围内蓬勃发展的民权运动、学生运动、教师集体谈判运动，则成为基于权力分享理念的美国大学共同治理机制形成的重要推动力量。大学章程是确立大学治理结构及其权力运行的基本制度，其生命力在于通过自身的不断变革和完善来满足社会以及组织自身发展的需求。美国大学通过章程的变革回应大学各利益相关者重构大学治理结构的要求。

一、美国大学章程变革的理论基础

二战以后，为了应对美国大学治理内外环境的重大变化，1966 年，美国大学教授协会（American Association of University Professors）、美国教育理事会（American Council on Education）和美国大学与学院董事会协会（Association of Governing Boards of Universities and Colleges）联合发表《关于学院和大学治理的声明》（Statement on Government of Colleges and Universities）。该声明不仅对"共同治理"进行了明确的界定，而且提出了大学共同治理的基本原则和实施途径。

（一）共同治理理念的提出

在美国，大学共同治理的英文为"shared governance"。然而，在英语国家，表示大学共同治理的词汇还有很多，如"joint government"（联合治理）、"shared decision making"（共同决策）等。大学共同治理理念的提出和发展是不断积累和丰富的过程。美国大学教授协会自 1915 年成立开始一直关注教师参与大学的治理。1920 年，"T 委员会"（Committee T）在其发表的第一份声明中强调教师在参与人事决策、行政管理人员选择、预算编制和教育政策决策方面的重要性。[①] 1960 年，该委员会发表一份关于教师参与治理的简要大纲，并提出教师参与大学治理的五项具体原则：（1）在行政机构和董事会中有教师代表；（2）教师对于教育和研究政策负有首要责任；（3）教师应在预算决策中发挥积极作用；（4）教师应在学术人员聘任、晋升和解聘中发挥积极作用；（5）教师可选举系领导并可以积极参与大学高级行政人员的遴选。[②] 1966 年，《关于学院和大学治理的声明》的发表，使得大学共同治理有了清晰的定义和实施原则。在该声明中，共同治理被定义为"基于教师和行政部门双方特长的权力和决策的责任分工，以代表教师和行政人员共同工作的承诺"[③]。由于各群体所被赋予的权力及其所处的地位不尽相同，因此在大学共同治理的实践中，他们对大学事务的发言权和参与的程度亦有所不同。为此，该声明针对大学共同治理提出两项基本原则。一是大学重要行动领域的决策，既需要首创能力，也需要全体人员的参与；二是大学各组成人员对于具体事务的发言权根据其所承担的责任来确立。[④]

（二）大学内部的权力分配

为了实施共同治理的构想，《关于学院和大学治理的声明》用较长篇幅对共同治理中各利益群体的职责和权力进行划分。该声明认为，

---

① ROBYNS M C, FRIES C. The battle for shared governance: the Northern Michigan University Chapter of the American Association of University Professors, 1967 to 1976 [J]. Michigan Historical Review, 2002 (2): 1-41.

② ROBYNS M C, FRIES C. The battle for shared governance: the Northern Michigan University Chapter of the American Association of University Professors, 1967 to 1976 [J]. Michigan Historical Review, 2002 (2): 1-41.

③ 甘永涛. 美国大学共同治理制度的演进 [J]. 清华大学教育研究, 2009 (3): 25-30.

④ KREISER B R. AAUP policy documents & reports. [M]. 9th edition. The Johns Hopkins University Press, 2001: 218.

大学内部治理的利益群体主要有董事会、校长、教师和学生。由于大学所承担任务的多样性和复杂性，这些群体不可避免地构成相互依存的关系。这种相互依存的关系要求大学提供足够的机会进行沟通和合作。但就某些具体的事务而言，各利益群体承担不同的责任并据此享有不同的权力。

第一，董事会具有大学的最高权威，其主要职责是确定大学的政策和大政方针；保证大学未来发展的资源；节俭使用大学的捐赠；寻求大学发展需要的资金和管理各种基金；监管大学的人事政策；编制大学的长期规划；授权校长、各院长对学校或学院的事务进行管理，授权教师开展教学和研究工作；分配大学资源和编制大学预算等。

第二，校长是大学的首席执行官。校长的主要职责和权力范围包括分担确立和实现大学的目标、行政管理和负责学术共同体成员之间沟通的责任；在公众面前代表学校；作为学校的首席规划官员，校长有义务进行改革和创新；监督和检查董事会决策的落实情况；维护大学所有的资源并创造新的资源；对大学的非学术活动具有最终管理权；作为大学的主要发言人等。

第三，教师对大学的课程、学科、教学、研究、教师职位和学生的学习进度负有首要责任；教师拥有制定学位授予条件以及授权校长和董事向符合条件的学生颁发学位的权力；教师有权参与制定有关教师权利和地位的相关政策，包括教师的聘任、续聘、晋升、授予终身教职和解聘等政策；此外，教师在大学长期规划的制定和实施、物质资源的利用、学校预算的编制以及校长的遴选、院系负责人的确定等方面拥有建议权。

第四，学生参与大学治理的愿望应该得到认可。参与大学的治理能够使学生获得教育经验，并参与大学事务。大学应给予学生三个方面的机会：（1）在教室里发表意见并不必担心因为发表意见而遭到学校的报复；（2）自由讨论学校的政策和管理问题；（3）当被指控严重违反校规时有权要求启动学术正当程序；（4）与其他人员一样拥有选择听取他们自己意见的权力。

（三）共同治理的实现路径

1966年美国大学教授协会、美国教育理事会和美国大学与学院董事会协会联合发表的《关于学院和大学治理的声明》充分认识到教师参与大学治理的重要性，并对教师参与大学治理的具体路径提出了建议。第一，大学应建立保障学校各群体参与大学治理的制度和政策；第二，根据共同治理原则建立校级和院级等各层级的教师委员会、教授会和学术评议会，并根据教师委员会所制定的制度和规定的程序选举教师代表，教师代表机构的人员应包括各个群体的代表；第三，建立教师、行政管理人员和董事会之间的沟通渠道，如交流上述机构和人员提交的备忘录、报告；让教师代表加入各种专门委员会、常规联络委员会；吸收教师进入各种行政实体和大学董事会等。

二、美国大学章程变革的推动力量

二战以后，美国大学逐步建立了各利益相关者共同治理的治理结构。共同治理是美国大学多方力量共同努力的结果。其中，20 世纪六七十年代的民权运动所引发的学生运动、教师集体谈判以及教师专业协会的呼吁具有关键性作用。

（一）学生运动

二战以后，美国高等教育得到迅猛发展。1944 年，旨在解决退伍军人福利和就业问题的《退伍军人权利法案》（即“GI 法案”）给美国大学带来大量的生源。据统计，仅在战后 6 年间，就有超过 200 万名退伍军人进入大学学习。同时，为了应对苏联卫星上天所带来的国防“威胁”，美国国会于 1958 年通过《国防教育法》，加大对大学的财政支持力度，这些支持举措包括为大学本科生提供无息贷款，为研究生提供奖学金等。在《国防教育法》的推动下，美国研究生教育得到飞速的发展。据统计，1975 年，美国在校研究生数达到 126 万人，比 1950 年增加 4 倍以上，开设研究生课程的高校达到 740 所，可授予博士学位的高校有 503 所。[①] 此外，美国强大的经济实力极大地鼓舞了美国人民的生育热情，使得美国在二战后出现“婴儿潮”现象。20 世纪 60 年代以后，“婴

① 高英彤、陈昕.《国防教育法》对美国高等教育发展的影响与启示 [J]. 河北师范大学学报，2006（3）：42-46.

儿潮”一代开始进入高等教育领域。由于大学入学人数激增，大学规模变得越来越大，许多大学进入加州大学伯克利分校校长克拉克·克尔（Clark Kerr）所谓的“巨型大学”时代。

然而，在美国高等教育一片繁荣的表象下却隐藏着诸多危机。这些危机主要表现为学生对联邦政府和大学的不满。例如20世纪60年代，随着“婴儿潮”一代步入大学，他们发现大学里充满清规戒律和种族歧视，这样的现实与他们之前所接受的民主、平等和正义的人生信条之间产生了尖锐的矛盾。为了补充越南战争的兵源，联邦政府开始在大学生中招募新兵，使得大学生对战争的正当性产生怀疑和抵触情绪。美国大学大量参与联邦政府的国防项目研究，开发包括生化武器在内的大规模杀伤性武器，致使学生对大学的正义立场产生怀疑。当时的美国大学普遍实行“替代父母”制度，对学生进行严格的监控，约束学生的言论自由，使学生倍感压抑。此外，大学生对美国大学内部的治理体制也产生强烈的不满情绪。他们认为当时的美国高等教育存在如下弊端：大学组织臃肿、结构庞杂、体制僵化；大学管理当局冷漠专断，教师以自我为中心，难以接近；大学课程和教学过分专门化，将人培养成为知识和技术的奴隶，等等。①

学生的不满情绪终于在20世纪60年代的学生运动中集中爆发。1964年9月，一场以“言论自由”为名的学生运动最先在加州大学伯克利分校拉开序幕。此后，以各种抗争为目的的学生运动不断在美国大学涌现，如1966年反越战抗议游行，1968年反对学校参与国防项目研究和购买黑人区土地抗议活动，1970年反对美国军队入侵柬埔寨的抗议活动，等等。在抗议的高峰时期，全国900余所学校中有一半以上的高校有教师和学生参加抗议活动。在学生运动中，学生不仅将矛头指向由美国发动的侵略战争，帮助联邦政府用于战争的国防项目和针对黑人的种族歧视政策，同时也将矛头指向美国大学内部的治理体制。为此，他们

① 孙益．校园反叛——美国20世纪60年代的学生运动与高等教育［J］．清华大学教育研究，2006（4）：77-83．

开始要求在课程设置、教师聘任、大学政策制定以及大学生活安排等问题上拥有更大的发言权。

（二）教师集体谈判

20世纪60年代，正当美国大学学生运动进行得如火如荼之时，美国大学中的另一支重要力量也为维护自身的经济利益、职业安全和参与学校内部事务治理的权利展开活动。这一活动就是对美国大学治理产生深远影响的教师集体谈判（Collective Bargaining）。集体谈判是大学管理当局和地区主管部门与教师代表之间进行的谈判，旨在达成雇佣双方都能接受的，并对双方均有约束力的关于工资、福利待遇、工作条件等方面的协议。[①] 教师集体谈判制度的形成与美国大学教师因不公正待遇引发的不满，以及美国相关法律的支持和美国教师专业协会的推动有着密切的联系。

美国教师谈判制度的主要法律依据是联邦政府于1935年颁布的《国家劳工关系法》（National Labor Relations Act）以及1947年颁布的《劳工管理关系法》（Labor Management Relations Act）。根据《国家劳工关系法》，雇员有权组建劳工组织，选举代表与雇主就双方的权利、义务、职责等进行协商和谈判。雇主不得干涉雇员参与任何维护他们正当权益的集体活动，亦不得歧视参与劳工组织的雇员。否则，雇员可以向法院起诉雇主的不公正劳工行为。劳工集体谈判由国家劳工关系委员会（National Labor Relations Board）负责管理和监督。由于《国家劳工关系法》过分强调国家劳工关系委员会的自由裁量权，损害雇主的利益，遭到保守势力的抨击。1947年，为了限制工会组织的权力，国会出台新的劳工法案，即《劳工管理关系法》。该法案突出雇员和雇主的相互义务，增加劳工组织不公正劳工行为的规定，并强调雇员有不参与工会全部或部分活动的自由。该法案在一定程度上限制工会对雇员的控制，试图平衡雇员、雇主、工会和民众之间的利益。《国家劳工关系法》和《劳工

① 李子江. 美国大学集体谈判制度的形成与发展［J］. 比较教育研究，2006（3）：23-27.

管理关系法》的颁布，使集体谈判成为美国工商界劳工维护自身利益的重要手段。但在美国高等教育领域特别是在四年制大学，由于人们对教师雇员身份的认同存在争议，教师集体谈判制度在美国高校遇到很大阻力，致使该制度到20世纪六七十年代才逐渐被部分高校认可。

20世纪初，发生在斯坦福大学的罗斯事件震惊美国学术界。为了维护大学的学术自由和大学教师的职业安全，在阿瑟·洛夫乔伊（Arthur O. Lovejoy）和约翰·杜威（John Dewey）等著名教授的倡导下，美国大学教授协会于1915年成立。美国大学教授协会在成立当年所发布的声明中提出实行终身教职制度，并于1940年和1958年分别发布《关于学术自由和终身教职的原则声明》和《关于教师解聘听证的程序标准的声明》等制度文件。美国大学教授协会的这些制度文件虽然在一定程度上保障了教师的职业安全，但在一些私立院校，教师的职业安全仍然得不到保障。在有些院校财政困难的时候，不遵循教师解聘听证的正当程序，随意解聘教师的事件屡屡发生，严重损害了教师的正当权益。为此，教师们意识到必须建立自己的工会组织，依靠工会组织与学校当局进行集体谈判才能有效维护他们的自身利益。

然而，在相当长的时期内，美国大学教授协会对教师工会和教师集体谈判持消极态度。例如，美国大学教授协会创始人之一的拉夫乔伊在《专业协会还是工会》一文中认为，大学教师与大学当局不是雇主与雇员的关系，而是利益共同体的关系。如果大学工会与大学当局就利益问题进行谈判，会造成大学教师与大学当局的对立，这不利于学术职业的团结。① 在美国大学教授协会对教师集体谈判态度冷淡时，1916年成立的美国教师协会（The American Federation of Teachers）和1857年成立的全国教育协会（National Education Association）却对教师集体谈判表现出极大的热情，并帮助大学教师通过集体谈判与大学当局签署多份谈判协议，吸引了大量大学教师加入该协会。为了维护美国大学教授协会

① 李子江. 美国大学集体谈判制度的形成与发展［J］. 比较教育研究，2006，(3)：23-27.

在大学教师中的地位，美国大学教授协会最终接受利用集体谈判作为大学教师的维权手段，并设立专门的基金支持大学教师开展集体谈判。1973年，美国大学教授协会发布《关于集体谈判的声明》。该声明认为，美国大学教授协会的目标是捍卫学术自由，建立和加强教授治校制度，提供公平的申诉程序，提高教师和其他学术人员的经济状况以及提高高等教育的利益，而集体谈判是实现上述目标的有效工具。①

在美国教师协会、全国教育协会以及后来的美国大学教授协会的积极推动下，美国教师集体谈判制度开始走上正轨。1968年，美国商船学院（the U. S. Merchant Marine Academy）与其教师签订第一份教师合同。1969年，纽约城市大学（City University of New York）亦成为教师集体谈判制度的先行者。据统计，到1975年，已有24个州制定相关法律授权公立中学的教师开展集体谈判；另外有3个州以及哥伦比亚特区的大学当局授权教师开展集体谈判活动。全国约25%的全职教授和30%的大学加入教师集体谈判组织。此外，大学教师对集体谈判的态度也愈加乐观。卡内基高等教育委员会（Carnegie Commission on Higher Education）1969年和1975年的调查显示：大学教师认为集体谈判应在高等教育领域占有一席之地的比例，从1969年的59%上升为1975年的72%；认为在某些情况下大学教师采取罢工行为是合法的教师占总教师人数的比例，从1969年的46%上升为1975年的62%；认为教师应采取更为激进的方式捍卫其权益的教师占总教师人数的比例，从1969年的55%上升为1975年的63%。② 20世纪八九十年代以后，教师集体谈判运动继续在州立大学取得进展，据美国大学教授协会的调查，大部分的州立大学都建立了工会组织。但在私立大学，其发展在1980年却戛然而止。其原因是，在1980年的全国劳工关系委员会（NLRB）诉叶史

① AAUP. Statement on collective bargaining [A]. KREISER B, ROBERT, et al. AAUP policy documents & reports. [C]. 9th edition. Johns Hopkins University Press, 2001: 255.

② GARBARINO J W, FELLER D E, FINKIN M W. Faculty bargaining in public higher education: a report and two essays [M]. San Francisco: Jossey-Bass Publisher, 1977: 3.

瓦大学（Yeshiva University）案中，联邦最高法院判定叶史瓦大学的教师属于管理人员，而非《国家劳工关系法》所界定的雇员，因而被《国家劳工关系法》排除在实施范围之外。2004 年，全国劳工关系委员会在布朗大学案中认定研究生雇员（graduate student employees）的首要身份是学生，而非雇员，因而不具备参与集体谈判的权利。虽然教师集体谈判在私立大学受阻，但美国大学教授协会并未因此放弃努力。目前，美国大学教授协会仍有 80 个地方分会被认定为代表教师、研究生雇员、学术专业人员和所有高等学校的临时教师的集体谈判机构。①

总之，二战以后，许多大学教师通过集体谈判的方式获得参与大学决策的权利。虽然人们对大学教师利用激进手段参与大学治理的方式存在不同的看法，但教师集体谈判确实改变了以往由董事会、校长和教授垄断大学重要事务的惯例，为美国大学共同治理结构的形成与完善奠定了基础。

三、美国大学章程变革的具体表现

二战之后，在美国大学教授协会、美国教育理事会和美国大学与学院董事会协会等专业协会的倡导下，美国各大学主动或被动地接受共同治理的理念和原则，并通过对大学章程的修订为新的大学治理结构提供制度保证。从某种意义来说，大学章程的修订过程是美国大学治理结构变革与完善的过程。

（一）教师和学生成为美国大学治理机构中的重要成员

大学治理是大学各利益相关者参与大学决策的机制和过程。根据美国大学治理的传统，董事会是大学的最高权力机关，掌握大学的最终决策权。而董事会通常由清一色的外行人士组成，作为学术共同体主体的教师和学生被排除在董事会之外，无法在大学的决策中发出自己的声音。在“共同治理”成为美国大学治理的重要理念之后，学术评议会的地位和重要性日益得到提升和加强。在董事会的授权下，以大学教授为主体的学术评议会不仅取得了学术事务决策的建议权，而且在许多学术事务上享有立法权。20 世纪六七十年代以后，迫于美国大学教授协会等

① AAUP. Private vs. Public Institutions [EB/OL]. (2017-11-15). https://www.aaup.org/issues/collective-bargaining.

专业协会的压力和教师与学生的不懈努力，美国大学董事会不得不通过修订大学章程的相关规定，使教师和学生有机会参与大学的治理。在董事会的成员构成方面，美国学生运动的首发地——加州大学在其董事会章程中明确规定吸收1～2名教师和学生代表进入董事会，并且在对董事会成员的遴选负有应询责任的重大事务委员会中，教师和学生也各有1名代表参与①；在康乃尔大学，其章程同样规定吸收2名教师、1名非学术雇员和2名学生进入董事会。② 在以教师为主体的学术评议会，有些大学吸收了更多的学生代表。例如，在哥伦比亚大学，20世纪60年代的学生运动不仅促成哥伦比亚大学评议会的诞生，并且吸收了24名学生进入大学评议会。③ 在美国部分大学，学生除加入学术评议会之外，还可加入学术评议会的各专门委员会。例如，在加州大学伯克利分校，其学术评议会的常设委员会分为两种类型：一是无学生成员的教职工及评议事务委员会；二是有学生参与的教育事务委员会。这些教育事务常设委员会通常会吸纳1～3名学生成员，如学术自由委员会有2名学生成员；学术规则与资源配置委员会有1名学生成员；招生、入学注册和预备教育委员会有2名学生成员；教学课程委员会有3名学生成员。④

（二）学术评议会的权力范围进一步扩大

学术评议会最早发端于19世纪末至20世纪初。这一时期是美国高等教育从传统学院向研究性大学转型的重要阶段。耶鲁大学、康乃尔大学、加州大学等相继建立学术评议会组织，但此时学术评议会的发展较为缓慢，其权限更多地集中在学术领域，如学术政策的建议、教学方法的使用、学位授予标准的设定等。二战以后，特别是以美国大学教授协会为代表的专业协会联合发表《关于学院与大学治理的声明》之后，学

① 张国有．大学章程：第二卷［M］．北京：北京大学出版社，2011：21．

② Cornell University. Bylaws of Cornell University［EB/OL］．(2017-05-27)．https://trustees.cornell.edu/Shared%20Documents/17-5%20bylaws%20w-TC.pdf.

③ Columbia University. The Bylaws, Statutes, and Rules of the Columbia University Senate［EB/OL］．(2010-04-02)．http://senate.columbia.edu/topbar_pages/defining_docs/senate_bylaws_20100402.pdf.

④ 张国有．大学章程：第二卷［M］．北京：北京大学出版社，2011：80-86．

术评议会的组织机构更加完善，其权限范围也突破传统的学术领域。在组织机构方面，学术评议会设立了涵盖所有学术领域的专门委员会，如加州大学学术评议会设立了29个专门委员会。在权限方面，学术评议会除享有学术领域的控制权之外，还在大学教师的聘任和晋升、大学校历和工作日程制定，甚至某些专业领域的证书认证等方面具有重要的发言权。到20世纪70年代早期，许多大学的学术评议会已发展成为具有重要影响力的政策制定实体。美国大学教授协会的报告显示，大学董事会就预算政策、薪酬制度和终身教职方面的问题咨询学术评议会代表的频率比以前更高。①

（三）教师集体谈判成为美国大学治理的正式制度

尽管教师集体谈判制度自诞生之日起就在大学教师中存在很大争议。但由于教师集体谈判制度在保障教师经济地位和工作条件方面发挥了重要作用，因而逐渐为教师和大学当局所接受。20世纪80年代，教师集体谈判虽然在私立大学遭遇挫折，但作为大学共同治理的重要路径，教师集体谈判仍然是大学教师参与美国大学治理的重要方式。由于教师集体谈判制度涉及大学的基本治理结构和权力分配，那些承认教师集体谈判合法性的大学大多通过其章程将教师集体谈判制度确定下来。例如，曾在1969年与教师签订集体谈判协议的纽约市立大学，在其董事会章程中对教师集体谈判制度的适用对象、纪律程序、教师责任的最低要求和任职条件、工作时数、假期、休假等作出了明确的规定。②

（四）校长的权力受到制衡

在美国大学，尽管董事会在法理上是大学的法人机关，掌握大学的最高决策权力。但由于董事会主要由政府官员以及社会人士所组成，他

① BRUBACHER J S，RUDY W. Higher education in transition：a history of American colleges and universities [M]. 4th edition. New Brunswick：Transaction Publishers，1997：375.

② CUNY Board of Trustees. The Bylaws of the CUNY Board of Trustees [EB/OL].（2017-01-30）. http://policy.cuny.edu/policyimport/bylaws/document.pdf.

们并没有充足的时间参与大学的实际管理。为了解决这一问题，从殖民地时期开始，董事会通过任命校长作为其代理人来管理大学。通过董事会的授权，校长实际掌握大学内部几乎所有的行政权力和学术权力。19世纪末20世纪初，随着美国大学向研究性大学转型，教师的专业水平和地位显著提高，美国大学开始将部分学术权力转移到教师团体，如学术评议会或教授会。根据大学特许状和大学章程，校长仍是大学首席执行官员，对大学的行政和学术事务负有最高责任，但在实际操作层面上，校长的学术权力相对弱化。例如，有关学术政策制定、课程设置、教学方法的采用、教师的聘任以及教师薪酬的确定等方面的权力，都转移到学术评议会或教授委员会，并且有关大学预算的编制等不属于教师传统权力范围的事项，校长也需要咨询教师组织。当然，校长学术权力的部分剥离，有利于校长将其主要精力集中于关乎学校发展的重大事务。根据美国密歇根大学迈克尔·科恩（Michael D. Kohn）教授和斯坦福大学詹姆斯·马奇（James G. March）教授的研究，美国大学校长不仅要扮演行政者的角色，还要扮演政治家和企业家的角色。[①] 大学校长在具体学术事务方面责任的减少，意味着他们可以有更多的时间思考大学的长期发展目标，加强与州政府、社区或捐赠人的联系，以创造更有利于大学发展的环境或为大学发展争取更多的经费。

总之，作为一种大学治理制度，美国大学章程的演进是大学内外治理环境相互作用的结果。外部的政治、经济和文化环境为大学章程制度的形成和变革提供合法性基础；内部组织结构的变化为大学章程的变革提供骨架和血肉。从殖民地时期到建国初期，美国大学规模小、结构单一、职能简单，大学章程的内容主要集中在董事会的构成、产生以及校长的职责方面。南北战争以后，特别是二战以后，随着大学规模迅速扩大，大学职能逐渐增多，新的组织机构不断涌现，教师的地位和作用不断提升，美国大学章程的内容和功能都发生了深刻的变化。从内容方面

① 欧阳光华. 美国大学治理结构中的校长角色分析 [J]. 教育研究与实验，2011 (3)：68-71.

看，美国大学章程已不再局限于董事会及校长的相关规定，还涉及组织机构的设置及其运行、代表教师权力的学术评议会的构成、权责及其运行等相关内容。从功能方面看，美国大学章程既要维护董事会和校长的权威，还要对大学内部力量格局发生的变化给予回应，通过权力分享的途径，实现大学治理方式的转变。作为美国大学组织及其运行的基本制度，只要大学组织不断创新发展，美国大学章程便不会停止其变革的步伐。

第二章　美国大学章程的现实状况

1776年，美国《独立宣言》发表，标志着美国已经成为一个主权国家。此后，美国制宪会议和国会相继通过《美国联邦宪法》及其修正案，确立了美国联邦制和三权分立的政治制度以及以州为主导的教育管理体制。美国独立以后，为了适应其经济发展和民主建设的需要，有些州试图将原来的殖民地学院改组为州立大学，此举在一些州遭到激烈的反对。1819年"达特茅斯学院案"判决后，有些州转而通过公共税收建立州立大学，美国公立大学和私立大学由此在各自的轨道上并行发展。在美国高等教育发展的进程中，美国大学的治理体制虽历经挑战，但无论在私立大学，还是州立大学，从殖民学院特许状发展而来的大学章程仍然是美国大学治理的基本制度。本章将从法律基础、制定机制、文本内容和法律效力四个维度对美国大学章程进行解读，以期对美国大学章程进行全面的阐释。

第一节　美国大学章程的法律基础

美国大学章程最早起源于哈佛学院1642年特许状。此后，美国大学章程在特许状的基础上不断演进与发展，逐渐成为美国大学治理制度的重要组成部分。那么，作为一种制度的大学章程，它为何历经政治、经济、文化的风云变幻仍然成为美国大学治理的基本制度，并为美国政府、社会和大学所认可和维护？其根本原因在于美国大学章程在其发展历程中不断吸收美国法律制度的核心思想和精神，并在此基础上确立大学章程在国家法律体系和大学内部法规体系中的地位。

一、美国大学章程的法律渊源

法律渊源这一术语源自欧洲大陆，后衍展至英国和美国，其基本含义是指法的来源或法之栖身之所，也有著述称法律渊源主要指法之产生的原因或途径。① 法律渊源是法律规则获得法律权威和效力的来源或根基。法学界对法律渊源的定义及其具体内涵仍然存在争议。美国著名法学家、哈佛大学法学院约翰·格雷（John C. Gray）教授在其《法的本质和渊源》一书中曾提出法的五种渊源，即立法机关颁布的法令、司法先例、专家意见、习惯以及道德与公平原则。② 结合美国大学章程形成的具体历程和习惯称谓，美国大学章程的法律渊源主要表现为以下四种，即制度习惯、判例法、教师专业组织意见和制定法。

（一）制度习惯

美国大学章程源于殖民地时期的特许状制度。然而，从特许状的最初源头来看，美国大学章程的产生可追溯到英国的特许法人制度。因为在殖民地时期，美国尚处于英国的殖民统治之下，殖民地所实行的法律制度都来自其宗主国——英国。在美国建立第一所高校（哈佛学院）时，英国的特许法人制度已经得到很好的发展。根据当时英国的法律，从事高等教育的大学必须取得法人资格才能合法地办学。而只有通过英国王室颁发特许状的方式才能创立法人。在英国，牛津大学、剑桥大学及其所属的各学院，均通过英国王室颁发的特许状或通过议会颁布的法律获得法人地位和特权。

从17世纪初到美国独立之前，英国殖民者在北美大陆共建立了13个殖民地。为了培养有修养的牧师，教育上层人士的子弟，英国殖民者主要参照牛津大学和剑桥大学的做法，通过向殖民地的统治权威申请特许状的方式创立自己的学院。但由于各个殖民地所属宗教派别不同，基于各自的利益和考虑，这些高校或通过殖民地政府，或通过英国王室获得特许状，确立学院的法人地位及相应的特权。但由于殖民地学院与其

---

① 张文显．法理学［M］．3版．北京：高等教育出版社，2007：89.

② 周旺生．法的渊源与法的形式界分［J］．法制与社会发展，2005（4）：122-133.

宗主国建立大学的历史条件不同，殖民地大学采取的是"法人—董事会"制度，即由校外人士组成高校董事会行使法人权力，而不像英国大学那样实行以教师行会为基础的学术法人制度，即由教师团体行使大学法人的最高权力。美国独立以后，英国的统治权被转移到联邦政府和各州政府。但联邦政府和各州政府继承殖民地时期通过颁发特许状或通过立法方式建立大学法人的制度传统，因而殖民地时期所形成的"法人—董事会"制度也被从特许状发展而来的大学章程作为一种习惯保留下来。

（二）判例法

美国是典型的英美法系（相对于大陆法系又被称为海洋法系）国家，判例法是美国法律体系的重要组成部分。判例法起源英国，17世纪随着英国的殖民统治而移植到北美殖民地。美国建国以后，判例法被当作重要的法律遗产而继承下来。按照美国《学校法百科全书》的解释，判例法是指"不是源于立法机构的陈述性法规、法律，而是产生于法院司法系统根据宪法及有关法规条款进行裁决后，形成的一种约定俗成的惯例性原则"①。判例法最突出的特征在于要求法院在司法实践中坚持"遵循先例"的原则。"遵循先例"原则的基本含义就是"下级法院受上级法院司法先例的约束，多数上级法院受自己司法先例的约束"②。

作为制度形式的美国大学章程，其形成与发展离不开美国政治法律制度的大环境。美国司法系统对有关大学（或特许状）的判决或司法解释，对美国大学章程的法律地位的确立起到了至关重要的作用，其中影响最为深远的判例当属"达特茅斯学院案"。达特茅斯学院是美国殖民地时期建立的最后一所高校。1769年，在美国独立战争发生前夕，位于英国皇家殖民地新罕布什尔的摩尔印第安慈善学校（Moor's Indian Charity School）获得英国王室的特许状，使摩尔印第安慈善学校成功转型为具有特许法人性质的高等教育机构，即达特茅斯学院。美国独立以

① 施晓光. 美国教育判例法初探 [J]. 外国教育研究，1996 (5)：53-56.

② 董茂云. 英美两国判例法之比较 [J]. 政治与法律，1998 (1)：75-78.

后，随着公共教育思想在美国的传播，以及美国民族意识和主权观念的增强，新罕布什尔州政府希望通过变更特许状的方式将原有的私立性质的，经英国王室特许设立的达特茅斯学院转制为公共高等教育机构。为此，1816年，新罕布什尔州议会通过立法将达特茅斯学院更名为达特茅斯大学，并成立新的大学董事会和监事会。州议会的举动受到原董事会的强烈反对。最终，这场官司一直从新罕布什尔州高等法院打到联邦最高法院。1819年，联邦最高法院首席大法官马歇尔对该案作出终审判决：达特茅斯学院是以私人捐赠的财产为基础创办的，在性质上属于私法人；达特茅斯学院的特许状是由英国王室与达特茅斯学院董事会达成的契约，该契约亦受到联邦宪法保护，特许状的变更需要经得英国王室和达特茅斯学院董事会双方认同；新罕布什尔州议会通过扩大董事会成员规模的办法成立新的董事会，与原特许状规定的达特茅斯学院董事会是一个自我永续的法人实体的规定是相悖的，因而是不合法的。为此，联邦最高法院否决了新罕布什尔州议会的法案和新罕布什尔高等法院的判决。联邦最高法院通过达特茅斯学院案的判决确立了私立大学特许状的契约性质和受联邦宪法保护的法律地位。此后，联邦最高法院在该案中的判决也被引入美国的普通法之中，并在其后的一些判决中得到应用。例如，在“路易斯维尔与路易斯维尔大学案”中，肯塔基州上诉法院认为，路易斯维尔大学虽然是一所有部分办学资金来自路易斯维尔市的经特许状建立的法人，但市议会的法案授权路易斯维尔市控制路易斯维尔大学，构成对包含在特许状中的契约的损害，因此是违反宪法的。①

（三）教师专业组织意见

直到19世纪末，由于大学章程自身的规定以及州政府相关法律的庇护，由外部人士组成的董事会始终牢牢地掌握着大学章程的制定权，作为大学共同体重要组成部分的教师和学生在大学章程的制定过程中很少有机会发出自己的声音。这种情形在1915年美国大学教授协会成立后

① CLAPP G R. The college charter [J]. The Journal of Higher Education, 1934 (2): 79-87.

逐步得到改观。19 世纪末 20 世纪初，随着约翰斯·霍普金斯大学以及斯坦福大学、克拉克大学、芝加哥大学等一批研究型大学的建立，加之耶鲁大学、哈佛大学、宾夕法尼亚大学等一些老牌大学向研究型大学转型，美国大学教师的专业地位和社会形象得到极大的提升。大学教师要求分享大学治理权力的欲望日益强烈。但是，由于美国大学传统治理体制的制约，大学教师参与大学治理的权力并没有多大的提升。作为研究型大学普遍珍视的学术自由的权利屡屡受到大学董事会和校长的侵害。在大学遭遇财政困难的时候，董事会或校长往往不经过听证等任何正当程序直接解聘教师。这对大学教师的合法权益造成很大的损害。为了维护大学教师自身的利益，美国大学教授们于 1915 年成立自己的专业组织——美国大学教授协会。该协会通过发表声明和专题调查报告等多种形式促使各大学董事会接受协会的专业意见，改善大学的治理过程与机制。自 1915 年成立伊始，美国大学教授协会共发表几十份重要的政策声明，其内容涵盖学术自由、终身教职与正当程序，学院与大学治理，教师集体谈判等 10 多个议题。在大学教授协会等教师专业组织的积极推动下，许多声明和政策为美国大学董事会所接受，成为美国大学章程制定的依据和重要内容。

（四）制定法

美国属于典型的英美法系国家，判例法在国家的司法实践中具有重要的地位，但是除判例法之外，美国也存在着大量的由立法机关颁布的法令法规等制定法（又称“成文法”）。这些制定法同样成为美国大学章程制度形成与发展的重要法律渊源。在殖民地时期，美国大学章程与殖民地法令是一个统一体。殖民地的立法机关往往通过颁布法令的方式为学院授予特许状。而殖民地学院特许状的修订也须经过殖民地立法机关通过法令才能进行。因此，从这个角度来说，特许状本身就是殖民地立法机关的制定法。19 世纪以后，由于受大陆法系法典编纂运动的刺激，美国开始制定法典。[①] 在此背景下，美国联邦政府、各州政府相继制定联邦宪法、各州宪法以及为数众多的专项法律。虽然联邦宪法及其修正

① 董茂云. 英美两国判例法之比较 [J]. 政治与法律，1998 (1)：75-78.

案并未授予联邦政府管理教育的权力，但联邦宪法及其修正案所确定的政教分离、宗教信仰自由、言论自由等原则已被吸收到大多数大学的章程之中。在联邦政府所颁布的法律中，对美国大学或对大学章程影响最为直接的是《莫雷尔法案》。不过，《莫雷尔法案》的影响仅局限于接受赠地基金资助的赠地学院。这些赠地学院通常会在其章程中说明学校与《莫雷尔法案》之间的联系。相对于联邦政府的法律，各州制定的宪法及其他法律法规对美国大学的影响更为直接。例如，密歇根大学、加州大学、明尼苏达大学等州立大学不仅都由其所在州的宪法直接授权设立，而且这些州的宪法对作为大学法人或法人机关的董事会的权限、人员构成及其产生办法等均作出了明确的规定，而这些规定均属于大学章程必须涵盖的内容。此外，美国另外一些公立大学，甚至包括某些私立大学也是由所在州的相关法律授权设立，有些州的相关法律条款还成为这些大学的章程内容。例如，康乃尔大学章程的部分内容就直接来源于纽约州的若干法律条款。

二、美国大学章程的法律地位

在一个法制健全的国家，一项制度是否具有生命力并能在多大的范围内发挥其功能，既取决于制度本身是否具有合法性，又取决于该制度居于何种法律地位。历经300多年的发展历程之后，美国大学章程已经成为美国大学治理最为坚实的基础。而美国大学章程之所以能够在其大学治理中发挥基础性作用，与美国大学章程所具有的较高法律地位密切相关。

（一）国家法律制度体系的重要组成部分

美国是非常重视法制建设的国家，建国以后的240多年的时间里，美国各级各类具有立法功能的国家机关和社会组织为美国社会构建了非常完备的法律制度体系。作为典型的英美法系国家，美国除了成文法之外，还有为数众多的经由各级法院的司法实践（判决）而形成的判例法。在高等教育领域，联邦层面的法律、法规主要有联邦宪法、联邦教育法令、联邦教育行政法规以及联邦最高法院有关高等教育的判例法；各州层面主要有州宪法、州教育法令和条例、州教育行政法规以及该州各级法院有关高等教育的判例法；大学层面有章程以及其他内部规章制度。上述各个层级有关高等教育的法律法规、判例法和规章制度共同构成了美国高等教育的法律制度体系。相对于大学章程等内部规章制度而言，联邦和各州的宪法、教育法律法规等皆属于大学的外部法律制度体系。美国大学的内部规章制度与外部法律制度的性质是不同的。

从内容方面看，美国大学的内部规章制度与大学的外部法律制度之间是特殊法律制度形式与一般法律制度规范的关系。大学内部规章制度实际上是大学的立法机关对大学外部法律制度规范和原则的具体化。例如，在联邦层面，虽然联邦宪法并没有对教育事务作出具体规定，并且《美国联邦宪法第10修正案》规定：凡本宪法未授予联邦而又未禁止各州行使之权力分别保留给各州或人民，但《美国联邦宪法》及其修正案有关言论自由、出版自由、宗教信仰自由（政教分离）等方面的原则规定对大学仍具有广泛的约束力。在美国大学内部规章制度中，这些规定被具体转化为学术自由、大学不受任何教派控制和向所有信教或不信教民众开放等内容。在州层面，州的相关法律制度与大学内部规章制度的关系更加紧密。在美国，大学通常是由州立法机关颁发特许状或者颁布州宪法、教育法令而设立的。在特许状或相关法律文本之中，立法机关通常会对大学内部治理结构及相关制度作出一些原则性的规定。作为一种格式化的法律文本，无论是大学特许状，还是相关的法律，都不可能将大学的所有事务都涵括其中。因此，大学特许状或相关的法律通常授权作为大学法人或大学法人机关的董事会根据大学的实际制定包括大学章程在内的内部规章制度，以进一步完善大学的内部治理结构及相关制度。

从二者的法律位阶来看，美国大学章程及其他内部规章制度属于大学外部法律制度的“下位法”，大学外部的法律制度属于大学章程及其他内部规章制度的“上位法”。根据法律的一般原则，“下位法”不能与“上位法”相抵触，否则“下位法”将失去法律效力。大学章程是作为大学最高权力机关的董事会根据特许状和州宪法或州法令制定的有关大学自身治理秩序的制度文件。其法律权威来源于大学特许状、州宪法或州法令。在大学特许状或相关法律法规之中，大学董事会虽然被授予制定包括大学章程在内的内部规章制度的权力，但大学特许状或相关法律通常会明文规定，董事会制定的相关规章制度不得与特许状或州的法律相冲突。

（二）大学内部的“宪法”

宪法是现代国家的根本大法。宪法通常由一个国家的最高权力机构制定，如国会、议会等。在内容上，宪法主要是对国家最根本、最重要的问题，如国体、政体、政权的组织形式、公民的基本权利和义务、国家机构的组织及其职权等作出规定。在法律效力上，宪法具有最高的法律权威，是制定各级各类法律法规的依据，是一切国家机关、社会团体和全体公民的最高行为准则，任何普通法律法规都不得与之相违背。在制定和修改程序上，宪法比其他法律更加严格。① 在美国大学，大学章程有时也被称为大学的“宪章”。首先，大学章程通常由大学的最高权力机关即董事会制定，是大学内部最具权威的规章，大学内部的其他规章制度必须依据大学章程来制定，不得与大学章程相违背或冲突，否则将被视为无效。其次，大学章程对大学最根本、最重要的事务作出规定。大学章程通常规定大学的性质与使命、大学内部治理结构及其运行机制、大学各利益主体的权利和义务、大学组织机构及其职权等。第三，大学章程的制定和修订需要遵循严格的程序。相对于大学其他规章制度而言，大学章程具有较强的稳定性和持续性。在美国，大学章程的制定和修订权归属大学董事会，并且其制定或修订必须遵循特许状或有关大学的教育法律以及大学章程规定的程序进行；而其他一般性规章制度，经董事会或大学章程授权，可由各职能部门和机构制定和修订。

（三）大学的自治法

通过大学章程（特许状）维护和保障大学的自治权力是美国高校从殖民地时期保留下来的传统。殖民地学院通过殖民地政府或英国王室颁布的特许状获得法人身份和系列特权，并实行由外部人士组成的董事会行使大学法人权力的治理体制，即“法人—董事会”制度。在特许状的

① 周叶中. 宪法［M］. 2版. 北京：高等教育出版社，北京大学出版社，2005：36-37.

约制下，大学董事会以法人身份自主管理大学的重要事务，如聘任或解聘校长，制定大学的相关规章制度，制订和实施大学的发展计划，决定大学的课程开设，制作和使用大学印章等。总之，殖民地学院特许状既对学院的办学行为进行规范和控制，同时也是学院自主治理的“自治法”。1819 年达特茅斯学院案判决之后，美国大学走上公私立分化之路。私立大学的特许状被看作大学与政府之间的契约，受到联邦宪法有关契约条款的保护，不经包括大学在内的契约人的同意，任何人不得随意更改契约的内容。美国公立大学建立以后，各州政府虽然通过教育规划、拨款等手段影响公立大学的发展方向，并通过提名和任命董事会成员的方式控制董事会的成员构成，从而保证公立大学的发展符合社会公众的利益，但美国公立大学的自治传统并未因此受到侵害。美国公立大学的特许状和州宪法或州教育法律明确授予公立大学董事会法人资格，并授权董事会制定大学章程并根据章程自主管理内部事务。1944 年至 20 世纪 60 年代，为了安置美国二战中的退伍军人，并在战后保持军事、科技、人才等领域的主导权，美国联邦政府加强与大学的联系，先后颁布《军人权利法案》《国防教育法》《高等教育法》等法案，通过发放奖助金、设立科学研究基金等形式加大对大学的财政支持力度，国家能源部也与多所大学联合建立国家实验室，但联邦政府与大学的关系并未发生太大的变化，大学董事会仍然以法人身份掌控着大学的发展方向和大学内部重大事务的决策权。

第二节　美国大学章程的制定机制

在美国，大学章程既是美国高等教育治理体制的集中体现，也是美国大学实现自主管理的制度保障。由于美国特殊的高等教育治理体制和传统，美国大学章程并不是完全独立的制度文本，而是由大学特许状和州宪法或州法令以及由大学自身制定的内部章程所组成的制度综合体。大学章程是美国大学治理的最高纲领，大学章程的制定过程实际上是大学特许状或相关法令以及大学内部章程的“立法”过程。对大学章程制定主体和制定程序进行分析，有助于了解美国大学章程的制定机制和美国大学治理的特点。

一、美国大学章程的制定主体

从广义上来说，大学章程的制定过程就是大学章程的创制和修订过程。因此，大学章程的制定主体为掌握大学章程的制定权和修订权的人或机构。在美国，大学章程通常由两部分组成：一是经由州立法机关颁发或制定的特许状，或州宪法以及州教育法律之中涉及大学的法律条款。大学特许状或州的相关教育法令是大学和大学法人创建的法律依据，它规定了大学的性质及目的，大学与政府、大学与社会的关系以及大学内部的治理结构。二是大学董事会根据特许状或州的相关教育法令制定的大学内部章程。因此，州的立法机关和大学董事会实际上是美国大学章程的制定主体。

（一）州立法机关

美国大学特许状制度源于英国的特许法人制度。在殖民地时期，美国实行的是英国的法律制度。根据英国法律，只有英国王室及其代理机构才具有颁发特许状并设立法人的资格。但在英属北美殖民地，英国王室更多是对殖民地的经济进行控制，使其成为英国本土的原料产地，对法人的设立并没有实行严格的控制。因此，在设立高校的问题上，殖民地学院的创办者们根据各自需要既可以选择殖民地政府，也可以选择英国王室作为特许状的授予机关。例如，创建于1636年的哈佛大学，其1650年特许状是由马萨诸塞殖民地议会颁发的，该特许状直到现在仍然发挥着作用；而1693年创立的威廉·玛丽学院的特许状则是由英国王室颁发的。美国建国后，英国王室的权威被新成立的美国各级政府所取代。根据《美国联邦宪法第10修正案》的规定，各州政府成为美国大学设立的主要权威机构。各州议会掌握制定和颁布大学设立法案或大学特许状的权力。例如，1865年创立的康乃尔大学，其特许状是由纽约州政府作为州的教育法律颁布的，该特许状后经州议会多次修订，直到现在仍为康乃尔大学最为重要的治理文件之一。又如1868年创建的加利福尼亚大学，其最初的建校法案是1868年加州议会通过的“加利福尼亚大学组织法”。1879年，加利福尼亚州在其宪法中又对加利福尼亚大学的性质、董事会的构成、权限、办学目标作出具体的规定。

（二）大学董事会

在美国，各州立法机关虽然通过颁发特许状或制定有关法律，决定大学的设立、组织结构、权利与义务以及董事会产生的办法等，但是这种控制均属于宏观控制。大学的自治权非但没有被削弱，反而因特许状或相关教育法律的授权而得到保证。从殖民地学院开始，包括大学章程在内的规章制定权一直被董事会掌握。如哈佛学院 1650 年特许状规定，"为了更好地做好学院的工作，校长与评议员或他们中的多数……可以按照他们认为合适的方式随时制定有关规定和章程（orders and bylaws）"①。康涅狄格殖民地政府颁布的耶鲁学院 1745 年特许状也规定，"耶鲁学院的校长与评议员……享有治理、维护及管理学校的权利和义务，并且制定出他们认为适合于教学和学生教育的、适合于整顿、治理、裁定和管理本学院及有关本学院所有事务的、并不与英国和本殖民地法律相冲突的法律（laws）、规则（rules）和条例（ordinances）"，"他们认为有必要，同样有权废除或修订这些法律、规则和条例"②。美国建国以后，赋予大学董事会制定其章程的权力已经成为美国大学的一种惯例。有些新建大学的特许状或相关教育法律中不再明确规定授予董事会制定大学章程的权力，但也有一些州的大学例外。例如，斯坦福大学仍然在其 1885 年的建校宪章"创始基金"（The Founding Grant）文件中明确规定，"在不与本州法律和本基金目的相冲突的条件下，……董事会有权制定大学章程"③。

---

① Great and General Court of Massachusetts. The Harvard Charter of 1650 [EB/OL]. (2018-01-10). https://library.harvard.edu/university-archives/using-the-collections/online-resources/charter-of-1650.

② ELLIOTT E C, CHAMBERS M M, et al. Charters and basic laws of selected American universities and colleges [E]. New York: The Carnegie Foundation for the Advancement of Teaching, 1934: 591-592.

③ ELLIOTT E C, CHAMBERS M M, et al. Charters and basic laws of selected American universities and colleges [E]. New York: The Carnegie Foundation for the Advancement of Teaching, 1934: 466.

二、美国大学章程的制定程序

大学章程的制定过程实际上是为大学立法的过程。由于大学章程对确定大学与政府和社会的关系、大学内部治理结构和运作机制等具有关键性作用，特别是大学特许状一经颁布，就不能轻易改变，迫使大学的创立者和大学的最高权力机构（即董事会）对大学章程的制定过程高度重视，并形成了一套组织严密、过程规范的制定程序。一般来说，美国大学章程的制定程序主要包括以下五个环节：

（一）大学章程的酝酿与沟通

大学章程的制定过程是一项新的大学法律的产生过程。如何制定出一套既体现大学创办者的思想和理念，又反映本州、本地区、本校特点和要求的大学章程，是摆在大学章程制定者面前的重大问题。为此，掌握大学章程制定权力的有关人员不得不通过广泛的调查和酝酿以及充分的交流和磋商，为大学设计出一套符合各方要求并经得起历史检验的大学章程。例如，耶鲁大学的创办者们在制定本校章程之前，对英国和殖民地关于法人设置方面的法律、已有大学的治理体制、学校的名称、董事会成员的构成以及学校与政府的关系等进行了系统深入的研究。为此，他们就有关问题特地咨询时任哈佛学院院长的英格里斯·马瑟（Increase Mather）、内科医生兼律师格肖姆·巴尔克利（Gershom Bulkley）、殖民地政府秘书以利亚撒·金伯利（Eleazar Kimberley）等社会知名人士。在经过细致的考察、研究和比较之后，耶鲁学院的创立者们决定采用一种有别于此前设立的哈佛学院和威廉·玛丽学院的治理模式。这种区别在于：一是将大学的名称定为“一所学院式的学校”，而不是像哈佛学院和威廉·玛丽学院一样使用“学院”的称谓，从而避免英国王室的干预；二是在内部治理体制上，采用“单院制”的治理模式，以避免出现像哈佛学院的“双院制”所导致的“两院”之间的摩擦和掣肘现象；三是不谋求将学院董事会认定为一个完全的法人实体，而只需议会授予其具备法人相应权利的“准法人”（quasi-corporation）的法律地位；四是要求议会同意建立一个全部由牧师所组成的董事会，从而避免因公职人员进入董事会造成对学院事务的干扰。由于事前做好了充分的准备和沟通工作，当耶鲁学院的创立者们于1701年将特许状草案提交给康涅狄格殖民地议会时，康涅狄格殖民地议会很快就批准了该特许状草案。1745年，康涅狄格殖民地议会对耶鲁学院1701年特许状进行修订，除授予耶鲁学院董事会完全的法人地位并设立校长职位之外，并没有改动耶鲁学院的“单院制”治理体制。耶鲁学院“单院制”的治理体制为美国后来几乎所有的新建高校所效仿。以至于一个世纪之后，时任耶鲁学院校长的蒂莫西·德怀特（Timothy Dwight）曾不无自信地说，单院制的组织模式还是要优于双院制。① 在弗吉尼亚大学章程的创制过程中，杰斐逊也曾对法国的大学治理模式进行深入的研究。另外，在康乃尔大学的创办过程中，其创始人也曾对其特许状所涉及的内容深入地交换意见。例如，在大学的选址问题上，刚开始有许多捐赠人以及后来担任康乃尔大学首任校长的怀特先生都不同意康乃尔将学校设在其家乡伊萨卡（Ithaca）这个交通不便的边远地区。怀特甚至提出，如果康乃尔愿意将大学设在锡拉丘兹（Syracuse），他将增加一笔捐赠给康乃尔大学。但康乃尔列出伊萨卡的优势所在，并积极地与各捐赠人进行沟通，最后大家对康乃尔的方案作了让步，并在特许状当中明确将大学校址定在伊萨卡。②

（二）大学章程的起草与提交

大学章程的起草与提交是大学章程制定过程中的重要环节。由于美国大学章程主要有大学特许状、州宪法或州法律的相关规定和大学内部章程等几种形式，因此，大学章程的起草主体、提交对象及完成的时间节点也不相同。大学特许状、州宪法或州的相关法令是大学成立的法律依据。因此，大学特许状一般由大学的创办人起草，并按立法机关所规定的程序提交给立法机关审议和通过。大学内部章程则是在特许状、州

---

① BRUBACHER J S，RUDY W. Higher education in transition：a history of American colleges and universities [M]. 4th edition. New Brunswick：Transaction Publishers，1997：26.

② SHERWOOD S. The University of the State of New York：history of higher education in the State of New York [E]. Washington：Government Print Office，1900：330.

宪法或州法律的基础上，由大学董事会的专门委员会对特许状、州宪法或州法律进行细化后，再提交给董事会审核通过。由于大学章程既具有法律的特质，同时又涉及对大学的使命、大学与政府和社会之间的关系，以及大学内部的治理结构及其运行机制的设计，有些大学章程甚至还包含课程设置等内容，因此，大学章程的起草工作通常交由那些了解立法程序、法律规范以及大学运行机制的人士来完成。例如，在康乃尔大学特许状的创制过程中，康乃尔先生邀请了纽约州议会议员，后来成为康乃尔大学首任校长的怀特以及纽约州参议院司法委员会主席查尔斯·弗尔杰（Charles J. Folger）共同完成康乃尔大学特许状的起草工作。康乃尔负责有关大学的捐赠和赠地基金部分的内容；怀特负责有关教育特色、奖学金和非教派主义部分的内容；弗尔杰则负责将整个起草文本转换成适当的法律格式。①

（三）大学章程的审议与通过

大学章程的审议与通过是指州议会或大学董事会根据各自的立法程序和规定，对大学章程文本的内容进行审查和评议，并经由参会人员按合乎法律的办法确定大学章程是否可以通过。一般来说，州宪法或州教育法律、大学特许状的审议和通过权属于州议会；大学内部章程的审议和通过权归属于大学董事会。州议会对州宪法或州教育法律、大学特许状的审议和通过依据的是州议会的立法程序。董事会对大学内部章程的审议和通过的依据是大学特许状或州的有关大学法令以及大学本身的章程规定。无论是州议会还是大学董事会，对于大学章程的审议和通过通常有一定的要求和程序，如参会人员的法定人数以及大学章程表决中投赞成票的法定人数等。

（四）大学章程的颁布与公告

大学章程的颁布是指州议会或大学董事会以法律规定的方式和途径向社会、政府、大学等公布已通过的大学章程的过程。大学特许状通常

① SHERWOOD S. The University of the State of New York: history of higher education in the State of New York [E]. Washington: Government Print Office, 1900: 329.

是作为州的法律存在。因此，州议会一般通过议会的立法程序向外公布大学特许状的相关内容。州议会通过法律公告或将特许状作为法令编入本州的法律汇编或法典中向社会公开。例如，纽约州议会将康乃尔大学的特许状纳入纽约州的教育法典向社会公布；加利福尼亚州议会则在州宪法及其成文法典中纳入加州大学的章程内容，要求全州人民遵守。大学董事会则通过董事会的会议公告或单独出版的形式向社会或大学公布章程的内容。总之，大学章程的颁布是大学章程制定过程的必要程序，其目的在于向社会各界公开大学章程的内容，要求社会各界及个人遵循并监督其执行情况。

（五）大学章程的修订与变更

美国大学章程与其他社会制度一样，都是某一特定时期人们用以协调和规范人与人之间、人与社会之间关系的产物，都有其时代的社会制约性。因此，随着社会政治、经济和文化的发展以及人们认知水平的提高，人们会提出对原有制度进行更替或变更的要求。同样，大学章程制度也会随着社会以及大学自身的发展需要而变化。例如，马萨诸塞殖民地议会于 1642 年通过首个有关哈佛学院的具有特许状雏形的法案。1650 年，马萨诸塞殖民地议会在 1642 年法案的基础上又通过一项在哈佛建校史上最为重要的法案，即哈佛 1650 年特许状。1657 年，在查尔斯·昌西（Charles Chauncey）的推动下，马萨诸塞殖民地议会通过《哈佛学院特许状附则》（An Appendix of the College Charter），提高哈佛法人会在规章制定和执行方面的自主权。① 此后，在伦纳德·霍尔（Leonard Hoar）和英格里斯·马瑟担任校长期间，哈佛学院也向马萨诸塞殖民地议会或英国王室提出了变更特许状的要求。同样的情况也发生在耶鲁学院。康涅狄格殖民地议会于 1701 年通过耶鲁学院特许状之后，又于 1745 年对 1701 年特许状进行修订。到现代，美国大学章程变动的频率更高。但一般来说，大学特许状的变更牵涉到州立法机关和大学董

① ELLIOTT E C, CHAMBERS M M, et al. Charters and basic laws of selected American universities and colleges [E]. New York: The Carnegie Foundation for the Advancement of Teaching, 1934: 212.

事会双方，变动频率相对较低，而大学内部章程只需大学董事会批准即可，所以变动的频率相对会高些。但无论大学特许状的变更，还是大学内部章程的变更都要遵循法定的程序才能生效。

在大学特许状的变更问题上，州立法机关和大学董事会都有权提出变更的议案，但无论哪方提出的方案都需要双方同意方可生效。这在很大程度上保护了大学的自治权，同时也有利于州政府对大学的宏观控制。在大学内部章程的变更方面，几乎每所大学的章程都规定了较为具体的变更程序和要求。例如，《芝加哥大学章程）》（Bylaws of the University of Chicago，2017 年最后修订）规定，为了大学教育事务的组织与合理管理，大学董事会有权颁布、修订或废除大学的相关条例；在会议至少五天前将修订提案的主要内容通知董事会，并在董事会执行委员会的建议下，大学董事会可在其任何一次常规会议上对大学章程进行修订或废除，但执行委员会的建议不能妨碍董事会会议对修订提案的修正和采纳；在每一次董事会的常规会议上，超过半数的董事成员投赞成票，董事会会议就可对法人章程（the Articles of Incorporation）进行修订。该章程还规定，在会前至少五天将修订提案通知每位董事，但这一要求并不能妨碍董事会对修订提案的变更和采纳。[①]《密歇根大学理事会章程》（2017 年 7 月更新）规定，本章程可在理事会的任何一次例会或特别会议上修订，但须提前一周时间通知各位理事。理事会在发出通知时应附上一份或多份修正案提案。[②]

第三节　美国大学章程的文本内容

大学章程是美国现代大学制度的重要载体。由于美国独特的高等教育治理体制以及各大学所在州的州情、大学本身的校情千差万别，美国

---

① University of Chicago. Bylaws of the University of Chicago [EB/OL].（2017-05-25）. http://trustees. uchicago. edu/sites/trustees. uchicago. edu/files/uploads/files/UniversityOfChicagoGoverningDocuments. pdf.

② Board of Regents of University of Michigan. Bylaws [EB/OL].（2018-01-12）. http://www. regents. umich. edu/bylaws/bylaws14. html#3.

各大学章程的具体形态、构成、篇幅及其文字表述等也存在较大的差异，但是在确立大学内部治理结构方面所具有的重要地位和作用却是美国大学章程的共同特点。现代大学是一个多元利益主体的学术机构。如何在确保大学正常运行的情况下合理地照顾各利益群体的利益，是大学章程制定者的重要职责。20 世纪 60 年代以来，美国社会所形成的共同治理理念已经渗透到大学章程之中。因此，从治理的视角对哈佛大学、耶鲁大学、康乃尔大学、芝加哥大学、密歇根大学、弗吉尼亚大学、加州大学这 7 所大学的章程文本内容进行分析和探讨，有助于了解美国大学内部组织构成及其运行机制，加深对大学章程在美国大学治理中地位与作用的理解。

一、大学使命与办学目的

大学使命既是大学对自身存在价值的判断和认定，也是大学对所应承担的社会责任的一种宣告。大学使命凝结大学共同体的共识，将大学的现实目标与大学终极目的结合起来，为大学自身的发展提供精神动力和方向，并在一定程度上影响大学内部的机构设置和运行。美国学者格莱迪·博格（E. Grady Bogue）曾指出："一所办学有成效的高校必须负有明确的使命。"① 西方大学通常会在建立之初将大学所肩负的历史使命及建立大学的目的通过特许状或大学章程的形式确定下来。美国的大学也不例外。

美国大学在其章程中对于其使命的表述具有两个突出的特征：一是强调大学之所以为大学的本质属性，即将大学作为一种高深知识的保存、传播和创新机构；二是不忘大学的社会责任，即为政府和社会培养实用人才。由于人们的认识局限以及大学发展的现状，美国大学在使命描述上具有一定差异性。殖民地时期的大学强调知识的传播以及为宗教和社会服务的使命。例如，美国历史上的第一所高校——哈佛学院在其 1650 年的特许状中明确提出大学建立的目的和使命是："推进在中赛克

① 曹月明. 美国大学使命陈述的文本分析及启示 [J]. 教学研究，2016（1）：7-11.

斯郡剑桥镇的哈佛学院的所有文学、艺术和科学的发展……以促成对英国和印第安人的教育。”① 耶鲁学院在其1745年特许状中将建立耶鲁学院的目的界定为：“为了教授本殖民地年轻人科学和艺术”以及“培养为本殖民地和教会服务的有用人才。”②

建国以后，特别是19世纪下半叶以后，随着大学职能的变化以及适应美国政治、经济、文化发展的需要，美国大学使命的表述呈现出新的特点。一是强调知识创新；二是强调对实用科学的传授，为美国的工农业发展服务；三是强调大学所培养的人才不仅要服务于本州、本国，还要服务于全世界。例如，康乃尔大学的特许状（2012年3月修订）规定，康乃尔大学的主要目标是教授农业、机械以及包括军事战术在内的学科知识，以发展产业阶级在人生追求和职业生活中的博雅和实用教育。③ 密歇根大学则将其使命描述为：“通过对知识、艺术和学术思想的创新、传播、保存和应用，以及通过在既能应对当前挑战又能建设未来的领导者和公民的培养等方面的卓越表现来服务密歇根州和全世界的人民。”④ 弗吉尼亚大学在其《监事会手册》（2004年版）（Manual of the Board of Visitors of the University of Virginia 2004）中强调：“弗吉尼亚大学是一所从事高等教育的公共机构，并以原始发现、创新、促进来自社会各阶层优秀学生潜能的充分发展为指引，通过培养有责任心的公民领袖和专业人才，增进、保存和传播知识，以及提供世界一流的卫生服务

---

① Great and General Court of Massachusetts. The Harvard Charter of 1650 [EB/OL]. (2018-01-15). http://library.harvard.edu/university-archives/using-the-collections/online-resources/charter-of-1650.

② ELLIOTT E C, CHAMBERS M M. Charters and basic laws of selected American universities and colleges [E]. New York: The Carnegie Foundation for the Advancement of Teaching, 1934: 588.

③ Cornell University. Charter of Cornell University [EB/OL]. (2012-03-30). https://trustees.cornell.edu/Shared%20Documents/Charter%20March%2030%202012.pdf.

④ University of Michigan. Mission [EB/OL]. (2018-01-15). http://president.umich.edu/about/mission/.

来为弗吉尼亚州、美国以及全世界服务”。①

二、大学与外部的关系

大学与外部的关系主要表现为大学与政府、大学与社会两个方面。在美国，无论是私立大学，还是公立大学都享有较为独立的法人自治权。联邦政府和州政府很少直接插手大学的内部事务，但这并不意味着美国大学能够像欧洲中世纪大学那样超然于社会之外，成为不问世事的象牙塔。相反，美国大学在发展过程中通过与外界不断的磨合与交流，逐渐使大学与政府和社会的关系独具特色。这种关系，经由大学章程（特许状）的规制而得以制度化。

（一）大学与政府的关系

在美国，大学与政府的关系可以追溯到殖民地时期。在殖民地时期，殖民地政府在大学的创建过程中扮演着非常重要的作用。例如，殖民地议会不仅通过立法和财政拨款手段创建大学，而且在所颁发的大学特许状中授予大学法人地位和诸多特权，同时还规定了大学治理的体制，即法人—董事会的管理方式。但是，殖民地政府并不直接介入大学内部的具体事务，而是通过由包括政府官员在内的外部人士所组成的董事会行使大学法人的权利，负责大学的重大决策，以确保大学的发展方向，而政府官员则通常以当然成员的身份进入大学的董事会。

建国以后，根据联邦宪法的规定，各州政府实际上负有领导各州教育事业的责任。各州政府同样延续殖民地时期的做法，只不过在不同性质的大学，州政府所扮演的角色有所不同。在私立大学，其大学董事会是一个“自我永续”的法人团体，除政府官员通常作为当然成员被纳入董事会之外，其他成员均由董事会按照一定的程序选举产生。例如，2017 年通过的最新的《耶鲁大学章程》规定，耶鲁大学董事会的 3 名当

① Board of Visitors of the University of Virginia. Manual of the Board of Visitors of the University of Virginia [EB/OL]. (2017-09-15). http://www.virginia.edu/bov/BOV%20Manual/WEB%20FRIENDLY%20VERSION%20-%20BOV%20MANUAL%20-%20July%202017.pdf.

然董事除大学校长之外，包括康涅狄格州的州长和副州长。[①] 康乃尔大学在其2017年修订的《康乃尔大学章程》(Bylaws of Cornell University)中规定，纽约州长、参议院临时议长、众议院议长也被作为当然成员列入大学的董事会。[②] 当然，并非所有私立大学的董事会均将政府官员列为董事会成员，如同样作为私立大学的芝加哥大学章程就没有这样规定。

在公立大学，大学董事会成员的产生主要有两种方式：一种方式是由议会提名、州长任命。例如，美国公认的第一所真正意义上的州立大学弗吉尼亚大学在其《监事会手册》(Manual of the Board of Visitors of the University of Virginia，2004年版)中规定：本董事会由17名经由弗吉尼亚州参议院和众议院批准、州长任命的成员构成，其任期为4年。[③] 加州大学在其2016年最新通过的《加州大学理事会章程》(Bylaws of the Regents of the University of California)中规定，根据《加州宪法》第9章第9节之规定，加州大学董事会除州长、副州长、众议院议长等政府官员之外，还包括18名经州长任命的董事以及1名学生董事。[④] 另一种方式是由全州人民普选产生。例如，根据1850年《密歇根州宪法》，密歇根大学理事会成员不再由州长任命，而由全州的8个巡回法庭区域的人民各选出1名理事组成密歇根大学理事会。1863年，《密歇根州宪法》再次对密歇根大学理事会成员选举办法进行修订。该宪法规定，密歇根大学理事会的8名成员直接由全州人民普选产生，其任期通常为8年。而在1864年春季的实际选举中，密歇根大学理事会8名成员的任期分别交错为2名2年、2名4年、2名6年和2名8年。1963年，密歇根大学理

---

① Yale University. Bylaws [EB/OL]. (2018-01-15). https://www.yale.edu/board-trustees/governance-historic-documents/laws.

② Cornell University. Bylaws of Cornell University [EB/OL]. (2018-01-16). https://trustees.cornell.edu/Shared%20Documents/17-5%20bylaws%20w-TC.pdf.

③ University of Virginia. Manual of the Board of Visitors of the University of Virginia [EB/OL]. (2016-10-01). http://www.virginia.edu/bov/BOV%20Manual/WEB%20FRIENDLY%20VERSION%20-%20BOV%20MANUAL%20-%20July%202017.pdf.

④ The Regents of the University of California. Bylaws [EB/OL]. (2016-7-20). http://regents.universityofcalifornia.edu/governance/bylaws/bl20.html.

事会成员的普选改在秋季进行，其任期从下一年度 1 月 1 日开始计算。①

（二）大学与社会的关系

美国大学素来注重与社会保持密切的联系。在殖民地时期，当时的殖民地学院与宗教团体建立了密切的关系。殖民地时期的 9 所学院中有 8 所是由基督教各教派创建的。当时的学院董事会，除少数政府官员担任当然董事之外，其余董事几乎均由各教派的教士充当。例如，耶鲁学院在建院初期，根据其特许状，其董事会成员全部为教会人士。19 世纪下半叶，随着美国大学规模的扩大以及研究型大学的兴起，教会人士无法满足大学办学经费日益增长的需求。为了筹措更多的办学资金，美国大学董事会逐渐向银行家、实业家等工商业者开放。与此同时，各大学建立的校友会也日益成为影响大学发展的重要力量。在这种情况下，美国各大学通过董事会成员的构成变革来维护大学与社会各界以及校友的关系。

例如，2017 年版的《康乃尔大学章程》规定，在其 64 名董事之中，有 43 名董事由董事会遴选，并且在任何时候，在纽约州的农业、商业和劳工等领域中，每个领域都应不少于 2 名董事。此外，有 8 名董事由校友会选举并且来自校友会。②《弗吉尼亚大学监事会手册》（2004 年版）规定，在其 17 名董事之中，至少有 12 名来自弗吉尼亚州，并且至少有 12 名为弗吉尼亚大学校友。③ 另外，美国的大学还通过在董事会内部建立一些常设委员会的方式来维系大学与社会的关系。例如，芝加哥大学设立“对外联络委员会”（Outward Engagement Committee），该委员会的职责是在大学战略品牌和交流效果的背景下，对在地方、地区、国家或全球范围

① University of Michigan. The University of Michigan Board of Regents Historical Background [EB/OL]. (2018-01-20). http://regents.umich.edu/about/history.html.

② Cornell University. Bylaws of Cornell University [EB/OL]. (2017-05-27). https://trustees.cornell.edu/Shared%20Documents/17-5%20bylaws%20w-TC.pdf.

③ University of Virginia. Manual of the Board of Visitors of the University of Virginia [EB/OL]. (2016-10-01). http://www.virginia.edu/bov/BOV%20Manual/WEB%20FRIENDLY%20VERSION%20-%20BOV%20MANUAL%20-%20July%202017.pdf.

内产生影响的大学计划、伙伴关系和联盟关系进行审查、支持和建议。①康乃尔大学则分别成立“大学关系委员会”（Committee on University Relations）和“校友事务委员会”（Committee on Alumni Affairs）来加强与政府和校友之间的联系。其中，“大学关系委员会”主要负责对大学与联邦、州以及地方政府组织的关系提出建议；“校友事务委员会”则负责对涉及校友活动和有关公共事务的问题提出政策指导。②

三、大学内部治理结构

现代美国大学是一个多利益主体和多权力中心的场域。在美国大学内部存在着以校外人士为代表的董事会、以校长为首的行政系统、以教授为主体的学术评议会等权力机构，它们分别掌握大学的决策、行政和学术等核心权力。另外，二战以后，随着共同治理理念的传播，美国大学的普通教师和学生开始以各种方式进入大学的权力场域，或多或少地分享大学的权力。大学章程是确立大学各利益主体权力范围和权力行使的规范性文件。美国大学章程在维护其治理传统的同时，对大学内外治理环境的变化作出相应的改变，从而形成美国大学的共同治理结构。

（一）大学董事会

1. 大学董事会的权威来源

合法性是任何一个组织机构的领导机关对其组织进行有效领导的前提和基础。美国大学主要由校外人士组成的董事会行使大学的最高权力。大学董事会的合法性及其权威来源于大学特许状、州宪法或有关法令。例如，在董事会的合法性问题上，《耶鲁大学章程》（2017年6月通过）在其前言中就规定：“耶鲁的治理机构在法律上被称为‘耶鲁学院的校长和评议员’，或者更简洁地称之为‘法人’，由其监管、维护和管理耶鲁学院……并制定相关合理的法律……当他们认为这些法律对学生

① University of Chicago. Bylaws of the University of Chicago [EB/OL]. (2017-05-25). http://trustees.uchicago.edu/sites/trustees.uchicago.edu/files/uploads/files/University Of Chicago Governing Documents.pdf.

② Cornell University. Bylaws of Cornell University [EB/OL]. (2017-05-27). https://trustees.cornell.edu/Shared%20Documents/17-5%20bylaws%20w-TC.pdf.

的教学和教育是适合和恰当的时候。"①《康乃尔大学章程》（2017年5月生效）第二条明确指出，"依据大学特许状和州的法律，董事会拥有大学的最高控制权，包括它的各个学院、专业学院和学系、学部和中心"②。作为公立大学的加州大学在其2016年通过的理事会章程中同样指出："根据《加州宪法》第9条第9款之规定，加州大学应组建一个被称之为'加州大学董事会'的法人管理之下的公共信托。该法人享有组织上和治理上的充分权力，且只在必要的情况下接受法律监督……该大学完全独立于所有政治力量或宗派，并据此在它的事务管理上享有自由裁量权。"③

2. 董事会的规模及其人员构成

美国大学普遍实行以校外人士为代表的董事会治理制度，但具体到每一所大学，其董事会的规模、人员构成及其遴选方式却都不相同。

（1）规模

美国各大学董事会的规模差异较大。最小的董事会只有5～6人，最大的董事会达80多人。一般而言，私立大学董事会的规模要比公立大学大一些。如表1统计数据显示，康乃尔大学董事会的人数达到64人、芝加哥大学董事会人数达到51人（2016年的《芝加哥大学章程》规定董事会规模不超过55人），耶鲁大学董事会人数达到19人，而弗吉尼亚大学董事会人数为17人，密歇根大学董事会的人数只有8人。

随着大学规模的扩大以及大学治理的现实需要，除少数院校之外，大多数大学董事会的成员规模与建校之初相比均有所增加，有些大学董事会成员增加的幅度还比较大。例如，康乃尔大学董事会从建校之初的24人增加到64人，增幅为167%；芝加哥大学董事会从建校时的21人

① Yale University. Bylaws [EB/OL]. (2018-01-21). https://www.yale.edu/board-trustees/governance-historic-documents/laws.

② Cornell University. Bylaws of Cornell University [EB/OL]. (2017-05-27). https://trustees.cornell.edu/Shared%20Documents/17-5%20bylaws%20w-TC.pdf.

③ University of California. Bylaws of the Regents of the University of California [EB/OL]. (2016-07-20). http://regents.universityofcalifornia.edu/governance/bylaws/bl20.html.

增加到现在的51人，增幅为143%；耶鲁大学从建校之初的11人增加到19人，增幅为73%。同样的情况也发生在美国建校历史最早的大学——哈佛大学。根据哈佛1650年特许状，哈佛法人会的规定人数为7人。法人会的这一成员规模一直保持到21世纪初。2009年，为了应对21世纪哈佛大学发展所面临的新挑战，加强"法人会"的战略重点（strategic focus），并提升它的集体领导能力，哈佛大学的一个委员会提交了将法人会的规模由原来的7人扩展到13人的报告。该报告得到哈佛法人会和监事会的批准。[①] 经过2011年和2013年两次扩充，哈佛法人会的规模终于达到其所确定的13人的目标。

（2）人员构成

根据董事会成员的产生方式，美国大学董事会成员大致可分为两种类型：一是依其职位而自动任职的当然董事，如州长、副州长、议会议长、校长及其他指定机构的官员等；二是通过选举或提名而被任命的委任董事。从表1的数据统计来看，并非每一个大学董事会都包含上述两种类型的董事，如弗吉尼亚大学董事会就只有委任董事，没有当然董事。因此，在同一类型的董事当中，其成员构成也有较大的差异。例如，就当然董事而言，耶鲁大学、康乃尔大学和加州大学都有政府官员，而芝加哥大学却没有将政府官员纳入董事会成员之中。另外，大部分大学董事会都将校长列为董事会的当然成员，但也有一些例外，如弗吉尼亚大学校长就不是董事会成员。在密歇根大学，校长虽然被允许进入理事会，但其作用仅限于主持理事会会议，只有发言权却没有投票权。其次，经选举或提名而被任命的董事中，其人员构成也不尽相同。如在康乃尔大学，经选举方式产生的董事会成员除来自社会各界的人士之外，还有校友、教师、学生和非学术职员和雇员；然而，在芝加哥大学，除校长作为当然董事外，其余50名董事皆由董事会在全社会范围内自主选举产生，即使本校校友也没有专门的名额规定。

---

① Harvard University. Governance Review Culminates in Changes to Harvard Corporation［EB/OL］.（2018-01-21）. https://news. harvard. edu/gazette/story/2010/12/governance-review-culminates-in-changes-to-harvard-corporation/.

表 1　董事会的构成及其遴选办法

大学名称	董事会规模	当然成员构成及数量	董事会自选董事数量	州长任命或由选民直选董事数量	校友董事规定数量	教职员董事规定数量	学生董事规定数量	董事会原始规模
耶鲁大学	19 人	校长、州长、副州长，共 3 人	10 人	0	6 人	0	0	11 人
芝加哥大学	51 人	校长	除校长之外所有董事会成员	50	0	0	0	21 人（1890 年）
康乃尔大学	64 人	州长、参议院临时议长、众议院议长、校长、康乃尔家族最年长直系后代共 5 人	43 人	3 人	8 人	3 人（其中教师 2 人，非学术雇员 1 人）	2 人	24 人（1865 年）
加州大学	26 人	州长、副州长、众议院议长、州公共教育督查长、校友会正副会长、校长共 7 人	0	18 人	包含在当然成员之中	0	1 人	22 人（1868 年）
密歇根大学	8 人	校长（主持会议但无投票权）	0	8 人	0	0	0	13 人（1837 年）
弗吉尼亚大学	17 人	0	0	17 人（含 12 名校友）	至少 12 人（需经州长任命）	0	0	7 人（1819 年）

3. 董事会的职责和权力

根据大学特许状或相关宪法和法律的规定，大学董事会是大学法人或法人机关，在大学治理中具有广泛和最终的权力。作为大学内部治理总政策的大学章程对大学董事会及其各委员会的职责和权力作出较为具体的规定。在传统上，大学董事会主要有五个方面的职责：（1）遴选并支持校长；（2）规划并确立院校的任务和目标；（3）监督学科点（educational programs）；（4）发展院校的有形资产；（5）关心院校的无形资产，尤其是学术自由对卓越、公平以及伦理标准的恪守。① 但实际上，作为大学治理的基本文件，美国大学章程对董事会的权力和职责有着较为具体的规定。

例如，加州大学的董事会及其各个专门委员会的权力范围涉及七个方面：（1）大学治理事务方面：修订大学章程以及各委员会章程，建立或撤销董事会各专门委员会，任命董事会主席、副主席和董事会各专门委员会委员，任命学生董事，调查董事会成员是否渎职并采取相应措施，等等；（2）学术事务方面：批准大学的入学、授予证书和学位的标准，建立和撤销各学院、专业学院、研究生分部和建立多校区研究机构，批准对讲座教授（Regents Professors）和大学总校教授（University Professors）的任命，批准对拥有终身教职或职业保障的学术人员的解雇，等等；（3）财政事务方面：批准大学预算和向州提出拨款请求，批准校长办公室的年度预算，等等；（4）非经常性开支项目事务方面：批准非经常性开支项目请求或加大投资请求，批准对不动产的购买、出售、租赁或捐赠，批准和修订大学的长期发展规划，批准金融财政计划等；（5）任命和薪酬事务方面：对大学总校校长、分校校长、劳伦斯伯克利国家实验室主任和董事会主要官员的任命、降级或解聘，批准对大学总校校长、分校校长、劳伦斯伯克利国家实验室主任和董事会主要官员的薪酬，等等；（6）卫生事务方面：批准执业医师、医院、诊所和其他与卫生有关的业务所获得的收入；（7）合规事务方面：批准索赔和诉

① ［美］罗纳德·埃伦伯格．美国的大学治理［M］．沈文钦，等译．北京：北京大学出版社，2010：8-9．

讼的解决方案，独立财务审计人员的聘请和保留等。① 此外，在私立大学，由于董事会通常是一个“自我永续”的法人实体，因此董事会拥有按章程规定遴选董事会继任人员的重要权力。

4．董事会的运作机制

（1）集体决策

在美国大学，董事会是由一个个独立的董事个体组成的合议体机构。作为大学法人或法人机关，大学董事会虽然在大学内部治理体制中为最高权力机构，拥有对大学重大事务的最终决定权，但作为董事会成员的董事个体，却并不能代表学校，甚至连董事会的主席也仅仅是董事会的领导，而非学校的领导。正如美国著名高等教育学者伯顿·克拉克（Burton Clark）所说：“作为个人，董事没有任何法律地位。”② 因此，美国大学董事会通常是以集体决策的方式对大学事务进行治理。通过定期或不定期举行会议的方式对大学事务作出决定是董事会行使权力和履行职责的最常见方式。为此，作为大学权力运行规则的大学章程对董事会的会议制度有着较为详细的规定。

例如，2017 年修订的《芝加哥大学章程》（Bylaws of the University of Chicago）对董事会的会议类型、合法人数、会议通知以及会议地点作出了具体的规定。第一，会议的类型。芝加哥大学董事会的会议类型主要分为三种，即常规会议、年度会议和专门会议。章程规定，董事会每年要举行三次常规会议，会议的举行时间由董事会确定；每个财年的最后一次常规会议则是董事会的年度会议；专门会议可在任何时间举行，由董事会秘书负责召集。此外，章程还规定，只要董事会主席或一名副主席，任何三名董事会成员或校长要求，董事会秘书必须负责召开专门会议。第二，法定人数。因为董事会是以集体决策的形式对大学的有关事项作出决定，因此对有多少董事参加会议才能代表整个董事会、有多

---

① The Regents of the University of California. Bylaws [EB/OL]. (2016-07-20). http://regents.universityofcalifornia.edu/governance/bylaws/bl20.html.

② 郭为禄，林炊利．美国大学董事会的运行模式［J］．全球教育展望，2011（12）：14-19.

少董事投赞成票才能采取行动，《芝加哥大学章程》也有明确规定，其具体规定为：大学董事会三分之一的成员参加会议即达到会议的法定人数。在达到法定人数的情况下，多数出席会议的董事赞成的行动，可视为董事会的行动。但下列情况需要董事会的多数成员投赞成票才能形成行动决议：接受对法人章程的修订；董事会成员的选举和大学官员的当选；年度预算的最终批复；在大学治理中，董事会各专门委员会所拥有权力的分配。第三，会议通知。在送达方式上，章程的规定为专门送达、邮寄或电子邮箱送达。在时间上，常规会议通知要求至少提前5天送达；专门会议要求至少提前两天送达。在内容方面，要求每份通知都要注明通知的地点、时间和会议举行的时间。第四，会议地点。《芝加哥大学章程》对董事会会议的举办地点的要求比较灵活。章程规定，会议举办的地点可由董事会、董事会主席或校长来决定。①

（2）分工负责

由于美国大学董事会成员基本上由校外人士组成，并且所主管的事务非常庞杂，因此，仅仅靠董事会一年之内的几次会议解决所有问题，既不现实，效率也不高。为此，美国大学董事会通常在其内部建立多个委员会来专门负责董事会授权范围内的具体事务。为了规范和充分发挥各专门委员会的职能，大学董事会通常会通过大学章程来明确各专门委员会的设置、工作职责、权限、人员组成及运行机制等。

例如，2017年修订的《耶鲁大学章程》规定，董事会下设重大事务委员会、财政委员会、大学审计委员会、投资委员会、教育政策委员会等13个专门委员会。除重大事务委员会之外，各专门委员会的人员组成，由校长咨询董事会的资深董事提出人选，最后由董事会确定各委员会的具体人员及其主席名单。各专门委员会同样需要遵循集体决策的原则。在各专门委员会中，具有投票资格的委员达到半数以上才能达到法定人数。为了更好地了解大学事务并做出相应的决策，该校章程还规

---

① University of Chicago. Bylaws of the University of Chicago [EB/OL]. (2017-05-25). http://trustees.uchicago.edu/sites/trustees.uchicago.edu/files/uploads/files/UniversityOfChicagoGoverningDocuments.pdf.

定，与各专门委员会主管的事务相关联的大学官员亦需参加该委员会的相关会议。重大事务委员会是耶鲁大学较为特殊的专门委员会，是董事会的执行委员会。它可在突发和紧急状况时召集，其成员包括校长、资深董事和财政委员会、教育政策委员会、机构政策委员会、投资委员会、校舍和场地委员会、发展和校友委员会的主席。重大事务委员会拥有较大职权。除授予学位、修订章程、任命常务官员和给官员们确定薪酬以及决定要求董事会半数以上成员同意的事项等事务之外，重大事务委员会还拥有董事会其他所有的权力。当然，重大事务委员还须向董事会报告其行动措施。①

为了便于董事会事务的开展，加州大学董事会同样建立了自己的专门委员会系统。例如，加州大学董事会设立了学术与学生事务、合规与审计（The Compliance and Audit Committee）、财政与金融战略、治理与薪酬（The Governance and Compensation Committee）、卫生服务、公共参与与发展 6 个常设委员会。各常设委员会可根据委员会自身制定的章程来运行，但委员会章程需经董事会批准。除委员会章程有特别规定之外，各常设委员会的成员中应不少于 5 名董事会成员（不包括当然成员），并且董事会总裁、董事会主席和校长作为当然成员加入各常设委员会。在各常设委员会中，还可列入一些与各委员会负责事务相关的无投票权的专家咨询人士。② 与耶鲁大学有所区别的是，加州大学董事会各常设委员会下面还可设立一个或多个小组委员会。小组委员会的权责不得超出所属委员会的范围，并在其小组委员会章程的约束下开展工作。③

（二）校长

在美国，大学校长有很多种称谓。一般来说，“president”是最常见的称谓。但也有一些大学的校长被称作“chancellor”或“rector”。在一些多

---

① Yale University. Bylaws [EB/OL].（2018-01-22）. https://www. yale. edu/board-trustees/governance-historic-documents/laws.

② The Regents of the University of California. Bylaws [EB/OL].（2016-07-20）. http://regents. universityofcalifornia. edu/governance/bylaws/bl20. html.

③ The Regents of the University of California. Bylaws [EB/OL].（2016-07-20）. http://regents. universityofcalifornia. edu/governance/bylaws/bl20. html.

校区大学，有总校的校长被叫作“president”、分校的校长被称作“chancellor”，也有的反过来，总校的校长被称为“chancellor”、分校的校长被叫作“president”。但无论他们被称作什么，大学校长在美国大学治理结构中的地位和作用都是举足轻重的。“作为董事会的代理人，大学校长依据董事会的授权成为学校的首席行政官员，同时也是教授的学术领导者。他们对外代表学校及其价值，对内领导大学的运作，因此无疑是大学最具影响力的人物。”① 美国大学普遍实行董事会领导下的校长负责制。如何确定大学校长的权利范围和职责，以确保大学董事会所确立的大学使命及其所做出的决策能够被校长忠实地贯彻执行，是大学董事会需要解决的重大问题。作为美国大学内部权利划分及其运作的规范性文件，大学章程通常会对校长的职责和权限及其权力运作规范做出较为详细的规定。

1. 校长的职责和权限

校长是美国大学内部最早设立的大学官员之一。根据哈佛大学1642年特许状，哈佛大学设置校长一职。除校长之外，还设置司库职务以掌管大学的资产。由于早期大学规模很小，教师和学生较少，大学校长根据董事会（或监事会）的授权，承担大学的行政和教学等几乎一切责任。美国南北战争以后，随着大学规模的扩展，与大学相关的事务逐渐增多，美国大学开始增设教务长职位以协助校长处理事务。此后，大学又相继设置更多的副校长职位，校长逐渐从总揽大学一切事务的繁重工作中解脱出来，专注于事关大学发展的重要事务，如为大学筹款、编制预算、落实董事会制定的政策、维系大学与政府和社区的关系等。

例如，《加州大学理事会章程》（2016年版）对总校校长职责和权限的规定主要有：（1）在董事会制定的方向、目标和战略的指导下促进大学的发展；（2）落实董事会制定的政策和目标；（3）管理对大学产生主要或全局性影响的活动；（4）经董事会批准，编制和管理大学预算；（5）担任大学的学术领导；（6）营造有利于与法律、法规、政策和伦理原则相一致的大学环境；（7）促进大学社群的多样性发展；（8）维护大

① 欧阳光华．董事、校长与教授：美国大学治理结构研究［M］．北京：高等教育出版社，2011：141．

学的利益和声誉；（9）在对外联系时代表大学；（10）向董事会推荐各分校校长人选或给董事会对分校校长的任命提出咨询意见。①《芝加哥大学章程》（2017 年 5 月修订）对校长职权范围的规定是：（1）任命学术和非学术职员；（2）负责对大学的医疗卫生机构、所有的商业活动进行管理；（3）负责落实所有经董事会正式认可的与教职工有关的政策，以及那些经董事会颁布的与大学管理有关的政策；（4）作为教职工与董事会之间、学生与董事会之间的官方联系纽带；（5）在董事会的年度会议上向董事会提交预算方案以供讨论和批准，并向董事会作大学工作和情况报告；（6）向董事会提交教务长、副校长以及大学秘书的提名名单；（7）给大学其他官员授权或规定他们的职责。②

2. 校长权力的行使方式

根据美国大学治理的传统以及大学章程的规定，校长无疑是美国大学内部除董事会之外最有权势的人物。但随着大学规模的增大以及大学职能的扩展，美国大学校长需要更多的时间和精力考虑大学生存与发展的重大问题。为了减轻大学校长的工作负担，美国大学通过增设大学官员并给他们授权的方式实现大学的有效管理。而设置哪些大学官员，如何规定这些大学官员的权责，此类问题则由大学章程加以确定。

（1）建立大学高级管理团队

遴选大学官员组成大学高级管理团队是现代美国大学校长权力行使的重要途径。至于设置哪些大学官员职位，不同大学有着不同的做法。例如，根据 2017 年最新修订的《耶鲁大学章程》，耶鲁大学除校长之外，还设置教务长、秘书、司库、法律总顾问等大学官员职位，其中秘书、司库和法律总顾问可以根据章程规定任命为大学副校长。在实际运作过程中，耶鲁大学具体设置的大学官员职位包括校长、教务长、设备与校园发展副校长、运营高级副校长、学校事务与法律总顾问高级副校

① The Regents of the University of California. Bylaws [EB/OL]. (2016-7-20). http://regents. universityofcalifornia. edu/governance/bylaws/bl20. html.

② University of Chicago. Bylaws of the University of Chicago [EB/OL]. (2017-05-25). http://trustees. uchicago. edu/sites/trustees. uchicago. edu/files/uploads/files/University Of Chicago Governing Documents. pdf.

长兼校长高级顾问、秘书兼学生生活副校长、全球战略副校长、人力资源与管理副校长、财政副校长兼首席财务官、对外联络副校长、校友事务与发展副校长、校园和项目发展副校长和首席投资官。① 芝加哥大学的官员则包括校长、教务长、副校长兼首席财务官、副校长兼首席投资官和大学秘书。根据《芝加哥大学章程》（2017 年 5 月修订），为了加强大学内部的协调与管理，芝加哥大学还设立校长办公室，其成员包括校长、教务长、副教务长、教务长助理、副校长、副校长助理及其他官员。② 作为一所多校区的巨型州立大学，密歇根大学的官员团队数量及职位比较多，其成员主要包括校长、密歇根大学迪尔伯恩分校校长、密歇根大学弗林恩分校校长、教务长兼学术事务执行副校长、执行副校长兼首席财务官、卫生事务执行副校长兼密歇根大学医学院院长、政府关系副校长、研究副校长、发展副校长、学生生活副校长、副校长兼大学秘书、副校长兼法律总顾问、对外联络副校长等高级官员。③ 从各大学行政职位的设置来看，各大学之间存在一定差异。造成这种差异性的原因比较复杂，主要有各大学的传统、规模、发展战略等。

（2）授权管理

授权管理是美国大学内部权力行使的主要方式。董事会根据特许状或大学章程的规定将大学行政权力授予校长行使。当大学开始设置教务长、副校长等大学行政官员后，大学校长又根据章程的规定将原属于校长的权力分配给相关大学行政官员。在所有的大学行政官员中，大学校长作为首席执行官享有最高行政权力，董事会在任命其他行政官员之前通常会先征询校长的意见或直接由校长提名。这种人事任命关系有利于树立校长的权威。

---

① Yale University. Leadership & Organization［EB/OL］.（2018-01-23）. https://www.yale.edu/about-yale/leadership-organization.

② University of Chicago. Bylaws of the University of Chicago［EB/OL］.（2017-05-25）. http://trustees.uchicago.edu/sites/trustees.uchicago.edu/files/uploads/files/University Of Chicago Governing Documents.pdf.

③ University of Michigan. The Bylaws of the University of Michigan Board of Regents［EB/OL］.（2017-07-20）. http://regents.umich.edu/bylaws/bylaws02.html.

除大学校长之外，教务长在美国大学管理体制中也具有非常重要的地位。例如，《耶鲁大学章程》规定，教务长是地位仅次于校长的教育和行政官员。在校长去世、丧失能力、长期缺席，或在校长请求的情况下，教务长履行校长的职能，直至董事会作出其他任命或安排。①

教务长，英文名为“provost”，有些大学的教务长兼任学术事务副校长。教务长的遴选首先需经校长提名，最后由董事会确定和任命。作为大学仅次于校长的二号人物，教务长的职权范围通常比较广。例如，《耶鲁大学章程》规定教务长的职权有：（1）在校长的授权下，负责监督全校性的教育政策和活动；（2）负责编制学校的运营及资金预算，并将预算提交给校长；（3）作为当然成员加入大学的每个教授会、治理委员会以及所有与教育政策或与教学人员的任命、晋升相关的委员会或其他团体；（4）听取除校长之外的其他学术官员的报告；（5）参加董事会及其重大事务委员会会议。② 弗吉尼亚大学 2017 年最新修订的《监事会手册》（Manual of the Board of Visitors）同样对教务长的遴选和职权作出了规定。作为大学首席学术官员的教务长也是由校长提名和大学董事会批准和任命，并向校长负责。其主要职责有：（1）监管大学所有学院、专业学院和学部的学术事务；（2）向董事会和校长提供有关学术事务的咨询服务；（3）作为学术人员的首席人事官员，在经得校长同意的情况下，向董事会提供有关学术人员的聘任、起薪、晋升、解聘等建议；（4）经授权，可在征询院长、系主任和其他相关行政官员之后，以正当的理由停止任何教学人员的教学资格；（5）参与监管大学预算，并在校长、首席运营官的密切配合下配置大学资源；（6）完成董事会或校长分配的其他任务等。③

---

① Yale University. Bylaws [EB/OL]. (2018-01-23). https://www.yale.edu/board-trustees/governance-historic-documents/laws.

② Yale University. Bylaws [EB/OL]. (2018-01-23). https://www.yale.edu/board-trustees/governance-historic-documents/laws.

③ University of Virginia. Manual of the Board of Visitors of the University of Virginia [EB/OL]. (2017-09-15). http://www.virginia.edu/bov/BOV%20Manual/WEB%20FRIENDLY%20VERSION%20-%20BOV%20MANUAL%20-%20July%202017.pdf.

（三）学术评议会

学术评议会是美国大学教师参与学术治理、行使学术权力的重要平台。在美国大学，学术评议会通常被称为“academic senate”，在有些大学也被称为“academic council”“university senate”或“faculty senate”等。学术评议会制度是欧洲中世纪大学“教授治校”理念在美国大学传播和发展的结果。由于美国大学特殊的治理体制以及教师专业水平和群体力量的限制，学术评议会制度在经历漫长的历史过程后才在美国大学建立起来。19 世纪上半叶，美国只有少量大学建立学术评议会制度。19 世纪后半叶，伴随美国研究型大学的创建，大学教师的地位得到显著提升，美国大学开始建立学术评议会制度。二战以后，在美国政治民主化思潮和大学共同治理理念的影响下，绝大多数的美国大学都建立了学术评议会制度。

1. 人员构成

从学术评议会的人员构成来看，美国大学学术评议会可以分为两种类型：一是完全由教师组成的“纯粹型学术评议会”；二是由大学官员、行政人员、教师、职员以及学生等人员组成的“混合型学术评议会”。在美国大学，大部分的学术评议会属于“混合型”。

例如，芝加哥大学评议会（University Senate）主要由教授、副教授、助理教授、校长、教务长以及副校长组成。① 康乃尔大学教师评议会（University Faculty）的成员由两部分组成，即具有投票权的人员和无投票权的人员。有投票权的人员包括校长、荣誉退休教授、大学教授、住校教授（professors in residence）和伊萨卡、日内瓦校区若干学院及独立学术机构的全体教授、副教授、助理教授以及在评议会的建议下根据大学章程规定特邀的人员和经大学董事会授权的当然成员。无投票权的人员包括医学院的大学教授、教授、副教授和助理教授，以兼职、访问或代理身份在本校工作的上述人员。康乃尔大学章程还规定，董事会有

① University of Chicago. Bylaws of the University of Chicago [EB/OL]. (2017-05-25). http://trustees. uchicago. edu/sites/trustees. uchicago. edu/files/uploads/files/University Of Chicago Governing Documents. pdf.

权在评议会的推荐下选择其他人员参加大学评议会。①《加州大学理事会规程》规定，加州大学学术评议会的组成人员有校长、副校长、各分校校长、副校长、各学院院长、学术项目主任、各分校首席招生官员、校长办公室主任、教务主任、各分校图书馆馆长以及全体教师。但在该校工作未满两年的教员没有投票权。② 哥伦比亚大学评议会的成员来源比较广，共由 5 类人员组成，其中包括学生和职员，其成员构成具体如下：（1）行政官员，如校长、教务长、文理研究生院院长、哥伦比亚学院院长以及由校长指定的 5 名行政官员；（2）42 名没有固定任期的教授或副教授、16 名有着固定任期的教学官员；（3）24 名学生；（4）5 名大学附属机构代表；（5）2 名专业图书馆员；（6）6 名学术研究人员；（7）2 名行政职员；（8）2 名校友代表。③

2．组织结构及其职权范围

在学术评议会内部设立执行委员会和各种专门委员会是美国大学的通常做法。执行委员会的主要功能是主持学术评议会的日常工作和代行学术评议会的部分职能；各专门委员会则主要负责学术评议会所分配的任务。

密歇根大学评议会的执行委员会是评议会理事会。评议会理事会由 74 名大学评议会成员代表组成。这些代表根据每个学院的评议会成员人数按一定比例选举产生。理事会每三年按比例重新选举一次，理事会成员的任期分别为 3 年，每年到期成员的调整比例大约为三分之一。任期届满的成员不能接着连任。评议会理事会是大学评议会的立法机构。除非或直到评议会推翻理事会所做出的决议，理事会的行动具有评议会行

---

① Cornell University. Bylaws of Cornell University [EB/OL]. (2017-05-27). https://trustees.cornell.edu/Shared%20Documents/17-5%20bylaws%20w-TC.pdf.

② University of California. Standing Orders of The Regents of the University of California [EB/OL]. (2018-01-25). http://regents.universityofcalifornia.edu/governance/standing-orders/index.html.

③ Columbia University. The Bylaws, Statutes and Rules of the Columbia University Senate [EB/OL]. (2010-04-02). http://senate.columbia.edu/topbar_pages/defining_docs/senate_bylaws_20100402.pdf.

动等同的效力。理事会的会议向全体评议会成员开放。理事会有权对所有涉及评议会职权范围内的事务进行考虑或作出建议。这些事务包括：影响大学作为高等学校功能发挥的问题；有关大学对本州和对本社区的义务问题；有关大学内部组织问题，以及这些内部组织所涉及的教育政策的一般性问题。在学校制定的相关政策未实施之前，理事会可对有关政策任何方面的问题向校长提出建议和咨询。理事会有权要求大学的任何职员提供信息，并邀请他们列席会议以备咨询。各常务委员会和特别委员会可以向理事会提交报告，并将有关报告提交给理事会以供研究；然后再由理事会将报告以及其他建议一并转呈评议会。理事会应随时与评议会交流和沟通。在每学年评议会的冬季会议召开之前，理事会应提交一份有关其活动的正式报告。此外，密歇根大学学术评议还在评议会理事会之外设立评议会大学事务咨询委员会（Senate Advisory Committee on University Affairs，SACUA）。该咨询委员会由 9 名成员组成，任期 3 年，他们由理事会从其成员中选举产生。它可代表评议会理事会就大学的有关政策问题向校长提出建议和咨询；咨询委员会还拥有理事会成员的提名权和监督权，并履行大学章程或理事会分配的其他职能。①

芝加哥大学评议会的执行委员会是其评议会理事会（The Council of the University Senate）。芝加哥大学评议会理事会由 51 名从评议会成员中选举产生的成员组成。校长和教务长是理事会无投票权的当然成员，并担任理事会的主席和副主席。在赞成票和否决票相同的情况下，理事会主席才有权投票以打破僵局。在校长和教务长都缺席的情况下，理事会由某个学部的主管（dean）主持会议。理事会每年进行一次提名和选举以替换任期届满的成员。评议会理事会在芝加哥大学具有非常高的地位，是芝加哥大学的最高学术权力机构。除保留给董事会、校长办公室或其他管理机构的立法权力之外，理事会拥有其他所有的立法权力。

---

① University of Michigan. The Bylaws of the University of Michigan Board of Regents [EB/OL]. (2017-07-20). http://regents. umich. edu/bylaws/bylawsrevised_07-17. pdf.

具体来说，理事会拥有以下管辖权：（1）涉及一个或多个管理机构的事务；（2）其他管理机构作出的对大学的整体利益造成影响的任何行动。①

3．学术评议会的权力运行机制

学术评议会是美国大学有关学术事务的代议机构。通过召开会议对学术事务进行决策是学术评议会权力运行的主要方式。

在加州大学，各个分校都建有自己的学术评议会分会。在加州大学伯克利分校，其分会每年召开两次常规会议。一次在秋季学期，另一次在春季学期。学术评议会召开的具体时间由该校的分会理事会确定并公布。分会的主席和秘书负责定期会议的日程安排。除常规会议之外，伯克利分校学术评议会可在校长要求或7名具有投票权的成员书面请求的情况下召开专门会议。专门会议由主席召集。如果主席缺席或不能胜任，由副主席负责召集。在分会理事会多数成员同意的情况下，主席可召开紧急会议。主席缺席或不能胜任时，可由副主席召集紧急会议。会议的法定参与者为分会50名具有投票权的成员。②

在密歇根大学，学术评议会在每年的冬季学期召开1次会议。会议由评议会理事会主席主持。主席缺席的情况下，由副主席主持。学术评议会理事会是学术评议会的立法机构。评议会理事会会议召开的次数由理事会决定，但评议会理事会每年至少召开一次与大学执行官员的碰头会议。评议会理事会会议向评议会的全体成员开放，出席人数达到半数以上即达到会议的法定人数。为了选出理事会成员加入下一年度的学术评议会大学事务咨询委员会（SACUA），理事会还会在该年度的最后一次会议上进行选举。大学事务咨询委员会可在其认为合适的时候召开委员会会议。在选举时，评议会秘书应将咨询委员会的成员资格（the

① University of Chicago. Statutes of the University of Chicago [EB/OL]. (2016-05-26). https://trustees. uchicago. edu/sites/trustees. uchicago. edu/files/uploads/files/UniversityOfChicagoGoverningDocuments. pdf.

② University of California, Berkeley. Bylaws of the Berkeley Division of the Academic Senate [EB/OL]. (2017-05-03). https://academic-senate. berkeley. edu/sites/default/files/bylaws_05. 03. 17. pdf.

membership of SACUA）告知大学理事会。①

第四节 美国大学章程的法律效力

所谓法律效力，即法律的约束力，是指“法律对什么人、什么事、在什么地方和什么时间有约束力”②。美国大学章程不仅是大学取得合法地位的标志，同时也确立了大学与政府、大学与社会、大学与师生之间的契约关系。大学章程不仅约束各利益主体的行为，同时也保障他们的合法权益。

一、确立大学的法律依据

大学是制度化的产物。12 到 13 世纪，欧洲意大利的博洛尼亚大学、法国的巴黎大学、英国的牛津大学、剑桥大学在不同时期通过教皇、皇帝（国王）所颁发的特许状或所作的判决，逐渐从学者行会转变为具有一定自主权或特权的大学法人或半法人实体。③ 1568 年英国王座法庭的一个判例和 1612 年的“苏顿医院案”的判决，明确规定只有王室或经王室授权的机构才能设立法人。④ 英国的牛津大学和剑桥大学于 1571 年通过英国王室颁布的《牛津和剑桥大学法》，实现从普通法意义上的学术法人向成文法意义上的学术法人的转变。

---

① University of Michigan. The Bylaws of the University of Michigan Board of Regents [EB/OL].（2018-01-27）. http://regents.umich.edu/bylaws/bylaws04.html#6.

② 沈宗灵. 法理学 [M]. 北京：北京大学出版社，2009：307.

③ 1214 年，尼古拉斯主教对 1209 年牛津大学与市民流血冲突所做的判决，初次将牛津大学作为法人团体。由于该判决书虽带有特许状的一些要素但并不充分，此时的牛津大学仍然只是一个临时法人团体或半法人团体。参见：张国有. 大学章程：第四卷 [M]. 北京：北京大学出版社，2012：2.

④ 英国王座法庭（the Court of King's Bench）在 1568 年的一个判例中规定，臣民不能创设法人，只有王室可以授权设立法人，并要求臣民严格按照皇家授予的权力行事。在此情况下，臣民的行为被看作王室的行为。在 1612 年的“苏顿医院判例”（the Case of Sutton's Hospital）中，库克勋爵（Lord Coke）也明确指出，“除了国王之外，任何人不得创设法人”。参见：HERBST J. From crisis to crisis: American college government, 1636-1819 [M]. Cambridge: Harvard University Press, 1982: 14.

17 世纪以后，随着英国殖民者的到来，英国的学术法人制度被引入北美大陆的英属殖民地。获得法人身份与没有获得法人身份对于大学的地位及其运行有着非常大的影响。例如，获得法人地位的大学可以跟自然人一样拥有诸如起诉和应诉等民事权利和其他一些特权，使得大学在处理大学与政府或社会的关系时能够与之处于相对平等的地位。另一方面，殖民地学院的早期经验表明，大学获得法人身份便于对大学的重大事务作出决策。例如，作为法人或法人机关的大学董事会可以按照少数服从多数的原则对大学的有关事务进行表决和决策，但如果是以合伙人的身份组建大学的董事会，则需要董事会所有成员同意才能对大学的重要事务进行决策或处置，这无疑会影响大学的顺利运行。因此，殖民地学院的创办者在向殖民地当局或英国王室申请特许状时，他们通常都要求同时设立大学法人。根据英国的普通法，大学法人必须经国家最高统治者授予的特许状方可设立。由于殖民地特殊的自然和治理环境，殖民地学院可以向殖民地当局或向英国王室申请大学法人。而在法人的构成上，殖民地学院以英国学术法人制度为基础，同时结合英国的信托制度，建立“法人—董事会”制度，即由外部人士组成董事会行使法人权力。建国以后，殖民地时期的“法人—董事会”制度被保存下来。大学法人的设立仍须通过权威机构的批准，只不过根据《美国联邦宪法第 10 修正案》的规定，教育属于各州的保留权力。因此，各州立法机关颁发的特许状或颁布的宪法、法令成为美国大学设立的法律依据。大学特许状或各州颁布的宪法、法令的有关条款是美国大学章程的重要组成部分。因此，从这个视角来看，大学章程（特许状）相应成为美国大学设立的前提和基础。

二、维护大学的自治权力

大学自治是西方高等教育的重要理念。大学自治意味着大学可以按照自己的意愿自行决定和管理自身事务。大学与政府以及其他社会组织的最大区别在于，大学是以高深知识的传播与研究为宗旨的社会组织。大学对自身事务是否具有话语权，与大学自身的发展和高深知识的传播与研究有着密切的关联。美国大学的自治原则在殖民地时期通过大学法人制度得以初步确立。而大学章程正是大学自治原则得以制度化的关键所在。

17世纪初期，英国殖民者在创建北美高校的时候，巧妙地结合英国学术法人制度、信托制度和加尔文教外行人管理的制度经验，创建了“法人—董事会”的治理体制。基于殖民地学院建校的历史条件和背景，这种由外行人控制的董事会制度，既在一定程度上考虑政府和社会对于大学事务的关切，同时也使得大学董事会可在特许状授权的范围内自主决定学校的一切事务。这等于在大学与政府和社会之间架起一座沟通的桥梁，同时也设立了一扇篱笆。政府官员和社会人士进入大学董事会，可以及时将政府、社会对于大学的利益诉求通过董事会这座桥梁与大学进行沟通和交流。同时，由于董事会是大学的法人或法人机关，政府与社会对大学的利益诉求或干预只能通过董事会作为中介才能实现，从而避免大学受到政府与社会的过多干扰。当然，这种大学的自治并非是绝对的。美国建国以后，各州政府曾凭借其政治和经济的优势，无视大学特许状的规定，强行改组多所大学的董事会，以达到其控制大学的目的，最后引发了著名的达特茅斯学院案。

三、规范大学的办学行为

在大学的设立和运行过程中，政府虽然通过大学章程授予大学相当多的权利，但权利与义务总是相伴相生的。作为一种建立在信托制度基础上的公益性教育机构，美国大学在其运行和发展过程中，必须考虑和维护大学捐赠人、创办者、政府、公众以及师生的利益。为此，在州政府为大学颁发的特许状或董事会制定的大学章程中会有相关的制度措施来规范大学的办学行为，以保护各利益相关者的利益。

第一，要求大学制定的规章制度符合联邦和州的法律规定。现代大学是高度组织化和制度化的学术机构。大学组织的运行建立在一套制度规范的基础之上。但是，任何一个组织或个人都有可能为了自身的利益而脱离国家或地区法律的规范，做出有违国家或地区法律的行为。因此，从制度上作出合法性要求是保证包括政府在内的各利益相关者切身利益的有效手段。法律是一个国家或地区人民利益的集中体现。为此，美国大学特许状的颁发者或章程的制定者一般都在相关文件中要求大学所制定的内部规章制度必须符合联邦或州的法律规定。

例如，对哥伦比亚大学办学行为仍有规制作用的1810年哥伦比亚大学特许状（Charters and Statues of Columbia University）规定："上述董事会及其继任者拥有制定所有法令和章程的完全权力和权威……但前提是，这些法令或章程……不得与本州宪法和法律相冲突，亦不得与联邦宪法和法律相关违背。"① 美国大学章程（特许状）的这些规定从制度上保证大学依法运行。

第二，要求大学的经营行为不得损害捐赠人的意愿。在美国，即使是州立大学也会接受大量的捐赠，更不用说那些没有政府拨款的私立大学。根据美国国家教育统计中心的统计，1992—1993年度，在全美高等教育经费中，捐款所得与赠予部分的经费占全美高等教育总经费（1710亿美元）的8%，即有近137亿美元之多。② 另据有关报告数据显示，在参与研究的835所美国学院或大学中，其运营预算的8.8%来自由捐款所得建立的基金。③ 由此可见，捐赠资金在美国大学运营中发挥着重要的作用。出于对捐赠人利益的保护和避免捐赠资金的滥用或损失，美国大学章程通常会对此作出专门规定。例如，密歇根大学董事会章程要求，如果大学支出来自捐赠或信托基金，校长、常务副校长以及首席财政官要对该支出负完全责任，并遵从捐赠人所提出的要求和经得董事会的批准。④ 事实上，早在1650年，马萨诸塞殖民地议会在其颁发给哈佛的特许状中就明确规定："为了更好地管理该学院和法人，本议会授权

① Columbia University. Charters and Statues of Columbia University in the City of New York [EB/OL]. (2018-01-27). http://secretary.columbia.edu/files/secretary/university_charters_and_statutes/University%20Charters%20and%20Statutes_June2017.pdf.

② 阿尔特巴赫，等. 21世纪美国高等教育：社会、政治、经济的挑战 [M]. 陈舜芬，等译. 北京：北京师范大学出版社，2005：152.

③ 余蓝. 美国大学捐赠基金法律制度研究：从募捐到基金投资 [J]. 中国高教研究，2005 (3)：52-56.

④ University of Michigan. The Bylaws of the University of Michigan Board of Regents [EB/OL]. (2017-07-20). http://regents.umich.edu/bylaws/bylawsrevised_07-17.pdf.

校长和其他三名以上经校长提议或通知的评议员可以召开会议来讨论对有关土地的收益和税收事务的处置并做出决定，但所有这些处置都要遵照捐赠人本人的意愿。”①

第三，要求大学的办学行为接受政府和民众的监督。大学章程一方面授予大学法人各种权力，另一方面规定大学所应承担的社会责任。大学利益相关者则根据大学章程的规定对大学的办学行为及其相关承诺进行监督。例如，为了使公众对大学权力机关的决策过程及其结果有所了解，《弗吉尼亚大学监事会手册》（2004 年版）就董事会公开会议的会议日程、受理通知、经批准的会议纪要作出具体要求。例如，公开会议的会议议题材料应根据适用法律规定提供给公众；经董事会及其各专门委员会批准的受理通知应在下次会议前尽快公之于众；经认可的公开会议纪要在被批准后通过可行途径及时公布。② 而闭门会议的信息则根据信息的性质选择性地公布。当然，由于大学性质的不同，大学所受监督的程度也有所不同。总体而言，由于公立大学的办学资金主要来源于公共财政，其所受到的监督更为广泛。但那些接受联邦政府或州政府资助的私立大学也要接受政府的监督。例如，《康乃尔大学特许状》（2012 年修订）规定，康乃尔大学董事会每年 9 月要将纽约州拨付或提供给纽约州立兽医学院、纽约州立人类生态学院、纽约州立农业与生命科学学院的资金和物质的开支或使用情况报告给纽约州立大学理事会。③

---

① ELLIOTT E C，CHAMBERS M M，et al. Charters and basic laws of selected American universities and colleges [E]. New York：the Carnegie Foundation for the Advancement of Teaching，1934：211.

② University of Virginia. Manual of the Board of Visitors of the University of Virginia [EB/OL]. (2016-10-01). http://www. virginia. edu/bov/BOV%20Manual/WEB%20FRIENDLY%20VERSION%20-%20BOV%20MANUAL%20-%20July%202017. pdf.

③ Cornell University. Charter of Cornell University [EB/OL]. (2012-03-26). https://trustees. cornell. edu/Shared%20Documents/Charter%20March%2030%202012. pdf.

四、规制大学权力的运行

美国大学是一个复杂而又不断变化的权力场。根据权力的类型划分，美国大学内部权力大致可分为决策权力、行政权力、学术权力；根据权力行使的主体来划分，美国大学内部权力又可分为董事会权力、行政人员权力、教师权力和学生权力。一种理想的状态是各权力主体按照权力分工原则各司其职，分工合作，以保证大学的顺利运行。但由于大学事务的复杂性和各主体之间利益的多元性，各种权力的划分或各种权力在不同权力主体之间的分配并非泾渭分明，重叠、交叉的现象较为普遍。而且，随着社会政治、经济和文化以及大学自身的发展，各权力主体的力量也会发生不同程度的变化，而这势必导致对权力进行重新分配的诉求和斗争。那么，如何在各权力主体之间合理分配权力，并规范其权力的运行，从而形成高效、合理的大学权力运行机制，成为作为大学“宪法”和“自治法”的大学章程的首要任务。

第一，从权力分工的视角明晰权力主体的权责。科学合理的权力分工是保证大学顺利运行的首要前提。经过多年的发展和演进，美国大学依据共同治理的理念，建立“董事会—校长—学术评议会”为主体的共同治理结构，并对董事会、校长和学术评议会的职责和权限作出明确的规定。总体而言，董事会是大学的法人机关和最高权力机构，拥有选聘校长的权力和大学事务的最终决策权；校长则是大学的首席执行官，根据董事会的授权，负责大学行政事务和学术事务决策的执行；学术评议会则是大学学术事务的代议机构，主要负责就影响学校、两个或两个以上院系的学术政策向董事会或校长提供建议或咨询，并在董事会的授权下制定有关学位授予的条件、跨院系的课程设置等事宜。当然，在不同的大学中，董事会、校长和学术评议会之间的具体权限有很大差异。

第二，从程序上明确权力的运行机制。“权力是一些人对另一些人造成他们所希望和预定影响的能力。”① 权力在没有被运用之前，它只是一种抽象意义上的能力。要将抽象意义上的能力转变为现实的权力，只有

① 顿纳斯·德·隆．权力：它的形成、基础和作用［M］．纽约：牛津大学出版社，1979：2．

在这种能力对他人施加影响的过程中才能实现。在现代民主国家，权力，特别是公权力的行使必须建立在一定的合法程序之上才具有法律上的合法性。美国是一个法制健全的民主国家。大学内部的权力运行必须遵循一定的程序。即便是作为大学最高决策机关的董事会，同样要根据特许状或大学章程规定的程序来行使权力。例如，在对大学事务进行决策时，董事会需要在规定的时间范围内通知有关董事会成员参加会议，在规定的时间内按一定的方式提交提案，而会议所作出的决定或决议是否有效，则需要董事会考虑参会人数和投赞成票的票数是否符合法定人数和票数。同样，作为大学首席执行官的校长及其行政团队，其权力来源于董事会和大学章程的授权。如果没有得到授权，校长及其行政团队的所作所为就属于越权，需要承担相应的后果。

第三，从制度上建立权力冲突协调机制。19 世纪下半叶，随着美国高等教育从传统学院向现代大学的转型，大学治理结构逐渐发生变化。最为突出的是以教授为主体的教师群体开始走向大学治理的中心舞台，与董事会、校长分享大学权力。美国大学开始从“董事会—校长”向“董事会—校长—学术评议会”治理结构演变。大学治理结构的变化势必引起大学权力在各治理主体之间分配的变化。其中，变化最大的当属校长的部分权力转移到学术评议会和教授会。但是，由于校长在名义上既是行政事务的最高领导，同时在学术事务上也有监管之责，校长的权力必然与学术评议会的权力发生一些冲突。另外，除学术评议会理事会之外，其他的管理机构对学术事务也有管辖权。为了避免因管辖权重叠或交叉所带来的冲突影响大学的顺利运行，美国大学在其章程中建立了一套冲突协调机制和仲裁机制。例如，在管辖权协调方面，《芝加哥大学章程》（2017 年修订）规定：校长和学术评议会理事会之间的管辖权问题由董事会来确定；学术评议会理事会和其他管理机构之间的管辖权问题则由校长来确定。在争议仲裁方面，芝加哥大学的章程也作出了相关规定。例如，当校长与学术评议会理事会或其他管理机构对某些行动方案产生异议时，校长可以在行动方案实施前提请理事会予以重新考虑。但当理事会经过重新考虑后仍赞同按原行动方案实施时，理事会需要将附上证明材料的行动方案提交给大学董事会仲裁。董事会的意见为最终决定。①美国大学章程的这种权力协调与争议仲裁机制，既维护董事会、校长和学术评议会的权威，也可以在一定程度上避免各权力主体之间因意见不一致而造成行动推进不力。

五、保障大学师生的权利

教师和学生是当代美国大学最大的两个群体。但长期以来，美国大学的教师和学生的权利很少受到重视。直到19世纪末，特别是20世纪60年代以后，教师权利才逐渐受到更多关注。而教师权利之所以受到重视，一方面是因为现代大学的发展越来越离不开高水平的教师；另一方面是因为教师们的抗争和相关专业组织的呼吁。如今，美国许多大学均将教师权利作为重要内容纳入大学章程之中。同时，教师们也将大学章程的相关规定作为保障自身利益的法律依据。由于各大学的校情、州情不一，其大学章程在对教师权利的规定上也有很大差别。归纳起来，各大学章程对教师权利的规定主要有以下几个方面：

第一，治理参与权，包括参与学校和学院事务的治理权。在学校事务治理方面，美国大学教师主要通过参与董事会，尤其是学术评议会的方式来实现。董事会是美国大学的最高决策机构。20世纪六七十年代以后，随着共同治理的理念逐渐为美国大学所接受，一些大学开始吸收少量的教师代表进入大学董事会，从而使教师得以在学校的一些重大事务的决策上发挥其影响力。但在美国大学，教师进入董事会的机会依然比较少，他们主要通过学术评议会来参与大学事务的治理。教师是美国大学学术评议会的主体，有些大学的学术评议会成员甚至全部由教师组成，他们主要负责对学校的学术政策提出意见和建议。

第二，学术职务聘任权。在美国，大学通常实行“非升即走”的教师聘任制度。在一般情况下，除那些已获得终身教职的教师之外，教师只能在某一学术职位上受聘一定年限，年限已满而未达到晋升条件者，除非经相关教师评价委员会同意原职续聘，否则就可能被终止聘任。而

① University of Chicago. Bylaws of the University of Chicago [EB/OL]. (2017-05-25). http://trustees.uchicago.edu/sites/trustees.uchicago.edu/files/uploads/files/UniversityOfChicagoGoverningDocuments.pdf.

达到学术职位晋升条件的教师，不仅其学术职位得到晋升，而且可以获得相应的续聘权。

例如，《芝加哥大学章程》（2016 年）对各种学术级别教师的任职期限和晋升条件作出了明确的规定。在芝加哥大学，其教师队伍主要由教授、副教授、助理教授、学院助理教授和教员组成。全职教员在 3 年的任期届满并获得为期 1 年续聘的情况下，该教师所在的学院或研究所要对该教师进行评价，并向相应学院（系、所）院长（主任）做出晋升助理教授或终止聘任的建议。拥有助理教授职位的教师，其所在学院或研究所应在首个任期的最后一年对该教师进行评价，并向所在学院（系、所）的院长（主任）做出续聘或在任期届满后不再续聘的建议。获得续聘资格的助理教授，在第二个聘期的后一年，也由所在学院（系、所）进行评价，并做出晋升副教授或不再续聘的建议。被聘为副教授的人员，其任期可以是 5 年，也可以是无任期限制续聘。在聘期最后一年（第 5 年），由各系对该教师的任职情况进行审查，并向系主任作出相关建议。建议主要有三个方面：一是续聘；二是晋升到教授职务；三是不再续聘。①

第四，学术自由权。学术自由是指大学师生在教学和研究过程中可以自由发表言论，不必因此受到来自政府、教会或他人的干预。学术自由是大学师生开展学术研究和教学活动的基本保证。20 世纪之前，美国大学并不存在真正意义的学术自由。直到 20 世纪初，学术自由理念才在美国大学出现，并通过终身教职制度和共同治理制度得以制度化。以后，经过多年的努力，很多高校将有关保障学术自由的方式和途径的条款载入其章程之中。但是，任何自由都是相对的，这点必须明确。

例如，2017 年 6 月修订的《哥伦比亚大学章程》专门在“学术自由与终身教职准则”（Code of Academic Freedom and Tenure）一节中对教师的学术自由权利作出明确的规定。该章程指出：“学术自由意味着所有

---

① University of Chicago. Charters and Statutes of the University of Chicago [EB/OL]. (2016-05-26). https://trustees.uchicago.edu/sites/trustees.uchicago.edu/files/uploads/docs/UniversityOfChicagoGoverningDocuments.pdf.

教学人员都有在课堂上自由讨论其研究主题的权利，同时意味着他们享有研究和发表成果的自由，并不会因为在私人或民事行为中发表意见而受到大学的惩罚。”当然，学术的自由并非没有边界。《哥伦比亚大学章程》同时也提醒教学人员“应时刻铭记因其在学术共同体中所处职位而产生的特殊义务”①。而加州大学在其章程中也明确规定，“董事会认可教师通过学术评议会参与加州大学的共同治理，以保证教学、科研和服务的质量，以及维护学术自由”②。宾夕法尼亚大学董事会在其2016年修订的章程中表示“本校认识到终身教职制度的重要性，它是在教学和学术研究中培养和保护学术自由的卓越手段”，并宣称“宾夕法尼亚大学的政策是维护和鼓励调查、言论、教学、研究和出版自由，并保护每一位学术人员免受来自校内或校外的影响”③。

第五，不公待遇申诉权和听证权。比如2017年6月修订的《哥伦比亚大学章程》规定，哥伦比亚大学的教学人员如因健康等各种原因被辞退，或因种族、性别、年龄、来源国等原因受到歧视或被区别对待，或因违反学术自由而得不到续聘或升迁，可以向教师事务委员会（the Faculty Affairs Committee）申诉。教师事务委员会可以对该案件进行调查，并提出问题的解决办法。如果案件仍未得到解决，教师委员会可召开正式的听证会。④

---

① Columbia University. Charters and Statues of Columbia University in the City of New York [EB/OL]. (2018-01-28). http://secretary. columbia. edu/files/secretary/university_charters_and_statutes/University%20Charters%20and%20Statutes_June2017. pdf.

② University of California. Bylaws of the Regents of the University of California [EB/OL]. (2016-07-20). http://regents. universityofcalifornia. edu/governance/bylaws/bl20. html.

③ University of Pennsylvania. Statutes of the Trustees [EB/OL]. (2018-01-28). https://secretary. upenn. edu/trustees-governance/statutes-trustees# eleven.

④ Columbia University. Charters and Statues of Columbia University in the City of New York [EB/OL]. (2018-01-28). http://secretary. columbia. edu/files/secretary/university_charters_and_statutes/University%20Charters%20and%20Statutes_June2017. pdf.

基于美国大学的传统观念，学生通常被认为是尚未成熟的人，是大学服务和管理的对象，因此，作为大学治理基本文件的大学章程较少涉及学生权益方面的内容。20世纪六七十年代，随着美国学生运动的蓬勃发展和共同治理理念为越来越多的大学所接受，学生作为大学重要的利益相关者开始进入一些大学的决策机构或代议机构，参与大学的治理。例如康乃尔大学、加州大学、哥伦比亚大学、斯坦福大学等著名大学的董事会或学术评议会都接纳了数量不等的学生代表。学生代表加入美国大学的决策机构或代议机构，在美国大学治理过程中发出学生的声音，对于维护学生的合法权益有着重要的促进作用。

总之，大学章程是美国大学治理的基本制度。作为美国高等教育法律制度体系的重要组成部分，美国大学章程在确立大学的法律依据、维护大学的自治权力、规范大学的办学行为、规制大学权力的运行、保障大学师生的权利方面发挥着举足轻重的作用。美国大学章程法律地位的取得及其在大学治理中所发挥的基础性作用，一方面源于美国大学章程有着坚实的法律基础和严谨的制定程序，另一方面在于美国大学章程不断适应美国的政治法律制度以及大学自身的变革与发展。美国的政治、法律制度为美国大学章程确立了存在的合法性；而大学章程能够根据大学组织内外环境的发展变化及时调整大学组织的内外关系及其治理结构，并不断丰富大学章程的内容，使大学章程不断获得新的生命力。

第三章　美国大学章程的理念分析

美国大学章程在一定程度上反映章程的制定者与当时社会的主流价值理念。为了探寻美国大学章程的本质，本章在系统梳理美国大学章程的历史演进和现实状况的基础上，透过美国大学章程的具体事实，探寻与解析美国大学章程所蕴含的主要理念。对美国大学章程进行理念分析，不仅可以体现美国大学章程研究的学术旨趣，也可以为我国大学章程的建设提供可资借鉴的经验。

理念包含两层含义：一是指对事物的看法，是一种思维活动的结果；二是指理性的观念，即希腊语中的“idea”，是表象或客观事物在人脑里留下的概括的形象。① 理念与观念相关联，上升到理性高度的观念即为理念。美国大学章程的理念，指美国大学章程的制定主体对美国大学相关事物的看法和对美国大学治理活动的理性认识。由此可见，美国大学章程的理念包含着美国大学章程制定者的价值观，反映出美国大学章程制定者的价值取向。对美国大学章程的理念意涵进行分析，就是对美国大学章程的价值观分析。

对于美国大学章程的价值观分析，首先需要理清“价值”的概念。最初，“价值”出现于经济社会学领域，其意义可简单地表示为“物品的价格”。之后，马克思在《资本论》中将其意义引申为“商品中凝结的无差别的社会必要劳动”，使得“价值”成为这一领域的中心术语。直到19世纪末期，在尼采等哲学家的推动下，“价值”在哲学领域具有更为广泛的使用意义，价值理论在哲学领域中占有重要的地位。在美

① 夏征农. 辞海 [M]. 上海：上海辞书出版社，1989：1367.

国，第一次世界大战以后，“价值”的概念被广泛讨论，随着杜威、泰勒等人研究的发展，价值被扩展到社会学、人文学、心理学，乃至教育学领域。①

时至今日，在教育学领域中，对于“价值”这一概念的研究，仍旧处于众说纷纭、见仁见智的争议状态。但总体而言，在我国，价值的概念界定有三种：一是属性说。属性说认为价值是一种属性或是性质。客观属性派认为价值是属于客体本身的一种属性，即事物有什么样的属性，就具有何种价值；主观属性派则认为价值取决于主体的需求而并非客体自身；中间派则认为价值是作用双方所固有的一种性质，并且这种性质不是自然生成的，而是随着人类社会的发展，在参与主体的实践过程中产生的。价值属性说的观点坚持价值概念的客观性，却并未解释同一价值客体面对不同主体时产生不同属性的原因，因而价值属性说的观点具有一定的局限性，并容易与哲学领域的价值概念相混淆。二是关系说。关系说认为价值并非客体或主客体双方所带有的属性，而是在主体与客体发生作用时产生联系的关系，有学者认为价值是客体为了满足主体所产生的一种对应的关系，有的则认为满足主体的范围过于宽泛，价值应当是客体为了满足主体某一项效用时所产生的联系双方的关系，还有学者认为价值是联系主体，并促进主客体发展的具有一定方向的关系，这种界定并没有将价值主体局限于人，因而具有相当的普适性。三是综合说。综合说认为价值既是属性也是关系，这种界定比较全面，在目前的学术界受到的认同度也较高。例如，李顺德与袁贵仁认为价值是“客体对主体需要的满足、适合、接近或一致，价值的本质是主体本质力量对象化或主体性对象化”②。李连科认为“价值是客体与主体需要之间的一种特定的（肯定与否定）关系”③。王玉樑认为“价值的本质是客

① 米俊魁．大学章程价值研究［D］．武汉：华中科技大学，2005：41．

② 汝信，陈筣泉．20世纪中国学术大典·哲学［M］．福州：福建教育出版社，2002：358．

③ 汝信，陈筣泉．20世纪中国学术大典·哲学［M］．福州：福建教育出版社，2002：357．

体主体化，是主客体相互作用中客体对主体本质力量的效应”①。本章关于美国大学章程的价值观分析，其“价值”的含义建立在“主体需要与客体的属性在实践的基础上产生的一种效用关系即为价值”② 这一概念的基础之上。

由价值的含义可以看出，价值建立在实践过程的基础上。在这一过程中，主体会逐渐产生对客体的判断与衡量标准的观念，即为价值观。目前，价值观的概念被广泛用于各个领域。20 世纪 50 年代美国人类学家克莱德·克拉克洪（Clyde Kluckhohn）认为价值观是一种外显的或内隐的，有关什么是“值得的”的看法。③ 这一关于价值观内涵的界定，成为西方价值观实证研究的基础。而我国学者则对价值观与价值观念进行了更为细致的辨析。李德顺教授认为：时下社会上经常说及的“价值观”，应该当作“价值观念”来解释。价值观念作为人类特有的一种精神形态，它是人们关于基本价值的信念、信仰、理想的系统。价值观念的功能，在于它成为人们内心深处的评价标准系统。④ 袁贵仁教授则认为价值观不同于价值观念，二者的区别在于价值观念是指关于某类事物的意义或价值状况的看法，价值观是指关于价值的根本看法，价值观比价值观念更为根本，它是价值观念的核心与基础。⑤ 本研究更加倾向于李顺德教授的观点。

通过以上分析可以看出，美国大学章程的理念是章程制定者关于美国大学各项活动基本价值的信念、信仰、理想的系统，是美国大学各项活动的评价标准。美国大学章程之所以能够成为美国大学治理的依据与准则，在大学中具有举足轻重的地位，受到美国大学乃至美国社会的普

---

① 汝信，陈箱泉. 20 世纪中国学术大典·哲学［M］. 福州：福建教育出版社，2002：359.

② 马俊峰. 90 年代价值论研究述评［J］. 教学与研究，1992（2）：57-61.

③ 文萍，等. 不同时期我国青少年价值观变化特点的历时性研究［J］. 青年研究，2005（12）：1-8.

④ 李德顺. 价值论：一种主体性的研究［M］. 3 版. 北京：中国人民大学出版社，2013：137.

⑤ 袁贵仁. 价值观的理论与实践［M］. 北京：北京师范大学出版社，2013：131.

遍认可，是因为美国大学章程蕴含着一些人类所共同尊奉的价值诉求，例如法治、自由、民主、效率等。正是这样一些价值取向，共同构建了美国大学章程的理念体系。

第一节　法治：契约精神与秩序建构

美国大学章程制度起源于欧洲大学特许状制度，章程的文本是美国大学章程主体通过协商的方式达成的协议，也就是一种契约。经过三百多年的发展，美国大学章程制度已经形成比较完善的现代大学制度。从源头上来看，特许状的合法性是源自其颁发机构，不管是王室、教会，还是殖民地议会，都属于权力机构。由具有权威性的权力机构颁发，能够赋予大学特许状特定的法律性质，这是一个大学法律地位的重要保障。大学特许状发挥着保障学校健康发展的重要作用。

基于大学特许状制度演化而来的美国大学章程，继承了特许状的法律性质与法律地位，具体表现在：（1）大学章程明确大学的法人性质，确立大学自身的合法地位，是大学自治中的宪章。例如，康乃尔大学在其章程中明确指出："其首要目标和权力将依照纽约州教育法第 115 章的特许状设定，这些目标和权力还受其他适用的教育法和非营利法人法的约束。依据最初的 1865 年特许状，康乃尔大学仍为赠地学院。依此，大学仍继续行使联邦和州法律赋予的相关的所有权利和义务。"① （2）美国大学章程明确规定学校与外部的关系，具有超出大学自身的法律效力，为大学制度的构建提供法律基础。例如，耶鲁大学在其 2017 年通过的最新《大学章程》中规定："耶鲁大学董事会的 3 名当然董事除大学校长之外，包括康涅狄格州的州长和副州长。"同时，"除大学法人代表之外，学校有一名负责纽黑文市和州事务及学校发展的副校长（The Vice President for New Haven and State Affairs and Campus Development），

① Cornell University. Bylaws of Cornell University [EB/OL]. (2018-03-23). https://trustees.cornell.edu/Shared%20Documents/18-3%20bylaws%20w-TC.pdf#search=bylaws.

其职责是根据校长的授权处理学区和州政府的关系、协调学校在纽黑文市的主动权"①。康乃尔大学也在章程中规定"纽约州州长、州议会参议院和众议院的议长以及大学校长为4位当然董事，同时还要求普通董事中需有2名来自纽约州的农业、商业和劳工部门"②。这些规定使大学章程成为连接大学内外的纽带，具有超出大学自身的法律效力。

可以看出，美国大学章程通过自身的法律地位与法律效力，建构美国大学的治理秩序，体现法治的价值理念，使大学章程成为美国大学运行的合法依据，能够从根本上保障大学治理机制的运行，促进大学的稳定发展。

一、契约的精神

契约是指主体通过自由订立协定的方式为自身创设权利、义务和社会地位的一种社会协议形式。在西方，契约的思想观念由来已久，早在中世纪的《圣经》中就包含这一观念，但真正把契约思想用于解释主权国家，系统地进行政治论证却是近代西方政治哲学的独特贡献。在这一研究领域比较具有代表性的是洛克与卢梭，他们主张以契约的方式进入社会。洛克在其《政府论》一书中认为契约的定义是"当每个人和其他人同意组成一个共同体时，每个人都将自然状态下的某些权力让渡给共同体，共同体则在让渡权力的范围内保证权力让渡者在自然状态中所拥有权利的实现"。③ 而卢梭在其《社会契约论》一书中对契约作出如下解释："我们每个人都以其自身及其全部的力量共同置于公益的最高指导之下，并且我们在共同体中接纳每一个成员作为全体之不可分割的一部分。"④ 从16世纪至19世纪，社会契约论历经兴起、鼎盛、衰落、重构

---

① Yale University. The Yale Corporation Bylaws [EB/OL]. (2009-04-25). https://www.yale.edu/board-trustees/governance-historic-documents/laws.

② Cornell University. Bylaws of Cornell University [EB/OL]. (2018-03-23). https://trustees.cornell.edu/Shared%20Documents/18-3%20bylaws%20w-TC.pdf#search=bylaws.

③ 洛克. 政府论（下篇）[M]. 黎思复，黎廷弼，译. 北京：商务印书馆，1964：73-74.

④ 卢梭. 社会契约论 [M]. 何兆武，译. 北京：商务印书馆，2010：37-38.

四个时期，是启蒙时期西方政治思想的最高成就，直至自由主义发展壮大前，都是西方政治的主导思潮力量，至今影响深远。关于契约与法律的关系，柏拉图在《克力同》（Kriton）一书中有这么一段论述，苏格拉底临刑之前，老友克力同劝苏格拉底逃亡被他拒绝，因为苏格拉底基于对法律和城邦的理解坚持认为，自己同城邦是订有契约的，服从法律就是遵守契约。[①] 这段描述解释了法律与契约的关系。法律的本质是公民与国家的契约，无论发生什么情况，也要遵守法律规定，这就是契约的精神。

大学章程是利益相关者达成协议后共同制定的文本，同样存在着契约精神。在对剑桥大学章程的研究中，大学史研究的权威学者哈克特（Hackett M B）曾说过："作为一个法人机构，大学有权选举自己的首领和其他管理人员，有权拥有自己的财产，有权起诉和被起诉，有权拥有徽章和公章，有权制定章程，并要求大学的成员宣誓忠于章程。"[②] 其中对于大学成员"宣誓效忠章程"的规定是契约精神的价值理念体现。欧洲大学章程尚且如此，受欧洲大学章程制度影响深远的美国大学章程在制度建设过程中，也处处体现出契约的精神。以哈佛大学、威廉·玛丽学院和耶鲁大学为例，哈佛大学在1642年的特许状中将原有的委员会重组为"准法人"监事会。特许状规定该监事会由总督、副总督、校长、议会的9名助理和邻镇的9名牧师组成，尽管该监事会仅仅被赋予"准法人"的法律地位，但它已被当作一个"永久存续的委员会"（Self-Perpetuating Board）在发挥作用，行使立法和行政的委托管理职能。[③] 所谓"永久存续"即是契约精神的体现。威廉·玛丽学院在其特许状中规定，"学院一旦建成，该学院的'校长、教师或教授'将在契约上和名义上成为一个政治的和法人的团体，在法律上永久延续，并拥有获取和

---

① 柏拉图. 游叙弗伦·苏格拉底的申辩·克力同［M］. 严群，译. 北京：商务印书馆，1983：109.

② HACKETT M B. The original statutes of cambridge university: the text and its history [M]. Cambridge: Cambridge University Press, 1970: 49-50.

③ QUINCY J. The history of Harvard University [M]. Cambridge: Cambridge University Press, 1860: 8.

持有爵位、庄园、土地、财产等权力；同时，有赠予和授予庄园、土地、财产等权力”①，直接表述出法律的永久性。耶鲁大学的章程中写道，“授权包括克莱普校长在内的 11 个人组成法人的和政治的法人团体，其名称为‘在纽黑文的耶鲁学院的校长和评议员’（The President and Fellows of Yale College in New Haven），他们享有自我永续权和作为民事主体的相关权利，如起诉和应诉、辩护和答辩、咨询和应询等，以及获取、持有、处理相关动产和不动产的权利”②，“自我永续”更是作为一种权力被赋予法人团体。

著名的达特茅斯学院案是美国大学章程中契约精神的最佳体现之一。早在殖民地时期，美国创建了 9 所殖民地学院，而特许状是殖民地时期 9 所学院的法律基础，可以视为美国高等教育立法的开端。而 1819 年著名的“达特茅斯学院案”则是美国高等教育历史上体现特许状法律地位的最典型的案例。在达特茅斯学院案的辩护过程中，其辩护律师丹尼尔·韦伯斯特（Daniel Webster）将达特茅斯学院的特许状界定为达特茅斯学院董事会与英国王室之间的契约。韦伯斯特明确指出：“在该案中，有着契约所有重要的组成部分，有着签订契约的一些要件；有当事人，有当事人关于契约问题协议所要表达的清晰条款，有着双方的注意事项和优惠条件。”③ 最终，依据《美国联邦宪法》第 10 条“各州不得通过有损契约义务之法律的条款”的规定，联邦最高法院判决新罕布什尔州议会不得更改达特茅斯学院的特许状。达特茅斯学院案之所以能够胜诉，根本原因在于美国高校的特许状制度奠定了美国私立高校存在的法律基础。基于特许状所建立的私立院校，在法律上与政府是平等且各自独立的契约关系，这一关系的确立使私立院校能够得到充分自由的发展。从严格意义上说，虽然大学特许状还算不上是完全意义的大学章

---

① HOFSTADTER R，SMITH W. American higher education：a documentary history：1 [M]. Chicago：The University of Chicago Press，1961：36.

② HOFSTADTER R，SMITH W. American higher education：a documentary history：1 [M]. Chicago：The University of Chicago Press，1961：50.

③ HOFSTADTER R，SMITH W. American higher education：a documentary history：1 [M]. Chicago：The University of Chicago Press，1961：210-211.

程，但特许状作为殖民地学院取得合法自治权力的载体，实际上已经勾勒出现代大学制度的基本轮廓，在形式和内容上都可谓是美国大学章程的雏形。通过特许状，美国私立院校在一定程度上拥有自我管理的权力，从而使私立院校自身在学术和管理方面的自治权力合法化，美国大学的章程正是在此基础上发展演变而来。达特茅斯学院案的终审判决体现了特许状的绝对契约精神，确定了美国私立院校的合法性。

通过对美国大学章程的研究可以发现，美国大学章程中所反映的契约精神，可以分为三类：一是创办者之间的契约，是全体创办者围绕学校如何建立的问题所达成的协议；二是创办者与其他权力部门之间的契约，有的是与皇室，有的是与教会，有的是与州政府，有的是与多重权力部门共同达成的协议；三是与学校内部成员之间的契约，包括与教师、学生及各种委员会成员之间的协议。无论是哪种协议，背后所反映的契约精神形成隐形约束力，也就形成了美国大学章程的法治价值理念。

二、秩序的建构

西方的秩序思想，源于自然哲学。古希腊的毕达哥拉斯与苏格拉底是最早具有秩序思想的哲学家。毕达哥拉斯认为秩序为一种“数”，即“万物皆为数”①，力求在自然界中找到一种均衡的状态，而苏格拉底则率先提出宇宙秩序的概念，认为社会秩序、生命秩序是宇宙秩序的组成部分，秩序与法则、法律的概念在同一个层次②。直至公元前五世纪中期，秩序的概念才开始扩展到心理学、伦理学和政治学等领域，其中苏格拉底和柏拉图的贡献在于将秩序问题从自然界转向人类社会，关注社会秩序应遵循何种法则，如何被建立。

秩序的思想在人类社会的不同时期有着不同的反映。中世纪以后，社会秩序是神学统治一切，直至启蒙时代推翻神学统治，人类开始思考“良好的社会秩序如何存在”的问题。霍布斯、洛克、卢梭等人运用社会契约假设来论证人类社会秩序的形成以及运行的要素和条件，他们以

① 黄芳. 社会秩序理论：一种政治思想史的考察［D］. 浙江大学，2014：16.

② 黄芳. 社会秩序理论：一种政治思想史的考察［D］. 浙江大学，2014：17.

人性作为逻辑起点来构建社会秩序，人人生而平等的观念在这一时期得到广泛认可，社会秩序才形成一种理论被公认与探讨。17世纪-19世纪，在启蒙思想的传播下，世界各地广泛开展资本主义革命，以柏克、黑格尔、托克维尔等为首的哲学家开始反省由革命带来的灾难，深刻地反思“良好的社会秩序如何可能”的问题。他们一致认为革命并非良好社会秩序建立的必要途径，没有革命，人类照样可以通过改革的方式完成社会秩序的进步，关键是每个阶级都能在社会秩序中寻求自己的合法地位和合法利益。① 随着资本主义生产方式在世界范围内的扩张，个人利益至上的价值观大行其道，统治阶级对其他阶级的剥削日益残酷，马克思主义的社会秩序论应运而生。马克思认为“国家是社会秩序的保障，需要把冲突控制在秩序的范围内”，并且在宏观上揭示了一些社会秩序变迁的规律。②

美国大学章程同样受到秩序观点的影响。美国大学章程所体现的秩序观念体现为制定者对“良好的大学秩序如何存在”和“良好的大学秩序如何可能”等问题的思考。美国大学章程的制定者们认为，良好大学秩序的构建包括两个方面，即对外关系的秩序建构与对内关系的秩序建构。

就对外关系的秩序而言，美国大学建立了以校外人士为代表的董事会制度，董事会成员大多是来自社会各界的代表，由此使得美国大学与社会保持着密切的联系。具体来说，对外关系包括大学与政府的关系和与社会的关系两个方面。首先，为处理与政府的关系，美国大学章程会规定大学董事会应吸纳政府官员进入董事会，直接参与大学事务的决策。例如，宾夕法尼亚大学的章程对董事会成员构成进行了细致的规定，根据规定其董事会法人机构中包括两名“当然委员”，分别为宾夕法尼亚州州长和宾夕法尼亚大学校长。此外，宾夕法尼亚大学董事会还包括四名州政府的董事，分别为宾夕法尼亚州参议院议长、参议院少数党领袖、众议院议长和众议院少数党领袖，这些董事主要负责处理政府

① 黑格尔. 法哲学原理［M］. 范扬，张企泰，译. 北京：商务印书馆，2013：108-109.

② 马克思，恩格斯. 马克思恩格斯全集：46卷［M］. 中共中央马克思恩格斯列宁斯大林著作编译局，译. 北京：人民出版社，1979：104.

与学校的关系。[①] 而宾夕法尼亚州立大学与州政府的关系更为密切，其章程规定董事会的32名成员中有5名“当然委员”，分别是宾夕法尼亚州州长、宾夕法尼亚州立大学校长、教育厅厅长、农业厅厅长和环境保护与自然资源厅厅长[②]，可见学校创办者希望吸纳更多的政府人员参与到学校事务之中。

其次，为处理大学与社会的关系，美国大学章程有较多条款以多种形式要求学校加强与校友的联系。校友是美国大学不可或缺的重要部分，是大学联系社会的宝贵信息和人才资源。因此，美国大学非常重视加强与校友的联系。有的大学吸纳校友为董事会成员，直接参与大学事务的决策。例如，《宾夕法尼亚州立大学章程》规定在其32名董事会成员中必须包含9名校友，并在补充条例中明确由校友会选举这些成员的程序。[③] 有的大学明确规定校友应尽的职责。例如，密歇根州立大学在其章程的序言中提到：“关于校友，董事会恳请他们对大学忠诚地支持，征求他们的意见和建议，并提醒他们，大学的价值是以他们作为受过教育的表现来衡量的。”[④] 有的大学成立专门委员会以联系校友。例如，埃默里大学（Emory University）的章程规定，埃默里大学董事会下设发展和联络委员会（Development and Communications Committee），“本委员会应审议和建议批准大学及其各个部门的有关慈善捐赠、筹款活动、校友事务、联络和公共关系的政策和方案，向董事会或其执行委员会提出适当建议”[⑤]。可以看

① University of Pennsylvania. Statutes of the Trustees [EB/OL]. (2015-03-06). https://secure. www. upenn. edu/secretary/trustees/statutestrustee. html# four.

② The Pennsylvania State University. Bylaws of Pennsylvania State University [EB/OL]. (2014-03-07). https://trustees. psu. edu/pdf/BYLAWS%20MARCH%202014. pdf.

③ The Pennsylvania State University. Bylaws of Pennsylvania State University [EB/OL]. (2014-03-07). https://trustees. psu. edu/pdf/BYLAWS%20MARCH%202014. pdf.

④ Board of Trustees of Michigan State University. Bylaws [EB/OL]. (2018-01-24). https://trustees. msu. edu/bylaws/index. html# article9.

⑤ Emory University. Bylaws of Emory University. [EB/OL]. (2016-06-03). http://secretary. emory. edu/university_governance/bylaws. html.

出，正是美国大学章程中这些有关对外关系的规定，建构了美国大学的对外秩序。

在对内关系的秩序上，美国大学章程建构了大学自治的治理体系。大学自治思想源远流长，起源于12世纪欧洲教师行会制度，是高等学校得以生存延续的前提。正如伯顿·克拉克（Burton R. Clark）所言："正因为它那令人眼花缭乱的高深学科及其自身生殖和自治的倾向，高等教育才变得独一无二——不从它本身的规律去探索就无法了解它。"[①] 何为大学自治？美国学者爱德华·希尔斯（Edward Shils）认为："大学自治是大学作为法人实体不受国家、教会、任何其他私人或公共的法人社团以及任何诸如统治者、政治家、政府官员、教会负责人、政策评论家或实业家等个人干涉的自由。它是由有能力代表大学，而不是作为个人的大学成员就大学事务作出决定的自由。"[②] 这一观点受到学术界的普遍认同。而英国著名教育学家、剑桥大学副校长艾瑞克·阿什比（Eric Ashby）则对大学自治的内容作出了细致的划分。阿什比认为大学自治包括六个方面的内容：（1）在大学的管理上免于非学术的干预；（2）以大学看来合适的方式自由地分配资金；（3）自由地招收教职员并决定其工作条件；（4）自由地选择学生；（5）自由地设计和传授课程；（6）自由地设置标准和决定评价方式。[③] 由此可见，大学自治的内涵包括机构管理、资金控制、教职员聘任、招生、课程和评价六个方面，而这六个方面在美国大学章程中基本上均有涉及。

以《耶鲁大学章程》为例，其自治主要体现在如下六个方面：第一，在机构管理方面，《耶鲁大学章程》于第1～7部分对学校机构设置及各机构所承担的职能作出了明确而具体的规定。学校设立董事会，董事会下设

---

① 伯顿·克拉克．高等教育系统：学术组织的跨国研究［M］．王承绪，译．杭州：杭州大学出版社，1994：313.

② 爱德华·希尔斯．学术的秩序［M］．李家永，译．北京：商务印书馆，2007：283-284.

③ ASHBY E，ANDERSON M. Universities in British，Indian，African，a study in the ecology of higher education［M］. Cambridge：Harvard University Press，1966：296.

各委员会、校长、教务长、副校长、院长及系主任系统的纵向行政机构，从横向上设立教授委员会、终身教职委员会和文理科教授委员会等学术管理机构。[①] 第二，在资金控制方面，《耶鲁大学章程》在第12部分对财务委员会的职责作出规定："委员会应制定大学的财务政策，应审查大学的财务报告、规划、审核和批准大学的年度运营预算和资本预算，并监督当前的收支情况，以确保与预算保持一致。"第三，在教职员聘任方面，《耶鲁大学章程》第10部分规定，董事会拥有挑选和任命校长的权力，并在校长举荐的基础上任命教授和行政官员。第四，在招生方面，《耶鲁大学章程》于第37部分规定，"本科招生办公室负责招生管理和经济资助工作"。第五，在课程方面，《耶鲁大学章程》于第29～30部分规定耶鲁大学的12个学院由每个学院的教授委员会负责课程设置、教学方法确定、学校政策执行等方面的事宜。第六，在评价方面，《耶鲁大学章程》于第25～27部分对不同学院、不同类型学生的学位获取标准作出详细规定。从美国大学章程对以上六个部分的具体规定可以看出，美国大学拥有比较充分的自治权。美国大学章程对内建构了完整的大学自治体系。

美国大学章程通过对外与对内两方面的关系处理，建构了良好的大学秩序。这种大学秩序能够作为处理大学事务的有效依据，形成显性约束力，使美国大学有序运转，同样也体现了美国大学章程的法治价值理念。

三、正义的观念

美国大学章程在内涵上通过契约精神、在形式上通过建构秩序体系，共同体现出法治的理念。而美国大学章程的法治理念，最终在本质上反映出正义的思想，即以契约主义正义观为主，融入功利主义正义观。

《辞海》将"正义"一词解释为："对政治、法律、道德等领域中的是非、善恶作出的肯定判断。作为道德范畴，与'公正'同义，主要指

① 夏玉军. 耶鲁大学章程：架构、特点与启示［J］. 现代教育科学，2012（5）：82-85.

符合一定社会道德规范的行为，看每个人是否得到了应有的权利履行了应有的义务。”① 正义的思想由来已久，西方历史上不同时期的哲学家都谈起过对于正义的理解，并形成了不同的思想流派。古希腊时期的智者学派建构自然正义观，规定高于人的自然法领域，在自然法的指引下，人们借强权或经由相互约定来建立社会秩序与正义观念。而苏格拉底却认为，正义是每个人做符合自己天性的事，是个人美德的价值核心，同其他美德形成有机联系的整体，具有绝对善的功用价值。柏拉图更加关注国家正义，他认为“善”和“正义”是基本的价值准则，正义与权利的实现既要符合人的德性，又是国家的本质。亚里士多德给正义下了一个明确的定义：“正义以公共利益为依归”②，对个人和城邦适用的正义原则应该有所区别，城邦适用的正义原则称为普遍正义，用来规范公民与整个城邦的关系，以“守法”为基本原则；而城邦公民个人之间适用的正义原则称为特殊正义，用以规范社会经济关系中的利益分配，以“公平”为最高追求。③

欧洲中世纪宗教盛行，一直奉行神学正义观。直至文艺复兴运动兴起，理性、个人自由和追求个人幸福被看作人类的普遍价值和正义的标准，产生以自由、平等、权利为主题的近现代正义观，即自由主义正义观。④ 西方自由主义正义观包括古典自由主义正义观和当代自由主义正义观，古典自由主义正义观又分为契约主义正义观和功利主义正义观，两种契约主义正义观以霍布斯、洛克等人为代表，功利主义正义观以边沁、密尔为代表。

契约主义正义观的正义概念与契约、法律、制度、秩序等概念紧密相关。持该观点的人认为自由、平等、博爱等都是人们与生俱来的基本权利，国家建立在契约的基础之上，人们订立契约，建立国家和政府，让渡部分的自然权利，其目的在于更好地保证人们的权利和自由。因

① 夏征农. 辞海 [M]. 上海：上海辞书出版社，1989：899.

② 亚里士多德. 政治学 [M]. 吴寿彭，译. 北京：商务印书馆，1996：109.

③ 亚里士多德. 政治学 [M]. 吴寿彭，译. 北京：商务印书馆，1996：109.

④ 赵威. 罗尼·佩罗的社会正义论研究——从马克思主义、罗尔斯主义到社会主义的追寻 [D]. 泉州：华侨大学，2017：34.

此，他们认为一个自由平等的社会就是一个正义的社会，同时正义也意味着要遵守契约。[①] 在启蒙时期，霍布斯认为“正义的性质在于遵守有效的信约，而信约的有效性则要在足以强制人们守约的社会权力建立以后才会开始”[②]，即将正义定义为信守契约，否则契约只是一纸空文。只有强制权力形成以后有效的契约才会出现，而有效的契约是正义的前提。洛克则认为正义是多数人的赞同，并非暴力强权，特别在私有财产问题上，更应该尊重。[③]

与契约主义正义观不同，功利主义正义观把社会的整体福利当作个人福利。对于正义的标准，功利主义论者认为，社会利益不过是个人利益的总和，判断正义还是不正义的标准是“一般的共同利益”，或者说是“大多数人的利益”。换言之，正义是一个原则，而正义原则得以产生和确立的根据在于其“公共效用”。边沁认为，“政府措施之增大共同体幸福的倾向大于减少这一幸福的倾向时，它就可以说是符合或服从功利原理”[④]。在正义的标准上，密尔提出每个人得到应有的东西（无论善还是恶）就是正义的，而一个人得到他不应得到的善或恶则被视为是不义的，实现“与行为人有关的多数人的幸福”就是实现正义。休谟则认为：“正义法则是在一种间接而人为的方式下产生的，它来源于自然的原则，利己心是正义法则的根源。”[⑤] 换言之，休谟是将正义定义为品德，是人们内心的动机，而行为只是其外在的标志。

美国大学章程首要反映出契约主义的正义观，在深层次则表现为功利主义的正义观。契约主义正义主要包含三个要素：一是签订契约；二是签订契约的目的；三是信守契约。我们可以基于这三个要素来分析美

---

① 赵威. 罗尼·佩罗的社会正义论研究——从马克思主义、罗尔斯主义到社会主义的追寻［D］. 泉州：华侨大学，2017：35.

② 霍布斯. 利维坦［M］. 黎思复，等译. 北京：商务印书馆，1985：56-57.

③ 洛克. 政府论：上卷［M］. 叶启芳，瞿菊农，译. 北京：商务印书馆，1982：118-120.

④ 杰里米·边沁. 道德与立法原理导论［M］. 时殷弘，译. 北京：商务印书馆，2009：59.

⑤ 休谟. 人性论（下）［M］. 关文运，译. 北京：商务印书馆，2013：226-228.

国大学章程。首先，美国大学章程本身就是各利益主体通过平等公平协商，达成一致后签订的契约，并具有契约精神，这之前已有分析，这里不再赘述。其次，美国大学章程均明确阐明了签订契约的目的，即创办大学的目的。例如，宾夕法尼亚大学在章程的导言中详细阐述了其七次更名的历史及办学的目的、宗旨。1740 年本杰明·富兰克林建立学院时是以慈善办学为宗旨。1791 年合并宾夕法尼亚州立大学学院、专科学校以及慈善学校，确立了法无德不立（Laws Without Morals Are Useless）的校训，致力于培养有道德的人才。[①] 又如，宾夕法尼亚州立大学在 1855 年创立初期为当地的农民高级学校，其章程指出办学目的是向年轻人传授与农业相关的理论与实践知识。现如今的章程则将其职责明确规定为“培养教学、科研和为社会服务的相关人才”[②]。由此可以看出，美国大学章程所明确的大学的办学目的与办学宗旨，在内涵上都是培养人才，促进高等教育事业发展，满足社会对于人才的需求。这些目的的动机理性并纯正，从善出发，有利于构建合理有序的社会。其次，美国大学章程均已明确签订契约的目的。制定美国大学章程，是为了创办大学，并规范大学各方的权利和义务，以有效地管理大学的事务。因此，美国大学章程的契约目的包含创办大学的目的与规范大学各方权利和义务的目的。在创办大学目的方面，康乃尔大学在其章程中规定：“康乃尔大学是一所依照纽约州法律组织和存在的教育法人组织，其主要目的和权利应是《纽约教育法》第 115 条中其特许状所规定的目的和权利。这些目的和权利也部分受控于《教育法》和《非营利法人法》的其他适用条款。”[③] 在明确权利和义务方面，如约翰斯·霍普金斯大学在其董事

① The Pennsylvania State University. Bylaws of Pennsylvania State University [EB/OL]. (2014-03-07). https://trustees.psu.edu/pdf/BYLAWS%20MARCH%202014.pdf.

② The Pennsylvania State University. Bylaws of Pennsylvania State University [EB/OL]. (2014-03-07). https://trustees.psu.edu/pdf/BYLAWS%20MARCH%202014.pdf.

③ Cornell University. Bylaws of Cornell University [EB/OL]. (2018-03-23). https://trustees.cornell.edu/Shared%20Documents/18-3%20bylaws%20w-TC.pdf#search=bylaws.

会章程的序言中开篇指出："董事会在被赋予大学有关事务行为最终责任的同时，也作为大学的治理团体被赋予完全权力来履行这些职责。据此，董事会采纳和颁布以下章程，以便大学的各项事务得以实施。"① 又如，密歇根大学在其理事会章程的序言中指出："对大学内部有效的制定规则的权力进行简要的解释将有助于明确理事会章程的范围，将董事会直接行使的立法权与大学其他各种部门的次立法权作出区分。"② 由此可知，制定密歇根大学理事会章程的目的是明确董事会与其他各部门的权责范围。最后，信守美国大学章程的契约精神表现在美国历史上出现的几次与正义发生冲突、挑战正义的事件之中。例如，费城学院被宾夕法尼亚州政府强行废除特许状事件，以及著名的达特茅斯学院私有财产被侵犯案等，其结果都是维护学院创始人的合法权益，保护学院的私有财产，即以正义的胜利而告终。

美国大学章程也体现了功利主义正义观。功利主义正义观的唯一标准为"符合大多数人的利益"，这正是美国大学章程的核心。美国大学章程涉及董事会成员、校长、行政人员、教授、学生等，而大学章程详细地规定了各类人员的权力、职责和义务等，即各类人员在大学事务中的核心利益，说明美国大学章程体现了大多数人的利益。随着不同时期、不同类型人员利益的改变，大学章程也在不断地修订。哈佛大学监事会章程是哈佛大学章程体系的重要组成部分，在 18 世纪末至 19 世纪中期历经一系列的修订与变革。根据 1642 年哈佛特许状的规定，其监事会成员由当时马萨诸塞殖民地总督、副总督、牧师，以及哈佛学院的院长等共同组成。该规定能保证马萨诸塞殖民地政府及宗教势力对哈佛学院的控制与影响，这主要是由于当时宗教影响力比较强大而决定的。而随着政教分离的时代变化及宗教势力的减弱，马萨诸塞州政府于 1810 年对哈佛大学的监事会章程进行了修订，调整监事会的人员组成，限定

① Board of Trustees of Johns Hopkins University. Bylaws [EB/OL]. (2018-03-09). http://trustees.jhu.edu/by-laws/.

② Board of Regents of University of Michigan. Bylaws [EB/OL]. (2017-07-03). http://www.regents.umich.edu/bylaws/bylaws_pref.html.

监事会成员中宗教人士的数量，并改革监事会人员的选举制度①。

正义既是美国大学章程的逻辑起点，也是其逻辑终点。法治的理念价值观强有力地保证了美国大学章程的约束力与执行力，为美国大学的办学活动提供了依据，促进了美国高等教育乃至整个教育事业的发展。

第二节　自由：教师自由与学生自由

自由具有多种含义，不同思想家对自由的理解都不相同。依据英国历史学家、理论政治家、著名的自由主义大师阿克顿勋爵（John E. E. D. Acton）的统计，众多思想家们对“自由”的界定竟有200余种之多。

最初，早期的思想家将自由理解为一种“无拘无束、不受限制”的状态，甚至可以“随心所欲”。例如，英国著名思想家约翰·穆勒（John S. Mill）认为：自由的意义为能随意而为，不应受到法律约束，应该完全免于管治；并且认为自由与权威两者是不相容的，此消则彼长②。霍布斯在《利维坦》一书中对“自由”的解释是：“自由按其本义来说，指的是没有阻碍的状态。据此，自由人就是在其力量和智慧所能够办到的事情中，可以不受阻碍地做他（她）所愿意做的事情的人。”③ 20世纪新自由主义代表人物哈耶克将自由定义为：“一个人不受制于另一个人或另一些人因专断意志而产生的强制状态。”④ 而将这种理解发挥到极致的是法国哲学家保罗·萨特。在《存在与虚无》一书中，萨特指出，“一旦存在着，事实上我就给他人的自由设置了一个界限”，“每个人仅仅在反对别人的时候才是绝对地自由”⑤。

---

① 李子江，李卓欣．哈佛大学监事会章程的调整与变革［J］．大学教育科学，2014（2）：28-32.

② 约翰·穆勒．论自由［M］．许宝骙，译．北京：商务印书馆，2008：15.

③ 霍布斯．维利坦［M］．黎思复，等译．北京：商务印书馆，1985：44.

④ 哈耶克．自由秩序原理（上）［M］．邓正来，译．上海：上海三联书店，1997：22.

⑤ 萨特．存在与虚无［M］．陈宣良，译．北京：生活·读书·新知三联书店，1987：67.

事实上，自由从来不是绝对的，而是相对的，有条件的。随着社会法治思想的进步，相对自由的思想逐渐取代绝对自由的思想，开始占据主导地位。黑格尔认为自由包括“冲动与任性”，但并不等同于“冲动与任性”。自由不是不要限制，那种不要限制的自由，其结果最不自由①。马克思与恩格斯则从人的社会属性阐释自由的相对性。马克思认为，人的本质属性首先在于他的社会性，处在一定社会关系中的人，无不受到现实社会关系、社会条件和物质基础的制约和影响，因此，离开人的社会性来谈论个人自由或设想某种自由状态，实际上是一种抽象的、空想的自由②。恩格斯在《反杜林论》中对自由的本质作出的论述是：“自由，不在于幻想中摆脱自然规律而独立，而在于认识这些规律，从而能够有计划地使自然规律为一定的目的服务。”③

可以看出，相对自由是指在符合规律性、必然性与实践性等条件下，主体所获得的最大化的权力与能力。美国大学章程作为美国大学治理的“宪法”，所体现的自由理念即为相对自由的理念。在美国大学章程所涉及的各类主体中，最能体现自由理念，或者说对“自由”理念的呼吁最强烈的，莫过于教授与学生这两类群体。教授为教学自由而奔走，学生为学习自由而呐喊，这两种自由属于学术自由的两个方面。

其实，目前在西方学术界，关于学术自由的概念众说纷纭，颇具争论。争论包括狭义自由与广义自由之争，教学自由与学习自由之争，教师自由与学生自由之争等④。有的观点认为学术自由包括教师与学生两个层面。例如，《大美百科全书》将学术自由解释为教师的教学和学生的学习有不受不合理干扰和限制的权利，包括讲学自由、出版自由及宗教自由⑤。《简明

---

① 黑格尔. 精神现象学［M］. 贺麟，译. 北京：商务印书馆，1979：78-79.

② 马克思，恩格斯. 马克思恩格斯全集：第3卷［M］. 中共中央马克思恩格斯列宁斯大林著作编译局，译. 北京：人民出版社，1974：506-509.

③ 马克思，恩格斯. 马克思恩格斯全集：第20卷［M］. 中共中央马克思恩格斯列宁斯大林著作编译局，译. 北京：人民出版社，1974：125.

④ 谢俊. 大学的学术自由及其限度［D］. 重庆：西南大学，2010：15.

⑤ 乔治·里恩斯. 大美百科全书［M］. 林春辉，等译. 台北：光复出版社，1991：1586.

不列颠百科全书》将学术自由解释为教师和学生不受法律，学校各种规定的限制或公众压力的不合理干扰而进行讲课、学习，探求知识及研究的自由①。美国研究学术自由的著名学者，哲学、社会学教授罗伯特·麦基弗（Robert M. Maciver）将学术自由解释为机构（学院或大学）的自由，但主要体现为机构内部智力活动的自由。在他看来，只有作为机构主要成员的学者、学生是自由的，机构才是自由的②。这是基于广义学术自由观提出的观点。有的观点认为学术自由只包括教师层面。例如，泰勒（Malcalm Tight）认为，学术自由是指："学者个人在从事学习、教学、研究以及出版时可以免予服从或免予遭遇不正当的干预的自由。"③ 这一观点是狭义学术自由观的体现。本章主要从广义学术自由观出发，探讨美国大学章程所体现的学术自由理念，即教授的教学自由与学生的学习自由。

一、教师的学术自由

大部分的美国大学都在其章程中明确体现了学术自由的理念。例如，杜克大学在其章程的序言中将大学的目标细化为七个方面，其中第三条、第四条确定学术自由的原则，分别为"捍卫学术，反对一切错误的观念和理想"和"培养对自由和真理的热爱"④，确定学术自由是追求真理的前提与保障，从目标层面上表明了对学术自由的追求。休斯敦大学（University of Houston）在其章程第二节"大学系统的职责与组织"中规定："德克萨斯教育法规定大学系统所组成机构的责任如下：除本法或其他法律所规定的具体责任之外，各高校都有责任为公众服务，并在自身的角色与使命之内：通过通识教育传播文化；扩展知识，教授与培

① 威廉·斯梅利. 简明不列颠百科全书［M］. 简明不列颠百科全书编委会，译. 北京：中国大百科全书出版社，1985：1921.

② MACIVER R M. Academic freedom in our time［M］. New York：Columbia University Press，1955：3.

③ TIGHT M. Academic freedom and responsibility［M］. Maidenhead：Open University Press，1988：132.

④ Duke University. Bylaws of Duke University［EB/OL］.（2017-05-13）. https://trustees.duke.edu/governing-documents/bylaws-duke-university.

训学生的专业化，提供科学、工程、医学和其他学术研究，保护理性的探索与学术自由，追求理性的卓越，为所有能够从中等教育和培训受益的人提供教育机会，提供继续教育的机会。”① 《密歇根州立大学章程》不仅明确教师拥有学术自由的权利，而且在章程中阐明了学术自由的意义。该章程指出：“负责大学管理的董事会赋予大学宪章创设组织性自治的权力，以保护教师追求学术自由——这一学术界最宝贵的价值的权利。在这些权利之上，是作为这一遗产的监护人、诠释者和传播者的教师对真理不受约束的追求和传播；进一步丰富这一遗产，既是学术职业的义务，也是学术职业的期望。”②

美国大学在大学章程中对教师的学术权力与职责作出了全面、细致的规定，并透过这些规定充分体现美国大学学术自由的理念。美国大学章程对于美国大学教师学术自由权的规定，主要包含三个方面的内容。

首先，学术自由包括研究的自由。研究的自由是指大学教师拥有自己决定研究什么内容的权利，而不受到外界势力，如政府、社会机构或学校自身的控制与干扰。例如，哥伦比亚大学在其章程中明确规定，“学术自由意味着所有教学人员可以自由地在课堂上讨论他们的课程；自由地开展研究和发表其研究成果；他们不会因为在私下或民事行为中发表意见而受到大学的惩罚”③，简明扼要地指出了学术自由的内涵。而福特汉姆大学（Fordham University）在其章程的第四章中对学术自由作出了特别的承诺：“教育的基本条件是自由地、毫无阻碍地发现和传播真理。大学共同体的每一位成员都有权利和义务自由地参与真理合法的探索与传播。每一位教师可以自由地采用方法和技巧，自由地与学术共同体和公众进行交流。福特汉姆大学的政策是鼓励完全的教学、讨论、

① University of Houston. UHS Board of Regents Bylaws [EB/OL]. (2017-08-24). http://www. uhsystem. edu/board-of-regents/bylaws/index. php.

② Board of Trustees of Michigan State University Bylaws [EB/OL]. (2018-01-24). https://trustees. msu. edu/bylaws/index. html# article9.

③ Columbia University. Charters and Statutes of Columbia University [EB/OL]. (2017-12-01). http://secretary. columbia. edu/files/secretary/university_ charters_ and_ statutes/UniversityStatues_December2017. pdf.

研究和发表的自由，保护每一位教学人员，无论是终身教职还是非终身教职，免于大学内外限制学术自由的压力和影响。”①

其次，学术自由包括教学的自由。教学的自由是指教师对教学内容拥有决定权，教师自己决定开设什么课程，教授哪些内容，以何种方式进行教学等。《密歇根大学章程》中解释了教师对学生的职责，即“丰富学生的智力生活、培养学生的专业能力、评价学生的学术表现”，这些都需要教师通过“积极地制定教学与研究方案”来实现②。波士顿大学（Boston University）2016年在其章程中就教学课程作出规定：“本科、研究生院以及学位授予课程应当由董事会在校长的建议下设立。本科、研究生院及学位授予课程的学术要求及课程应由教师规定，但需经院长、教务长与校长批准。”③ 雪城大学（Syracuse University）在其章程中规定：“每一个学院的教师在校长和首要学术官员的监督下，并经得评议会和董事会的同意，对自己学院的教育计划和内部事务拥有管辖权，包括入学和毕业要求、课程与教学、教材、考试和评分、学位及奖学金。”④ 由此可见，在雪城大学，大学教师享有较为充分的学术自由，但也需要接受校长和首要学术官员的监督，并经得评议会和董事会的同意。可见大学教师所享有的学术自由是一种相对的自由。

最后，学术自由包括言论的自由。言论自由是指教师拥有公布自己研究成果（意见、思想、知识）的权力，包括在教学过程中对学生的教学、在出版物上的正式发布或任何非正式场合的谈论等。例如，哥伦比亚大学在其章程第7条“学术自由与终身教职准则”（Code of Academic Freedom and Tenure）一节中规定：“教师有发表其研究成果的自由，且

① Fordham University. Fordham University Statutes [EB/OL]. (2015-07-03). https://www.fordham.edu/info/20985/article_4_policies_and_procedures_for_faculty/2157/chapter_4_academic_freedom.

② Board of Trustees of Michigan State University Bylaws [EB/OL]. (2018-01-24). https://trustees.msu.edu/bylaws/index.html# article9.

③ Boston University. Charter, Statutes & Bylaws [EB/OL]. (2018-02-04). http://www.bu.edu/trustees/board of trustees/charter/.

④ Syracuse University. Syracuse University Bylaws [EB/OL]. (2017-12-03). https://policies.syr.edu/charter-governing-documents/syracuse-university-bylaws/.

不受学校和外界的影响和制约”；同时，在其章程第44条中则规定：“大学对于言论自由权利只有两种限定，并对其有严密的解释。首先，大学合理地规定某些公开表达形式的时间、地点和方式。为了符合大学所恪守的言论自由的原则，这些规定不涉及可能表达的任何信息的内容。这些限定是必要的，不是因为它们会妨碍被陈述或被听到的任何意见，而是相反，它们保护言论自由、出版自由和学术自由的权利。正如大学共同体所有成员都有学习、研究、教学和表达自己观点的权利一样，他们也必须允许共同体中的其他成员同样如此。例如，示威的权利不能以牺牲他人反对示威、教学或从事学术活动的权利为代价。作为庞大的共同体，大学必须保护所有人拥有履行其使命和表达其观点的权利。”① 这些规定表明言论自由是有条件的。而福特汉姆大学在其章程的附录中更明确了这一点，其中有这样的规定：“学院或大学教师是公民，同时也是学术专业的成员、教育机构的职员。当他作为公民发表言论或写作时，他应该免于机构的审查或纪律，但他在共同体的特殊地位给予其特别的义务。为一位有学问的人和教育工作者，他应当记住，公众可以通过其言行对其专业与学校进行评价。因此，他应当时刻保持准确，应当适当地进行约束，应当尊重他人的意见，并应尽一切努力表明他不是学校的发言人。”② 这一规定表明教师的言论自由是建立在其职业的特殊性上的，同样属于相对自由。

可以看出，美国大学教师的学术自由包含了三方面。其中，研究内容的自由是学术自由的基础，也是学术自由的逻辑起点，只有教师的研究内容自由，才能实现对学生的教学自由及言论自由。教学自由是学术自由的重要途径，除了正规的课堂，教师与学生接触的其他时刻也可以说是一个教学过程。只有在这一过程中教师是自由的，才能保证在这一

① Columbia University. Charters and Statutes of Columbia University [EB/OL]. (2017-12-01). http://secretary. columbia. edu/files/secretary/university_charters_and_statutes/University Statues_December2017. pdf.

② Fordham University. Fordham University Statutes [EB/OL]. (2015-07-03). https://www. fordham. edu/info/20985/article_4_policies_and_procedures_for_faculty/2157/chapter_4_academic_freedom.

过程中教师能自由地传播知识，才能保证学术自由的实现。言论自由是每个公民的基本权利，也是学术自由的根本保障。只有言论自由了，才能保证知识的传播，才能保证教师研究内容的价值，才能促进教师对真理的追求。因此，教师的研究自由、教学自由与言论自由，共同构成其教师学术自由的体系。

二、学生的学术自由

德国大学最早将学生的学术自由与教师的学术自由区分开来。德国大学认为学生的学术自由为“学习自由”，教师的学术自由为“教学自由”，并将两者作了区分。他们认为学生有选择学什么的自由、决定什么时间学和怎样学的自由，以及形成自己思想的自由①。19世纪20年代以后，受德国大学学术自由理念的影响，美国大学学生的学术自由理念开始逐步形成并发展。美国大学学生的学术自由主要表现在以下几方面：

首先，入学机会平等是学生学术自由的前提。大部分美国大学都会在其章程中明确平等入学的理念。例如，《密歇根州立大学章程》规定：“关于学生，董事会宣称将为每一位学生提供机会，以便发挥其最高潜能，并制定和执行合理的学生行为规则，适当考虑与学生利益直接相关事宜的意见。”② 弗吉尼亚理工大学在其章程的序言中阐述了大学的三项基本原则，其中第一条原则就是“不论经济阶层或条件如何，都应向有才能的人提供受高等教育的机会”③。美国大学的平等入学思想并非由来已久，从美国高等教育建立之初直至19世纪中期，美国大学一直主张培养少数的精英。19世纪中期以后，伴随美国民主思想的发展以及赠地学院的创立，平等入学思想才逐渐为美国大学普遍接受。在教育机会均等

① 约翰·布鲁贝克. 高等教育哲学［M］. 王承绪，等译. 杭州：浙江教育出版社，2001：94.

② Board of Trustees of Michigan State University. Bylaws [EB/OL]. (2018-01-24). https://trustees.msu.edu/bylaws/index.html#article9.

③ Virginia Polytechnic Institute and State University. Bylaws of the Board of Visitors [EB/OL]. (2017-08-19). http://bov.vt.edu/assets/bov-bylaws-revision_effective-6-26-20172.pdf.

理念的推动下，学生可以自由地选择进不进入大学，进入哪所大学。只有实现大学的平等入学，消除入学歧视，学生才可以进入心仪的大学进行学术活动。因此，平等入学是学生学术自由的前提。

其次，选课制度是学生学术自由的核心。殖民地时期的美国高校主要讲授西方古典的“七艺”，并且所有学生均上同样的固定课程。19 世纪 20 年代以后，在美国开国元勋托马斯·杰弗逊等人的倡导下，弗吉尼亚大学第一次把学习自由的理念付诸实践，允许学生在大学的 8 个分科课程中自由地选择。1925 年，在时任哈佛校长约翰·柯克兰（John T. Kirkland）的倡导下，哈佛大学“大学章程与规则”第 61 条规定，“学生可以按照有利于自己发展的原则分组，实施分组的依据在于学生的知识与能力状况，不同小组学生学习速度的安排须与学科知识内容协调一致”①，初次将选修制引入哈佛。但由于保守势力过于强大，哈佛这一时期仅在现代语言系实施选修制。19 世纪 70 年代，在校长艾略特的坚持与推动下，哈佛大学正式确立自由选课制度，其成功实施使选修制在美国其他高校被迅速推广。目前，美国各大学均开设了选修课程，并在大学的章程中对学生的课程选择权加以明确规定。例如，康乃尔大学在其章程中规定：“鉴于大学教师可以影响学校教育政策的制定，每个学院的教师都有责任确立自己学生的入学要求，为学生规划与确立学习的课程，在管辖范围内确定为学生授予学位的要求。”② 埃默里大学（Emory University）的章程在课程与学位部分规定：“大学的课程，包括入学和学位要求，应由几个学院的院长和教师们安排，并适当考虑各部门之间的关系。当这些课程经大学校长与有关院长会谈批准后，这些课程将作为大学的授权课程予以公布。”③ 这些规定虽未明确指出学生具有选课

① 王保星. 选修制的实施与美国现代大学的成长 [J]. 河北师范大学学报（教育科学版），2002（5）：55-60.

② Cornell University. Bylaws of Cornell University [EB/OL]. (2018-03-23). https://trustees.cornell.edu/Shared%20Documents/18-3%20bylaws%20w-TC.pdf#search=bylaws.

③ Emory University. Bylaws of Emory University [EB/OL]. (2016-06-03). http://secretary.emory.edu/university_governance/bylaws.html.

权，但规定中“教师具有为学生制定课程的职责”这一内容表明学生在校所学习的课程并非固定，每人可以不一样，因此间接地说明美国大学学生具有选课权。在美国大学中，布朗大学学生的选课自由尤为突出。20 世纪 60 年代，《布朗大学章程》规定所有课程均让学生自由选择，学校只公布课程目录、简章及选修办法。选课制度是美国大学学生自由追求学术的载体。通过自由地选修课程，学生才能自由地追求自己心中的学术。因此，选修制度成为学生学术自由的核心。

最后，学生自治制度是学生学术自由的保障。美国大学一般通过委员会制度管理学生事务，许多大学在章程的规定或授权下建立相关委员会。例如，约翰·霍普金斯大学在章程中设立学生生活委员会，并规定：“学生生活委员会应注重学生对于学术领域之外的体验的质量与内容。该委员会的委员范围应包括大学所有学院的研究生、本科生和专业学生（professional students）。该委员会应酌情向董事会建议提升学生生活质量。该委员会可邀请一名或多名在读学生列席委员会会议。”① 康乃尔大学在章程中设立的学生生活委员会拥有向董事会提出不局限于学生学术生活建议的职责，其中第 5 条职责为“审查与学生组织整体发展与支持有关的大学政策，包括学生自治事项”②。美国大学学生自治制度的发展，使美国大学学生从单纯的被管理的对象，转变为积极参与大学治理的主体之一，而学生自治制度正是学生学术自由的重要保证。其中，美国大学最重要的学生自治制度莫过于荣誉制度。例如，弗吉尼亚大学在董事会授权下成立荣誉委员会（Honor Committee），其 2018 年荣誉委员会章程（Honor Committee Constitution）详细地规定了荣誉制度实施的目的与权利来源、权利、组织结构、选举与罢免、控告权、修正等方面的具体内容。荣誉制度是美国大学实施学生完全自治的制度，旨在规范学生的学术研究，引导学生遵守学术诚信。19 世纪 30 年代，美国大学出

① Board of Trustees of Johns Hopkins University Bylaws [EB/OL]. (2018-03-09). http://trustees.jhu.edu/by-laws/.

② Cornell University. Bylaws of Cornell University [EB/OL]. (2018-03-23). https://trustees.cornell.edu/Shared%20Documents/18-3%20bylaws%20w-TC.pdf#search=bylaws.

现了无节制的自由主义，学生为了摆脱学校与教师的限制、争取独立，甚至产生暴力冲突，荣誉制度正是在此背景下得以创立。因此，荣誉制度本身体现了相对自由的思想理念，在一定范围内给予学生以自主权，让学生实行自治；同时，荣誉制度为学生创造了良好纯净的学术环境，也成为学生学术自由的重要保障。

三、利益的合理化

美国大学学术自由理念形成的历史，从本质上是美国大学内部利益的合理化。利益的实质是权利，是社会制度赋予一定主体对一定对象的占有关系。组织的利益资源具有稀缺性，组织的利益相关者对所拥有的资源进行支配的目的是最大化地获得自身所需资源，即追求自身利益的最大化。而一味地追求自身利益的最大化必然对他人的利益造成损害。在没有规则秩序的条件下，主体欲望的无限性最终会破坏利益相关者之间的利益关系，使组织利益相关者的投入与收益不对等，从而影响利益相关者的积极性。因此，组织需要通过制度建设使利益相关者之间的利益分配关系制度化、规范化、合理化。

利益相关者思想之父弗里曼（Edward R. Freeman）将利益相关者定义为“那些能影响企业目标的实现或被企业目标的实现所影响的个人或群体”或“没有它们的支持组织就不能存在的团体”①。尽管美国大学章程的制定主体是作为学校最高权力机构的董事会，但大学教师与学生都是美国大学重要的利益相关者，大学章程的规定与他们息息相关。他们的利益诉求是否得到考量和满足，是大学章程能否顺利实施的关键。学术自由是美国大学教师与学生利益的保障，美国大学学术自由理念的发展过程就是大学师生利益合法化的过程。

美国大学的学术自由理念经历漫长而曲折的发展过程。殖民地时期9所学院的建立，是以培养具有良好文化教养和传承宗教文化传统的教士为目标。因此在当时的学院中，宗教信仰严格控制着大学的学术，学院特许状中并未体现学术自由的特征。1746年新泽西学院（普林斯顿大

---

① 王身余. 从“影响”、“参与”到“共同治理”——利益相关者理论发展的历史跨越及其启示［J］. 湘潭大学学报（哲学社会科学版），2008，32（11）：28-35.

学的前身）建立之时，其特许状规定："在任何时候，任何人都不能因为他们持不同的宗教观点和实践而受到惩罚、骚扰、或审查。"① 这就是美国大学学术自由理念的萌芽。此后，许多学院开始效仿新泽西学院的宗教宽容政策，但此时，"学院内的教师虽享有某种程度的自由，但这种自由主要仍是包含在属于传统市民自由之一的宗教自由之中，尚未发展出特殊的学术自由概念"②。

19 世纪以后，随着德国大学在世界上崛起，尤其是 19 世纪 20 年代以后大批学者从德国留学归来，德国大学的学术自由理念开始对美国大学产生重要的影响。在美国大学，学生的学术自由比教师的学术自由更早受到关注，也更早被接受。1872 年，年仅 35 岁的化学家艾略奥特（Charles W. Eliot）出任哈佛大学校长。为了打破美国高校以往只讲授古典课程的传统，将新兴的自然科学引入大学的殿堂，曾经留学德国的艾略奥特借鉴德国大学的课程制度，在哈佛大学大力推行自由选课制度。在哈佛大学的带动下，美国其他一些高校纷纷削减必修课程，增设选修课程。选课制度最终得以在美国高等教育体系中确立。1885 年，威斯特在其发表的以学术自由为主题的论文——《何为学术自由?》一文中将"学术自由"直接定义为"选修制、科学课程和信教自由"③。这一时期，美国大学强调学生的学术自由，忽视教师的学术自由。

20 世纪初，伴随美国社会的工业化、城市化、世俗化和专业化，美国大学呈现出两种发展趋势：一方面，社会财富开始大量集中到工商业者的手中，这些工商业者主动为大学捐款，积极参与大学政策的制定，并逐渐在美国大学董事会中占据主导地位。另一方面，由于研究性大学的创立以及各种专业化的学系和各种专业教授职位的设立，大学教授在大学中的地位得到显著的提升。但在此之前，作为大学最高权力机构的董事会和校长经常不经过任何听证程序随意解雇大学教授，大学教授因学术观点与董事会和校长相左而遭解雇的事件屡见不鲜。为了保护自身

① HOFSTADTER R, METZGER W P. The development of academic freedom in the United States [M]. New York: Columbia University Press, 1955: 317.

② 周志宏. 学术自由与大学法 [M]. 台北：蔚理法律出版社，1988: 21.

③ 谢俊. 大学的学术自由及其限度 [D]. 重庆：西南大学，2011: 46-49.

的权益，美国大学教师们于 1915 年联合成立美国大学教授协会(AAUP)，并在成立之初发布《关于学术自由与教员任期的原则宣言》(Declaration of Principles on Academic Freedom and Academic Tenure)。该《宣言》指出，“学者应该享有完全的不受限制的探究自由和发表研究成果的自由，这种自由是所有科学研究活动必不可少的条件”①。1940 年，美国大学教授协会和美国学院联合会（AAC）联合发表《关于学术自由与终身教职的原则声明》（Statement of Principles on Academic Freedom and Tenure)，对 1915 年的原则声明进行补充。1957 年，斯韦泽诉新罕布什尔州一案的胜利更确立了学术自由在美国大学中的地位②。至此，美国大学纷纷将学术自由理念纳入章程之中，学术自由理念最终得以在美国大学确立。

综上所述，伴随美国大学的发展，美国大学学术自由的理念经历了从萌芽到成熟的发展历程。当然，任何自由都是相对的，都是在一定条件下的自由。事实上，透过美国大学学术自由理念的发展历程可以发现，美国大学教师与学生在学术自由方面总是时而受到大学内外各种势力的约束，而美国大学学术自由理念的发展过程也是美国大学教师与学生在学术自由受到大学内外各种势力约束制衡时，最终做出合理取舍的过程。而这一过程也不断在美国大学章程的发展与完善中得以体现。因此，美国大学章程学术自由理念的发展，从根本上讲，是美国大学章程利益相关者利益合理化的过程。利益的合理化，有利于美国大学章程各方势力的稳定，有利于美国大学治理及美国高等教育的发展。

第三节　民主：广泛主体与多样方式

民主一词起源于希腊语“demos”，在现代社会中主要作为政治用

① JOUGHIN L. Academic freedom and tenure [M]. Madison: The University of Wisconsin Press, 1967: 164.

② U. S. Supreme Court. Sweezy v. New Hampshire [EB/OL]. (2018-01-25). http://supreme. justia. com/us/354/234/case. html.

语出现。关于民主的概念，不同的人有着不同的理解。例如，一般意义上的民主是指“人民的统治”。《辞海》将民主定义为“在一定的阶级范围内，按照平等和少数服从多数原则来共同管理国家事务的国家制度”①。列宁也曾说过，“民主意味着在形式上承认公民一律平等，承认大家都有决定国家制度和管理国家的平等权利”②。赫尔德提出关于民主的争论，即“民主究竟意味着人民的某种权力（即公民从事自我管理和自我规束的一种生活方式），还是意味着一种决策的手段（即一种使通过选举而掌握了权力的代表们所作的决定的一种合法化的手段）”③。

西方民主实践与民主思想经历了漫长的发展历程。民主实践的历史可以追溯到史前时期，北美易洛魁联盟便是部落民主的起源之一。进入文明社会后，有了关于雅典民主、古罗马的共和制、意大利的城市国家、英国的宪政传统以及日内瓦共和国等早期的民主实践④。在民主实践的过程中，民主思想也在发展着。民主理论在经历古典民主理论与共和主义的民主思想发展后，以卢梭为分界点，开始进入自由主义民主阶段。

古典民主理论主要以雅典民主为代表，是一种“公民自治体制”，在这种体制下，城邦全体公民直接参与城邦公共事务，政权掌握在全体公民而非少数公民的手中。11世纪后，意大利城邦演绎出共和的概念。当时的意大利人认为，“共和国是人民的共同事务，是理性指导下的一种彼此有利的自愿结合的结果，而政府是为了总体上服务于人民共同利益而被构建的”⑤，共和主义民主思想由此诞生，并分化为保护共和主义与

① 夏征农. 辞海［M］. 上海：上海辞书出版社，1989：489.

② 列宁. 列宁全集：第35卷［M］. 中共中央马克思恩格斯列宁斯大林著作编译局，译. 北京：人民出版社，1985：478-479.

③ 赫尔德. 民主的模式［M］. 燕继荣，等译. 北京：中央编译出版社，1998：4.

④ 陈曦. 民主理论的嬗变——从卢梭、托克维尔到马克思［D］. 南京：南京航空航天大学，2012：19-20.

⑤ 霍布斯. 利维坦：论国家［M］. 张妍，赵文道，译. 长沙：湖南文艺出版社，2011：98.

发展共和主义两个流派。这一时期，两个流派都强调政治参与，但侧重点不同，前者强调共和主义民主对于保护公民自由的工具意义，而后者强调政治参与共和主义民主对于公民发展的内在价值①。自由主义民主思想的代表人物是洛克、卢梭、托克维尔等。其中，洛克认为人的自然状态是“一种完备无缺的状态”②，以掌握最高权力人数多寡为划分政体的标准，权力若归全部人所有即为民主制。人民主权说则是卢梭民主思想的核心，他认为国家主权应当属于人民，并为人民的“公意”所指导，并且人民主权具有至高无上、不可转让、不可分割、不能被代表等性质③。

可以看出，不管何种思想、何种主义，对于“民主”这一概念的核心要素“人民”与“统治”还是公认的，只是对人民以何种方式进行统治存在不同的看法。因此，根据民主的核心要素，从参与的主体和参与的方式两个方面对美国大学章程进行分析，可以从中揭示美国大学章程所体现的民主理念。

一、主体的广泛性

1966年，美国大学教授协会（AAUP）、美国教育理事会（ACE）和美国大学与学院董事会协会（AGB）联合发布《关于学院与大学治理的声明》中，将美国高校的治理权分为决策权、行政权、学术权等，这些权力、权力的主体、权力如何行使，都在美国大学章程中有着清晰的界定④。在美国大学章程中参与大学治理事务、行使美国大学治理权的各类主体，包括以校外人士为代表的董事会，以校长为主导的大学行政系统，以教师为主体的学术评议会及在校学生等。

---

① 陈曦．民主理论的嬗变——从卢梭、托克维尔到马克思［D］．南京：南京航空航天大学，2012：20-21.

② 洛克．政府论（下篇）［M］．叶启芳，瞿菊农，译．北京：商务印书馆，1964：3.

③ 卢梭．社会契约论［M］．何兆武，译．北京：商务印书馆，2003：78-79.

④ AAUP，ACE，AGB. Statement on Government of Colleges and Universities［EB/OL］．（2018-04-13）．https://www.aaup.org/report/statement-government-colleges-and-universities.

第一，拥有美国大学事务决策权的主体——以校外人士为代表的董事会。美国大学章程确立了董事会在大学中的最高和最终的决策权。例如，耶鲁大学在其2018年6月9日通过的章程中开篇援引其1745年的特许状，对耶鲁大学的董事会的权力和职责作出规定："耶鲁特许状规定，其董事会，法律上名为'耶鲁学院校长与评议员'，或者更简单地表述为'法人'，将治理、负责和管理学院……制定合适的法律……在他们认为对学生的教学和教育合适和适当的时候。"① 作为州法律意义上的弗吉尼亚大学监事会在2017年9月15日通过的章程首节明确规定："弗吉尼亚大学的治理机关是监事会。根据法规，在监事会的治理下，监事会负责对位于夏洛茨维尔的大学和所有其他教育机构进行有效和透明的管理。"②而密歇根大学根据密歇根州现行的1963年宪法第八条第五款在章程中规定："密歇根大学的理事会及其继任人将组成一个名为'密歇根大学理事会'的法人团体……理事会将总体监督大学，并控制和指导大学资金的所有开支。"③ 而作为公私立混合性质的康乃尔大学在其章程第2条第1款规定"根据大学特许状与州法律，董事会拥有大学的最高控制权，包括每一所本科学院、研究生院、学系、分部和中心"④，明确大学董事会的地位与权力范围。

一般而言，美国大学章程规定董事会对以下三类事务具有决策权：一类是决策类事务。美国大学章程一般规定董事会负责制定及规划大

① Yale University. The Yale Corporation Bylaws [EB/OL]. (2009-04-25). https://www. yale. edu/board-trustees/governance-historic-documents/laws.

② University of Virginia. Manual of the Board of Visitors of the University of Virginia [EB/OL]. (2017-09-15). http://bov. virginia. edu/sites/bov. virginia. edu/files/WEB%20FRIENDLY%20VERSION%20-%20BOV%20MANUAL%20-%20January%202018. pdf.

③ The State Government of Michigan. Constitution of Michigan of 1963 [EB/OL]. (2018-08-01). http://www. legislature. mi. gov/(S(yjpxxogpt5idjg51u0bugair))/documents/mcl/pdf/mcl-chap1. pdf.

④ Cornell University. Bylaws of Cornell University [EB/OL]. (2018-03-23). https://trustees. cornell. edu/Shared%20Documents/18-3%20bylaws%20w-TC. pdf#search=bylaws.

学的教育政策，提供学术性建议，监督与处理大学与外界的事务，审核学校计划等重要规章，确定大学的组织架构及其他规章制度，大学学术单位和行政单位的调整，有权修订章程等。另一类是人事事务。美国大学章程一般规定董事会享有人事权，包括校长、教授及其他人员的聘任、解职和降职，有权决定校长及其他职员的任期，有权任命董事会主席等其他成员，有权对校内人员的维权进行听证，处理学校内部利益冲突问题等。第三类是财务事项。美国大学章程一般规定董事会享有财务权利，如确定校长及终身教授的薪水，制定财政政策，审查财政计划、预算，监督与管理大学的全部或部分财产，启动及终止相关资金的运作，管理及审查土地与建筑方面的事务，筹措大学经费等。

第二，拥有美国大学行政权的主体——以校长为主导的行政体系。美国大学校长一般由董事会遴选和聘任，大学章程明确授予校长具有行政权。例如，麻省理工学院在其章程中规定“校长是麻省理工学院的首席执行官，是董事会、执行委员会、成员与发展委员会、发展委员会执行委员会的当然成员，并是根据本章程设立的投资管理公司的当然主管”①，清晰地说明了校长的地位及权力。虽然各大学对于赋予校长的权力名称、范围、具体事宜不尽相同，但总体上都包括以下几项：一是担任董事会和其他委员会的要职，二是具有对学校内部各类事务的监督权，三是任命学校内各类职位的权力，四是在限定范围内支配学校资源的权力，五是监管学校的各项财务事务，六是管理师生的发展状况。

除校长外，美国大学章程按照工作范围，还设立教务长、副校长、财务主管、董事会秘书、法律顾问等职位，帮助校长管理大学。其中，教务长有时候与高级副校长、行政副校长、执行副校长等头衔组合使用，在美国大学管理体系中位列第二位，是总体上负责学术与研究事务的管理者。例如，康乃尔大学在其章程中规定：“教务长是校长的第一

---

① Massachusetts Institute of Technology. Bylaws of The MIT Corporation [EB/OL].(2017-06-08). https://corporation.mit.edu/about-corporation/bylaws.

副手，在校长缺席的情况下，或在校长无法履职期间由董事会决定行使校长的职责和权力。在校长之下，教务长是负责监督所有学术项目的首席教育官员，是负责为大学所有单位提供全面监督的首席运营官员。”①密歇根大学在其章程中将教务长兼学术事务执行副校长的权力与职责规定为：“教务长兼学术事务执行副校长是密歇根大学安娜堡校区的首席学术和预算官员。据此，教务长兼学术事务执行副校长将履行安娜堡校区教育项目和支持活动的执行责任。各学院院长、社会研究所所长、大学图书馆馆长、艺术博物馆馆长以及其他由校长确定的行政官员均直接向教务长兼学术事务执行副校长汇报工作。”②

对于其他副校长职位的设立，每所大学都不相同。例如，加州理工学院设立负责行政副校长兼首席财务官、发展与学校关系副校长、战略执行副校长、学生事务副校长兼喷气推进实验室主任等副校长职位③。密歇根大学设立执行副校长与首席财务官员、医务事务执行副校长兼大学医学院院长、政府关系副校长、研究副校长、发展副校长、学生生活副校长、副校长兼大学秘书、副校长兼法律顾问、通讯副校长（Vice President for Communications）④ 等。在美国大学的行政体系中，这些副校长均位列教务长之下，从属于教务长并对教务长负责。除各类副校长之外，大部分大学还会设立秘书一职，主要负责会议记录与文件保存的工作。例如，哥伦比亚大学章程中对秘书的职责规定如下：“大学秘书接收并向校长通报所有学院及行政委员会的会议记录，是大学文件与记录的

① Cornell University. Bylaws of Cornell University [EB/OL]. (2018-03-23). https://trustees. cornell. edu/Shared% 20Documents/18-3% 20bylaws% 20w-TC. pdf # search= bylaws.

② Board of Regents of University of Michigan. Bylaws [EB/OL]. (2017-07-03). http://www. regents. umich. edu/bylaws/bylaws_pref. html.

③ Columbia University. Charters and Statutes of Columbia University [EB/OL]. (2017-12-01). http://secretary. columbia. edu/files/secretary/university_ charters_ and_ statutes/University Statues_December2017. pdf.

④ Board of Regents of University of Michigan. Bylaws [EB/OL]. (2017-07-03). http://www. regents. umich. edu/bylaws/bylaws_pref. html.

保管人，并履行校长规定的其他职责。”①

第三，拥有美国大学学术权的主体——以教授为主体的学术评议会。美国大学章程授予大学教授有关学术事务的治理权。近年来，大学教授参与治校成为美国大学治理的主潮流，并在各大学章程中明确体现。例如，康乃尔大学通过设立大学教授会（University Faculty）实现教授参与治校，并保障其学术权利。康乃尔大学章程规定大学教授会成员包括作为主持官员的校长、名誉退休教授、大学教授、副教授、助理教授、客座教授，以及由章程授权的聘任者和由董事会依据教授会推荐的当然成员等。教授会的主要职责为：“大学教授会应思考关乎多个学院或者不同学术单位，或者在本质上总体的教育政策问题；经相应学院教授会审批，向董事会建议学位的建立、修正和终止。大学教授会或各学院教授会有权就有关产生的问题直接向董事会陈述观点。”②

弗吉尼亚大学在其监事会章程中规定学校应建立教师评议会（Faculty Senate），并制定了专门的教师评议会章程。教师评议会章程规定弗吉尼亚大学教师评议会应包括执行理事会（Executive Council）、常设委员会（Standing Committee）和特别委员会，其中常设委员会包括学术事务委员会，多样性与包容委员会（Diversity and Inclusion Committee），教师申诉委员会（Faculty Grievance Committee），教师招聘、保持、退休与福利委员会，财务委员会，政策委员会和研究、教学与奖学金委员会。对于教师评议会的成员构成，弗吉尼亚大学教师评议会章程规定，“评议会的当然成员由校长、副校长、各学院院长、图书馆馆长等担任，当然成员没有表决权但可以发表意见或建议，只有在投票结果持平的情况下校长才有权投出决定性的一票”，而其他教师评议会的成员为来自各学院的教授、副教授及助理教授，并依据各学院的人数按照一定比例

① Columbia University. Charters and Statutes of Columbia University [EB/OL]. (2017-12-01). http://secretary. columbia. edu/files/secretary/university_ charters_ and_ statutes/University Statues_December2017. pdf.

② Cornell University. Bylaws of Cornell University [EB/OL]. (2018-03-23). https://trustees. cornell. edu/Shared% 20Documents/18-3% 20bylaws% 20w-TC. pdf # search= bylaws.

选拔，使学术评议会成员具有广泛的代表性①。由此可以看出，大学教授的学术治理权包括制定学术政策、教师管理（聘用、考核等）、课程教学、课程及学科建设和发展、学位授予、学术交流等内容。

第四，拥有美国大学事务参与权的主体——在校的学生。美国大学章程明确学生对大学相关事务的参与权。在过去漫长的一段时间里，学生仅仅为被管理的对象，只是服从其他管理者的决策，其权利问题多年被忽略，由此导致许多问题。在20世纪60年代爆发了大规模的学生运动，学生们一方面抗议种族歧视与种族隔离、越南战争、妇女不公正待遇等，另一方面将矛头指向大学的内部，强烈要求参与有关教师聘任、解雇及课程设置等问题的决策。近年来，这种情况有所好转，学生参与学校相关事务的权利得到重视，许多大学都在章程中对学生的参与权进行了明确的规定。例如，密歇根大学在其章程中规定："学生参与大学的决策对于提升大学办学质量具有重要的意义，应当被征求与鼓励；负责学生生活事务的副校长将协助学生推动建立有效的学生参与机制；当考虑到政策对学生群体的影响时，大学是最好的服务者。"② 这一规定清楚表明密歇根大学认同学生参与大学事务决策的意义与价值。

大部分大学所建立的学生参与机制主要包括两类：一是吸纳学生成为董事会成员，直接参与大学事务的决策。例如，《康乃尔大学章程》规定："56位董事会董事中有2位董事由伊萨卡校区的学生团体选举产生，每位任期两年，每年至少选1名。"③ 二是成立相关委员会，处理学生事务，向董事会提出有关学生事务的建议，以引导董事会作出符合学生利益的决策。例如，《弗吉尼亚理工大学章程》规定设立学术、研究与学生事务委员

① University of Virginia. Constitution and ByLaws of the Faculty Senate [EB/OL]. (2014-04-25). http://faculty senate. virginia. edu/content/about.

② Board of Regents of University of Michigan. Bylaws [EB/OL]. (2017-07-03). http://www. regents. umich. edu/bylaws/bylaws_pref. html.

③ Cornell University. Bylaws of Cornell University [EB/OL]. (2018-03-23). https://trustees. cornell. edu/Shared% 20Documents/18-3% 20bylaws% 20w-TC. pdf # search= bylaws.

会，其主要职责是“负责大学有关学术事务、学生生活和行为、研究使命与目标的事务和政策”①。这一委员会为常设委员会，直接对弗吉尼亚理工大学董事会负责。

各类主体对美国大学共同事务的民主参与和民主决策是以美国大学章程主体对自身在大学中的生存、发展、利益、幸福等价值内容为诉求，以大学制度、大学程序与运作机制为支撑。因此，美国大学章程对各类主体的权力与职责进行了详细明确的规定，能够有效地发挥各类主体自身的作用与优势，在治理学校时减少矛盾冲突，提高效率，以促进大学长期稳定发展。

二、方式的多样化

在美国大学章程的各项规定中，涉及众多主体。这些主体通过各式各样的方式，参与美国大学的治理。

第一，委员会制度。美国大学章程规定董事会以下设立各类委员会，帮助董事会处理日常事务。每所大学设立的委员会不尽相同，如《弗吉尼亚理工大学章程》第六章规定，“董事会可以设立委员会，以方便开展工作”，并在该章中规定设立执行委员会，学术、研究与学生事务委员会，建筑与场地委员会，合规、审计与风险委员会，财政与资源管理委员会，治理与行政委员会，提名委员会，并明确这些委员会的具体工作范围②。杜克大学（Duke University）则在章程第五章中规定：“常设委员会应包括执行委员、审计与合规委员会、外部合作委员会、治理委员会、研究生与专业教育、研究委员会、资源委员会和本科教育委员会。”③ 康乃尔大学则在章程第三章规定设立执行委员会，学术事务委员

① Virginia Polytechnic Institute and State University. Bylaws of the Board of Visitors [EB/OL]. (2017-08-19). http://bov.vt.edu/assets/bov-bylaws-revision_effective-6-26-20172.pdf.

② Virginia Polytechnic Institute and State University. Bylaws of the Board of Visitors [EB/OL]. (2017-08-19). http://bov.vt.edu/assets/bov-bylaws-revision_effective-6-26-20172.pdf.

③ Duke University. Bylaws of Duke University [EB/OL]. (2017-05-13). https://trustees.duke.edu/governing-documents/bylaws-duke-university.

会，研究与创新委员会，学生生活委员会，投资委员会，审计，风险与合规委员会，财务委员会，大学关系委员会，建筑和物业委员会，董事会构成和治理委员会，校友事务委员会与发展委员会和薪酬委员会①。美国大学董事会成员大多为校外社会人士，他们并非专职董事，在性质上是志愿者。因此，许多董事无法抽出过多的时间参与大学治理。这样，委员会制度成为董事会成员常用的直接管理大学事务的方式之一。董事会授权委员会，委员会从属于董事会并对董事会负责。同时，各类委员会职责分明，也有利于提高董事会决策的效率。

第二，选举。美国大学章程所确立的选举方式，主要用于选举董事会成员，包括董事会主席、副主席等。有的公立大学董事会成员由全州人民普选产生。例如，《密歇根州立大学章程》规定，“董事会成员由密歇根州的选民选举产生，对密歇根州全体人民负责，在密歇根州立大学中行使规定范围内的最终权力”。对于董事会主席、副主席的选举则规定：“在董事会成员每两年一次秋季选举后的第一次定期会议上，董事会成员应选出董事会主席；董事会主席当选后，董事会成员应立即选举一名董事会副主席，副主席应任职至下一届董事会主席选举。当副主席职位出现空缺时，在空缺发生后的下次会议上，董事会应选出一名新的副主席，直至下一任董事会主席就任。”② 私立大学董事会成员大多在学校创办者、工商企业界人士或校友中选举产生。例如，《杜克大学章程》规定：“36 名校董会成员按照如下方式选举：24 名由大学董事会选出，12 名由大学毕业生选出。任何学生、教师、校友、董事或大学的朋友均可推荐董事会候选人以供考虑 。”③

《康乃尔大学章程》所规定的董事会成员的构成则更为复杂。《康乃

① Cornell University. Bylaws of Cornell University [EB/OL]. (2018-03-23). https://trustees.cornell.edu/Shared%20Documents/18-3%20bylaws%20w-TC.pdf#search=bylaws.

② Board of Trustees of Michigan State University. Bylaws [EB/OL]. (2018-01-24). https://trustees.msu.edu/bylaws/index.html#article9.

③ Duke University. Bylaws of Duke University [EB/OL]. (2017-05-13). https://trustees.duke.edu/governing-documents/bylaws-duke-university.

尔大学章程》规定："康乃尔大学董事会由 64 名成员组成，其中包括：4 名当然董事，即纽约州州长、参议会临时议长、议会发言人与大学校长；1 名终身董事，由伊兹拉·康乃尔（Ezra Cornell）最年长直系后裔出任；3 名委任董事，经参议会确认后由州长委任，3 名董事的任期分别为 3 年，每年委任 1 名；在另外的 56 名董事中，43 名董事的交错期限为 4 年，每年至少 10 人，并在任何时候至少包括纽约州农业、商业和劳工领域的 2 名成员；8 名董事由大学校友从校友中选出，每人交错期为 4 年，每年至少选出 2 名；2 名董事从伊萨卡和日内瓦校区的教师中选举产生，任期为 4 年，每两年至少选举 1 名；2 名董事从伊萨卡校区的学生团体中选出，任期分别为 1 年，每年选举 1 名；1 名董事从伊萨卡和日内瓦校区的非学术职员和雇员中选出，任期为 4 年。"① 可以看出，康乃尔大学所有董事会成员中，除当然董事、终身董事、委任董事之外，大部分董事都是通过选举产生。这些选举产生的董事的身份十分多样，具有很强的代表性，充分说明选举是董事会成员遴选的最主要的方式。

第三，会议。会议是美国大学章程各主体最常见的参与大学事务的方式之一。例如，《麻省理工学院章程》对董事会会议的具体规定为："董事会的年度会议应于每年 10 月的第 1 个星期五举行；其他定期的董事会议应在每年 12 月的第 1 个星期五、3 月的第 1 个星期五、学年结束时的毕业日或董事会主席决定的前一天举行；董事会主席可提前或推迟任何定期的董事会议时间，但前后不超过 2 周，董事会主席可随时召开董事会特别会议；董事会秘书可依据 3 名董事会成员的书面请求召开特别会议。"②《休斯敦大学章程》第五章规定休斯敦大学董事会会议包括委员会会议、董事会例会与特别会议，具体分别为："委员会会议在委员会指定的时间和地点举行，通常每季度举行一次，以处理常务委员会

① Cornell University. Bylaws of Cornell University [EB/OL].（2018-03-23）. https://trustees.cornell.edu/Shared%20Documents/18-3%20bylaws%20w-TC.pdf#search=bylaws.

② Massachusetts Institute of Technology. Bylaws of The MIT Corporation [EB/OL].（2017-06-08）. https://corporation.mit.edu/about-corporation/bylaws.

事务；董事会例会应在董事会指定的时间和地点举行，通常每季度举行一次，以处理常务委员会与董事会事务。特别会议由董事会主席，或履行主席职责的副主席，或依据董事会 5 名成员的书面请求召开。”① 美国大学章程所规定的会议形式，一般包括董事会会议（年度会议）、委员会会议（定期会议）、特别会议、电话会议等。除会议类型外，大部分美国大学章程还详细地规定会议召开的程序、法定人数、召开时间、参加人数、注意事项、会议材料、会议议程、缺席状况、特殊情况发生时的应对措施等。

第四，报告。在美国大学章程中，汇报工作一般分为年度报告（annual reporting）与一般性报告。《弗吉尼亚理工大学章程》第一章第七节对年度报告的要求作出的具体规定为：“根据章程要求，董事会最晚应在议会每次例会召开的第一天，向议会与州长提交其临时活动和工作的年度执行报告；董事会秘书负责撰写报告，并按照法律规定的程序提交报告。”② 对于一般性报告，主要在规定其他主体职责时提及。例如，《埃默里大学章程》在规定审计与合规委员会职责时提道：“执行委员会根据主席的提名从董事会成员中选举至少 3 名成员组成审计与合规委员会，其中一位成员被指定为主席；该委员会的职责包括安排、审查和报告大学财务记录的年度审计，审查与报告本委员会、董事会或大学管理层认为有必要的特别内部审计。”有关教师聘任事宜，该大学章程的相关规定为：“除校长、教务长、执行及其他副校长、院长的任命之外，教师的聘任分为两种类型——有限时间聘任与连续聘任……有限时间聘任主要由学院院长负责，并在适当条件下每年向教务长、学术事务执行副校长或保健事务执行副校长报告。连续聘任事宜则由董事会或其执行委员会根据校长的建议负责，而校长应与学院院长和相应

---

① University of Houston. UHS Board of Regents Bylaws [EB/OL]. (2017-08-24). http://www. uhsystem. edu/board-of-regents/bylaws/index. php.

② Virginia Polytechnic Institute and State University. Bylaws of the Board of Visitors [EB/OL]. (2017-08-19). http://bov. vt. edu/assets/bov-bylaws-revision_effective-6-26-20172. pdf.

的执行副校长商讨该建议。”① 再如，《杜克大学章程》规定：“各常设委员会应向董事会或执行委员会报告其活动、调查结果或建议。”在对商业和金融委员会规定职责时该校章程又补充规定：“商业和金融委员会负责保护与监督大学财务的稳定性及长期的经济健康。该委员会是董事会审议与大学商业运营、行政、预算、财政、财务汇报与财务储备有关事宜的主要机构。该委员会须定期向董事会汇报大学的完整财务状况，并就年度运行计划的经费和长期经费的筹措提出政策与程序的建议。”② 报告的方式，有利于大学管理者和相关部门及时、清楚地了解学校的情况，对大学事务进行科学、有效的决策。

第五，投票。美国大学董事会成员一人一票，拥有平等的投票权，名誉董事、荣誉董事除外。例如，《埃默里大学章程》规定：“任何一名任期满 6 年的董事可以被董事会选举为名誉董事，名誉董事有权出席与接收董事会所有会议的通知，并且除投票权之外，可以享受董事会正式成员的所有权利，但不计入章程所规定的董事成员人数。”③ 大学董事会通过投票的方式对大学事务作出各种决策。例如，在校长雇用方面，弗吉尼亚理工大学在章程中规定，“对校长雇用合同的任何更改，只有过半数的董事会成员投赞成票才能生效”④。在章程修改方面，密歇根州立大学的章程规定：“本章程可在董事会的任何会议上以董事会过半数的赞成票予以修订或废除，但须将该修订或废除的通知书的副本在会议之前呈交每一位董事。”⑤ 在董事会成员资格方面，杜克大学的章

---

① Emory University. Bylaws of Emory University [EB/OL]. (2016-06-03). http://secretary. emory. edu/university_governance/bylaws. html.

② Duke University. Bylaws of Duke University [EB/OL]. (2017-05-13). https://trustees. duke. edu/governing-documents/bylaws-duke-university.

③ Emory University. Bylaws of Emory University [EB/OL]. (2016-06-03). http://secretary. emory. edu/university_governance/bylaws. html.

④ Virginia Polytechnic Institute and State University. Bylaws of the Board of Visitors [EB/OL]. (2017-08-19). http://bov. vt. edu/assets/bov-bylaws-revision_effective-6-26-20172. pdf.

⑤ Board of Trustees of Michigan State University. Bylaws [EB/OL]. (2018-01-24). https://trustees. msu. edu/bylaws/index. html# article9.

程规定："任何董事如拒绝或忽略履行董事的职责，可由董事会全体成员投票，超过 3/4 的成员投赞成票可以免职。"① 除了在具体事务方面采取投票的方式，有些大学还从总体上规定会议投票人数。例如，弗吉尼亚理工大学的章程规定，"董事会及每一个委员会由过半数有表决权成员构成法定人数"②。投票是美国大学治理中最原始而有效的方式之一，少数服从多数的原则，比较适用于美国大学。

第六，无会议行动。一些美国大学章程确定了一种特殊的大学治理方式，即无会议行动。顾名思义，无会议行动是指董事会或其任何委员会在不召开会议的情况下作出决策。例如，密歇根大学的章程规定："如果理事会主席或 3 名以上理事认为出现任何问题，可在理事会会议前采取紧急措施，可要求理事会在会议前采取正式行为。"③ 杜克大学的章程规定："董事会在会议上要求或被允许采取的任何行动均可在未召开会议的情况下由代表一份或多份书面行动意见的所有董事一致同意而进行，书面同意书须由每位董事签署，在提交给董事会秘书后保存在法人会议记录中。书面同意也包括董事会成员以电子形式同意并以电子邮件发送的同意书。"④ 埃默里大学的章程则规定："如董事会或其任何委员会过半数成员（如适用的话）以书面同意的方式证实采取行动，则董事会或其任何委员会可在不举行会议的情况下采取行动。"⑤ 以校外社会人士为代表的美国大学董事会，由于成员较多，除按照惯例举行的会议之外，召集所有人开会本身是一件不太有效率的事情，可能无法处理突发

① Duke University. Bylaws of Duke University [EB/OL]. (2017-05-13). https://trustees. duke. edu/governing-documents/bylaws-duke-university.

② Virginia Polytechnic Institute and State University. Bylaws of the Board of Visitors [EB/OL]. (2017-08-19). http://bov. vt. edu/assets/bov-bylaws-revision_effective-6-26-20172. pdf.

③ Board of Regents of University of Michigan. Bylaws [EB/OL]. (2017-07-03). http://www. regents. umich. edu/bylaws/bylaws_pref. html.

④ Duke University. Bylaws of Duke University [EB/OL]. (2017-05-13). https://trustees. duke. edu/governing-documents/bylaws-duke-university.

⑤ Emory University. Bylaws of Emory University [EB/OL]. (2016-06-03). http://secretary. emory. edu/university_governance/bylaws. html.

的紧急情况。而无会议行动可以应对紧急情况的发生，有利于处理大学的突发事件，是一种灵活的、符合现实需要的方式。

综上所述，美国大学章程涉及各类主体，这些主体参与大学治理的方式多种多样，很好地体现出民主的核心要素。由此可以看出美国大学章程反映出的民主的理念价值观。

三、权力的制衡性

美国大学章程规定的各类主体的权力与职责，以及多样化的参与大学治理的方式，从本质上说，是各利益方在治理过程中利益合理化的过程。换言之，民主即是利益合理化过程。利益合理化的过程能够使各方权力达到一种平衡的状态，即达到权力制衡的状态。马克思·韦伯曾说过："权力是这样一种可能性，即一个处于一种社会关系中的行为者能够执行他自己的意愿而不管他人的反对，并且无视这一可能性依据的基础。"① 权力是人类社会一种非常重要的现象，随着人类的产生而产生。对于权力的研究，包括权力的概念、特征、种类、载体、运作方式等，政治学、哲学、社会学、伦理学、历史学、经济学等不同领域的思想家对权力的研究从未间断过。

西方历史上对于权力的概念研究众说纷纭，并形成能力说、关系说、控制说等流派。能力说认为"权力"是指行为者或机构影响其他行为者或机构的能力，大多数思想家持这种观点。例如，罗素把权力定义为："有意努力的产物，因此，它是一个定量的概念：假定有两个怀有同样欲望的人，如果一方实现了另一方所实现的一切欲望，而且还实现了其他一些欲望，他并不比另一方拥有更多的权力。"② 这种观念将权力视为一种驾驭他物的能力，代表权力认识的主流。关系说认为权力是基于交往、沟通、互动等方式来实施的一种社会关系。例如，英国政治学家杰弗里·托马斯（Geoffrey Thomas）认为：权力是一个关系概念，权力关系发生在人与人之间，人类对非人类世界的权力不是概念分析中的首要

① 马克斯·韦伯．新教伦理与资本主义精神［M］．于晓，陈维纲，译．北京：生活·读书·新知三联书店，1987：263-264.

② 罗素．权力论［M］．靳建国，译．北京：东方出版社，1988：56-58.

关注点[①]。控制说则强调权力的强制性，认为权力是能够支配对方的威慑力。例如，美国社会心理学家卡尔·维克（Karl E. Weick）把权力定义为，“在个人或集团的双方或多方之间发生利益冲突或价值冲突的形势下执行强制性的控制”[②]。

西方权力制衡的思想由来已久，古希腊时期即产生权力制衡思想的萌芽。柏拉图首次提出混合政体思想，亚里士多德设计出“双层平衡”式混合政体；洛克的“两权分立”理论则是近代权力制衡思想形成的标志；最终，孟德斯鸠的“三权分立”理念奠定了现代权力制衡的基础[③]。基于美国“三权分立”的传统政治思想的影响，美国大学章程中的权力也呈现出相互制衡的状态。在美国大学章程中，最主要的权力掌握在董事会、校长及教授手中，但这种状态并非一开始就存在，其形成也历经了复杂的过程。

董事会是美国大学各主体最初争夺权力的机构。以《密歇根大学章程》为例，1817 年建校初期的建校法规定密歇根大学设立 13 个教授职位，密歇根大学校长和教授所组成的教授会“有权为这所大学的所有事务制定规则”[④]，这个时期的权力高度集中。1821 年通过的新建校法规定由密歇根领地总督直接任命董事组成董事会，代替教授会管理密歇根大学，理由是教授会管理下的学校并未达到建校时的建校法所勾勒出的蓝图。1824 年密歇根领地议会组建，这导致密歇根领地议会与总督直接任命的董事会成员之间出现矛盾不断、争夺权力的局面。1850 年颁布的密歇根州新宪法规定，“在选举州高等法院法官的同时，8 个司法区各选举 1 名大学理事会成员”，这是理事会成员的产生方式从任命制到民选制的转变。密歇根大学在理事会成员的产生方式上更为民主，任命理事会

① 杰弗里·祝马斯．政治哲学导论［M］．顾肃，刘雪梅，译．北京：中国人民大学出版社，2006：42-44.

② 卡尔·维克．社会组织心理学［M］．贾柠瑞，高隽，译．北京：中国人民大学出版社，2009：35-36.

③ 张凯．西方权力制衡思想的历史演进［D］．新乡：河南大学，2014：31-34.

④ 屈潇潇．世界一流大学治理结构的有效性分析——以美国密歇根大学为例［J］．云南师范大学学报（哲学社会科学版），2015，47（5）：36-43.

成员的权力也从州长手中转到更多的选民手中，权力分配更加的平衡。作为美国的公立大学，密歇根大学理事会成员的任命权由一开始集中在校长与教授手中，后在领地总督与议会之间争夺，再平均分配到选民手中，是民主的进步，也是平衡政府管理层权力的应然之举，减少了不同权力主体之间的矛盾。

哈佛大学亦是如此，1642 年首份特许状确认监事会为哈佛学院唯一的董事会，仅仅在 8 年后，1650 年特许状以殖民地政府的立法机构——马萨诸塞议会通过的法律文件确立哈佛学院的法人地位及其法人权力，并建立哈佛学院法人会和监事会“双院制”的治理结构。这一特许状赋予法人会诸项特权，包括任命成员的权力、处理财产的权力及一系列民事处理的权力，并明确法人会与监事会的关系，更加清晰地界定监事会的权力，由此分化监事会最初的集权，使哈佛学院通过章程平衡了两个法人会和监事会之间的权力。

在美国大学董事会内部权力平衡之际，整个大学的治理权也被分化成三权鼎立的局面，“三权”即是董事会的决策权、校长的行政权、教授的学术权，形成董事会、校长、教授共同治理大学的治理模式。这一模式，在章程中被详细地表述出来。以康乃尔大学 2018 年最新修订的章程为例，《康乃尔大学章程》具有包罗万象、面面俱到、具体细致的特点，其中指出由董事会监督大学的运行，并对其权责作出了明确的规定。根据该校章程的规定，董事会拥有学校的最高治理权，可以对全校的发展战略、学术、行政、财政等方面的重大问题作出决策，并监督这些决策的有效实施。此外，该校章程用三分之一的篇幅分别从成员构成、选举方式、权利和义务三方面对董事会的 12 个专门委员会进行了详细的规定。章程规定校长的职责是任命行政人员、教学人员、研究人员，负责实施财务预算管理制度，并且依据此制度对学校各方面的经费与财务活动进行协调与控制。章程承认大学教授会（University Faculty）的地位，规定，“教授会有权对任何涉及全校或多个学院的教育政策问题进行讨论，并向董事会提出议案，但议案需由不少于 7 名不同学院指派的教授会成员组成的委员会提出，该委员会有权约见学校董事会或董事会下属的委员会成员”①。

由此可见，美国大学章程的各利益方经历长期的斗争，通过多样化的方式，参与美国大学的治理过程，并最终形成董事、校长与教授的权力制衡状态。但是这种权力制衡状态并非一成不变。随着各主体利益的改变，这种权力制衡状态也会随之改变，旧的平衡会被打破，利益会被重新分配，新的平衡状态也会形成。

总之，在系统梳理美国大学章程的历史演进与现实状况的基础上，透过美国大学有代表性的特许状与章程的具体文本可以发现，美国大学章程蕴含和体现着包括契约、法治、秩序、正义、自由、民主等精神。这些价值诉求与理念意涵具体表现为以下几方面：首先，内涵上的契约精神与形式上的秩序建构共同彰显美国大学章程的法治理念，而法治理念从本质上反映了正义思想。其次，对教师与学生学术自由的追求与保证，共同建构出美国大学章程的自由价值理念，而自由价值理念的演变本质上是美国大学利益合理化的过程。最后，广泛的参与主体和多样化的参与方式，体现了美国大学章程的民主价值理念，而民主的价值理念则从本质上反映出美国大学治理的权力制衡思想。正是因为美国大学章程具备这些价值理念，才使大学章程所涉及的各类利益主体愿意尊重并遵守其所制定的各项规章制度，并在大学章程受到外部力量的干预时守护它，使之真正成为具有较高法律地位和法律效力的美国大学“宪章”，为引领和规制美国大学的运行提供依据，进而促进美国高等教育的良性发展。

---

① 李硕豪，王丹丹. 康奈尔大学章程对我国大学章程建设的启示 [J]. 教育与教学研究，2011 (8)：60-63.

第四章　美国大学章程的本土借鉴

伴随我国高等教育体制改革的深化，完善现代大学制度，推进大学治理体系的现代化成为人们关注的重点。而在大学治理的语境下，以大学章程为核心构建现代大学制度体系成为我国高等教育体制改革的必然抉择。

基于美国各州不同的历史传统和社会环境，美国大学章程呈现出多样性与统一性共生、复杂性与共通性并存的样态，为美国大学治理营造了良好的制度环境和治理氛围。有鉴于此，本章在追溯美国大学章程历史演进、解读美国大学章程现实状况和提炼美国大学章程理念意涵的基础上，系统梳理我国不同历史时期大学章程的具体形态，全面解析我国大学章程建设的现实困境，并对我国大学章程的建设提出对策建议。

第一节　中国大学章程的历史演进

我国大学章程的发展历经漫长曲折的过程，在不同历史时期体现不同的特点。同时，我国大学章程的发展并非连续，伴随大学坎坷的发展历程，大学章程较为集中地体现了我国社会政治制度和教育制度的变迁。因此，对我国不同时期的大学章程进行系统的梳理，不仅有助于明晰我国大学章程的发展脉络，而且有助于探究我国高等教育制度演变的内在逻辑和发展规律。

一、古代书院章程

考察我国大学章程的缘起，可以追溯到一千多年前的唐宋时期。书院的兴起与发展，是我国古代高等教育独创的教育形式，其历史影响深远。宋代书院在鼎盛时期大多都有章程。例如，我国著名理学家朱熹担任洞主的白鹿洞书院，其《白鹿洞书院揭示》（又称《白鹿洞书院教规》）就是当时最为著名的书院章程，被当时和后世的各大书院竞相模仿，成为我国古代书院规章制度的范本。除此之外，江西象山书院的《象山书院章程》和湖南岳麓书院的《岳麓书院学规》等都是在当时具有较大影响的书院章程。

宋代书院在发展的过程中形成较成体系的书院教育理念，对当时乃至后世的教育产生了较大的影响。《白鹿洞书院揭示》由南宋理学大家朱熹制定，它将经典儒家思想以学规的形式规定下来，成为规范书院弟子和老师行为的准则。从《白鹿洞书院揭示》的内容上来看，它既包括"立德修身"和"传道济世"的教育目的，"博学、审问、慎思、明辨、笃行"的为学方法，更从修身之要、处世之要、接物之要三个层次进行阐释，同时还对书院的日常管理进行了一定的规定①。但是，从现代大学的视角来看，中国古代书院并非严格意义的现代大学，只是我国古代高等教育的办学形式，因此，书院章程也并非严格的大学章程，更多地被人们理解为一种学规、条例和守则，是书院规束其弟子行为的一种希冀。书院将这种希冀文字化，以便弟子遵守，类似于现代社会中一些学校制定并施行的《行为守则》等规范。

虽然我国古代书院章程并非现代意义上的大学章程，但可以视为我国大学章程的缘起。一千多年之前的教育机构便开始制定章程来规制、约束受教育者的行为，体现出我国古代先贤独到的教育管理智慧。清末教育改革过程中，清政府颁布施行的一系列章程都或多或少地带有古代书院章程的印记，而清末新式学堂的办学行为也体现了中国传统教育思想。因此，尽管我国古代书院章程在性质和内容上与现代大学章程有着本质的差别，但其所反映的中国古代教育体制和教育思想在我国大学章程萌芽时期仍产生过重要的影响作用。

二、清末大学章程

我国近代大学肇始于清朝末年。由于当时我国积贫积弱，为列强欺

---

① 张国有. 大学章程：第一卷［M］. 北京：北京大学出版社，2011：370.

辱，科举制度改革被推到风口浪尖，一些爱国人士极力呼吁废除科举，开办新式学堂。我国大学章程伴随清朝末年新式学堂的产生开始萌芽。

早在洋务运动时期，大学章程已经在我国出现并施行。例如，1862年建立的京师同文馆设有章程六条。与此同时，清政府开设了一大批新式学堂，它们主要是学习西方先进技术的综合性或专科性高等学堂，这些学堂一般都设有章程，章程的制定、颁布与修改都需经皇帝批准。但是，这些学堂章程的内容较为简单，文义较为笼统，亦不划分章节，主要体现自上而下的权威，缺乏自治的意味，不能称为真正意义的现代大学章程，只能算作是一套根本的行政规则，亦可认为是旧时书院章程的另一版本。

1895年，津海关道盛宣怀在天津创办西学学堂（天津大学的前身），“标志着我国高等教育现代化的开端”①。1898年，清政府开始创办京师大学堂。作为全国的最高学府和最高教育行政机关，京师大学堂制定有《奏拟京师大学堂章程》。该章程既是大学章程，同时又具有大学法的功能。

1898年6月，光绪皇帝颁布《明定国是诏》，正式宣布实行“维新变法”。该诏书指出，“京师大学堂为各行省之倡，尤应首先举办”②，敦促有关部门加紧筹办京师大学堂。在“维新变法”过程中，维新派极力主张废除八股、办新式教育，要求教育立法和制定章程。随后，京师大学堂创立，梁启超应邀草拟《奏拟京师大学堂章程》。《奏拟京师大学堂章程》“略取日本学规，参以本国情形，草定规则八十余条”③，充分体现了“中学为体、西学为用”的办学方针。该章程全文共分为8章，具体为总纲、学堂功课例、学生入学例、学成出身例、聘用教习例、设官例、经费和暂章。这部章程实际上是参照当时日本的大学规程编制而成，对办学纲领、科目、课程、招生、毕业分配、教师聘用、经费等都有明确的规定，同时还涉及学校领导体制和教学规章。总体来看，《奏

① 高奇. 中国高等教育思想史［M］. 2版. 北京：人民教育出版社，2001：195.

② 北京大学校史研究室. 北京大学史料［M］. 北京：北京大学出版社，1993：43.

③ 丁文江，赵丰田. 梁启超年谱长编［M］. 上海：上海人民出版社，1983：126.

拟京师大学堂章程》体现了重视师范教育，基础与专门学科相结合，课程设置要“严密切实”，以及破格选拔人才等教育方针和教育思想，反映了维新派的变法主张①。由此，我国大学章程在清末创办新式学堂的浪潮中开始萌芽。

“维新变法”失败后，在光绪皇帝支持下开始的新政被悉数废止，但京师大学堂作为唯一的改革成果被保留下来。以慈禧太后为首的封建守旧势力为防止维新思想动摇其封建统治，于 1902 年责令管学大臣张百熙对原有的学堂章程进行修订。随后，张百熙“谨上溯古制，参考列邦”，经过半年多的反复修订，最终拟定《钦定京师大学堂章程》。该章程共分为 8 章，具体为全学纲领、功课、学生入学、学生出身、设官、聘用教习、堂规和建置。这部修改后的章程与原章程有着本质的差异，因为它极力强调忠君思想。例如，该章程第八章堂规要求：“教习学生，一律遵奉《圣谕广训》，照学政岁科试下学讲书宣读御制训饬士子文例，每月朔，由总教习、副总教习传集学生，在礼堂敬谨选读《圣谕广训》。”② 尽管该章程在“戊戌变法”失败后制定，主要体现了以慈禧太后为代表的封建顽固势力的意志，强调对朝廷的忠心，反对“维新变法”的“异端学说”，但对处于萌芽时期的大学章程的发展具有一定的推动作用。此外，该章程的修订还有三个方面的重要意义：一是提出德、智、体全面发展的教育思想；二是提出“全学”和“通才”的概念，即要将京师大学堂办成一所提倡“全学”和培养“通才”的大学；三是初步建立了我国的高等教育体制与学科体制③。

1903 年，张之洞受命会同张百熙重新修订《钦定京师大学堂章程》，实际上这导致其未及实施便被废止，修订后的章程为《奏定京师大学堂章程》。该章程包括《奏定大学堂章程》《通儒院章程》《高等学堂章程》等。《奏定京师大学堂章程》全文共分为 7 章：“立学总义章第一，各分

① 朱家德. 权力的规制：大学章程的历史流变与当代形态 [M]. 北京：中国社会科学出版社，2013：235.

② 张国有. 大学章程：第一卷 [M]. 北京：北京大学出版社，2011：19.

③ 郝平. 清末三个大学堂章程 [EB/OL]. (2009-07-15). http://www.infzm.com/content/31453.

科大学科目章第二，考录入学章第三，屋场图书器具章第四，教员管理员章第五，通儒院章第六，京师大学堂现在办法章第七。”① 在办学思想上，《奏定京师大学堂章程》并未脱离原有章程的局限，仍以“谨遵谕旨，端正趋向，造就通才”作为教育宗旨，带有浓厚的封建专制色彩。但《奏定京师大学堂章程》首次提出在大学堂内设通儒院（通儒院即是研究生院），并对通儒院的学习年限、毕业条件等作出如下规定：“通儒院学员之研究学期，以五年为限，以能发明新理、著有成书、能制造新器、组资利用为毕业。”②

京师大学堂既是全国最高学府，又是国家最高教育行政机关。晚清时期先后制定的三部大学堂章程规定了学堂的办学和管理制度，同时也具备高等教育法律法规的性质。例如，《奏拟京师大学堂章程》即指出：“各省近多设学堂，然其章程功课皆未尽善，且体例不能划一，声气不能相通。今京师既设大学堂，则各省学堂皆当归大学堂统筹，一气呵成。一切章程功课，皆当遵依此次所定，务使脉络贯注，纲举目张。”③ 这三部大学堂章程均由当时最高学务部门制定，既是京师大学堂的办学纲领，也是全国各新式学堂的办学规范。清末设立的大学堂，在“中体西用”宗旨的指导下，虽然具有某些“新学”特征，但由于中国封建教育的传统并未彻底消除，因此无论从大学教育内容，还是从大学管理机制方面看，与西方现代大学仍相距甚远④。尽管如此，这三部大学堂章程一脉相承，从结构和内容上看，已经具备较为完整的章程基本要素，并自成体系。

这一时期，中国的有识之士纷纷响应时代号召，创办新式学堂，以图教育救国。马相伯于1903年创办震旦学院（复旦大学的前身），并订立《震旦学院章程》。震旦学院后因故被解散，1905年复旦公学得以创建，并制定《复旦公学章程》。复旦公学由官绅学商合力创办，并非完

① 张国有. 大学章程：第一卷［M］. 北京：北京大学出版社，2011：22-29.

② 张国有. 大学章程：第一卷［M］. 北京：北京大学出版社，2011：28.

③ 张国有. 大学章程：第一卷［M］. 北京：北京大学出版社，2011：3.

④ 朱家德. 权力的规制：大学章程的历史流变与当代形态［M］. 北京：中国社会科学出版社，2013：240.

全是一所私立学校，而是众人合力创办的“公立”学校。与当时带有浓厚“中体西用”思想意味的其他大学章程不同，《复旦公学章程》倡导全面学习西方先进的大学制度。1909年修订公布的《复旦公学章程》通过增加“校务职任规则”方面的内容，对学校治理结构进行制度规范。《复旦公学章程》的制定与发展，对我国大学章程的发展起到了重要的推动作用。

三、民国大学章程

1911年辛亥革命以后，中国封建统治宣告结束，资产阶级登上历史舞台，中国开始进入民国时期。虽然民国初年各路军阀相继主政，但为了彻底摒弃封建主义教育，民国政府在教育领域相继颁布了一系列的教育法律法规，以期建立民主、科学的资产阶级教育体系，其中影响较大的包括1912年颁布的《大学令》和1929年颁布的《大学组织法》等。

《大学令》由时任中华民国教育总长的蔡元培负责起草，于1912年10月正式颁布施行，这是中华民国的第一部高等教育法律，为当时的大学创建和发展奠定了初步的法律基础。《大学令》全文共分为22条，集中体现了蔡元培的大学教育理念和管理思想，其首条即阐明教育宗旨，其次论及大学设科、入学、大学院、师资等各个方面，并对大学各个层次的入学资格和学生修养进行规定，同时也涉及大学管理体制，特别强调大学应设立评议会和教授会。例如，《大学令》第十六条、十七条规定：“评议会以各科学长及各科教授互选若干人为会员，大学校长可随时集齐评议会，自为议长”，评议会负责审议包括“各学科之设置及废止、讲座之种类、大学内部规则”等事项；第十八条、十九条规定，“大学各科各设教授会，以教授为会员，学长可随时召集教授会，自为议长”，教授会负责审议包括“学科课程、学生试验事项、审查提出论文请授学位者之合格与否”等事项①。由此不难看出，《大学令》旨在确定评议会的最高决策地位，强化教授会的权力，体现了“教授治校”的大学管理思想。《大学令》是蔡元培践行其大学办学理念的重要尝试，但限于当时的时代背景，《大学令》的相关理念和思想难以落到实处。

① 张国有．大学章程：第一卷［M］．北京：北京大学出版社，2011：382．

蔡元培曾赴德国留学，深受德国威廉·洪堡学术自由思想的影响。1917年，蔡元培应邀出任北京大学校长，提出“思想自由，兼容并包”的办学方针，这对这一时期北京大学的管理体制创建影响颇深，尤其对民国的大学章程有着较大的影响。这一时期，国立大学纷纷开始制定章程，诸如《国立北京大学现行章程》（1920）、《国立东南大学组织大纲》（1921）和《国立北平师范大学组织大纲》（1924）等都受到源自《大学令》的“教授治校”和“学术自由”等办学理念的引领，对大学的办学形式、内容、程序等方面作出了更加具体、完善的规定，为大学自治创造了良好的制度氛围。例如，《国立北京大学现行章程》的第三章为评议会，其中规定：“评议会以校长及教授互选之评议员组织之，校长为议长，凡左例事项须经由评议会之决议。”① 这些事项包括各学系的设立废止及变更、校内各机关的设立废止及变更，以及行政委员会委员的委任等重大事项，体现出“教授治校”的办学理念。

与此同时，1913年，民国政府教育部依据《大学令》制定并颁布《私立大学规程》，对私立大学的创建和管理作出具体的规定。私立大学逐渐在我国发展起来，并开始订立相应的章程。例如，复旦大学于1920年订立的《复旦大学章程》深受美国大学制度的影响，内容详细，强调大学自主办学②。1921年，作为首个由爱国华侨创办的大学，筹备数年的厦门大学宣告成立，于1919年筹备会议上拟定的《厦门大学组织大纲》对大学内外部诸多事务作出了具体、明确的规定。

此后，北洋政府于1924年颁行《国立大学校条例》，并宣布《大学令》自本条例施行之日起废止。虽然《国立大学校条例》总体而言仍然仿照德国和日本高等教育模式而制定，但同时开始借鉴美国高等教育的相关经验。例如，《国立大学校条例》第十三条规定国立大学施行董事会制度。虽然例任董事由校长担任，但是董事会中包括由教育总长从部员中指派的部派董事。聘任董事也由董事会推选呈请教育总长聘任，并

---

① 张国有．大学章程：第一卷［M］．北京：北京大学出版社，2011：31．

② 《复旦大学百年志》编撰委员会．复旦大学百年志（1905—2005）：上卷［M］．上海：复旦大学出版社，2005：37-55．

规定第一届董事由教育总长直接聘任，董事会的决议事项也需由校长呈请教育总长核准才能实施。这显然与《大学令》所倡导的“教授治校”等办学理念相悖，体现了政府当局对国立大学校加强控制的政治意图，因此受到教育界的质疑和反对。当然，由于这一时期国内政局不稳、战乱连连、教育部长频繁更换，政府对大学的控制实际上比较弱，大学也由此获得一定的自治空间①。1925 年，清华学校设立大学部，于 1926 年公布施行《清华学校组织大纲》，其第四章关于教授会的规定即指出教授会享有审定全校课程的职权，也有选举评议员及教务长的职权；第三章关于评议会的规定也指出评议会行使部分职权，在决议之前应先征得教授会的意见，同时在决议包括“规定全校教育方针”等部分事项时，经教授会的三分之二成员否定，则需交由评议会附议。教授会对评议会具有否决权，表明教授会对评议会的权力有所制衡。此时的大学章程已经开始具备现代大学章程的形态。

南京国民政府成立后，蔡元培提出成立大学院，仿照法国试行大学区制。蔡元培认为：“近来官僚化之教育部，实有改革之必要。欲改官僚化为学术，莫若改教育部为大学院。”② 大学区制改革是蔡元培教育独立思想的重要体现。但由于大学区制改革过于理想化，在实践中受到许多制约，不仅使教育行政的效率渐减，而且逐渐滋生学术的官僚化，与蔡元培的初衷背道而驰。因此，大学区改革未满两年便遭废止。1928 年，蔡元培辞职，南京国民政府宣布改大学院为教育部，蒋梦麟为第一任教育部长。

1929 年 7 月，南京国民政府颁布并实施《大学组织法》。《大学组织法》规定：“大学分文、理、法、农、工、商、医药、教育、艺术及其他各学院，凡具备三学院以上者，始得称大学，不合上项条件者，为独立学院，得分两科。”③《大学组织法》的颁布标志民国时期大学的“校—院—系”制度开始以法律的形式确立下来。同时，该法对校长、院长的

---

① 朱家德. 权力的规制：大学章程的历史流变与当代形态［M］. 北京：中国社会科学出版社，2013：243.

② 李华兴. 民国教育史［M］. 上海：上海出版社，1997：423.

③ 张国有. 大学章程：第一卷［M］. 北京：北京大学出版社，2011：387.

设立和系务、院务、校务会议等也有所规定。《大学组织法》第十五条、十六条规定："大学设校务会议，以全体教授、副教授所选出之若干代表，及校长、各学院院长、各学系主任组织之，校长为主席"，校务会议负责审议"大学预算、大学学院学系之设立、大学课程、大学内部各种规则"等事项①。之后，教育部在《大学组织法》的基础上公布《大学规程》，《大学规程》实际上相当于《大学组织法》的子法。《大学规程》在《大学组织法》规定的7个学院之外，增设教育学院，具体规定各学院下设的学系，并对学系的名称作出明确规定②。这一时期，包括《大学组织法》在内的法律法规在充分吸取历史经验的基础上，主要借鉴美国高等教育体制，对完善大学的相关法律法规起到了积极的推动作用。此外，《大学组织法》对大学内部权力机构进行重新安排，取消董事会，取消教授会的权力，确立了校务会议的核心地位。

1930年，蒋梦麟出任北京大学校长。1932年，北京大学公布并施行《国立北京大学组织大纲》。《国立北京大学组织大纲》根据《大学组织法》的精神，通过设立校务会议使大学行政权力和学术权力在一定程度有所平衡。此外，这一时期还有《国立中央大学组织大纲》（1930）、《国立中山大学组织大纲》（1933）等，都对大学的内部组织结构进行了规定，基本涵括《大学组织法》所规定的事项。至此，各大学的组织规程受《大学组织法》的影响，对内部治理结构的安排更趋规范和合理，体现出崇尚学术自治和民主分权的特点③。之后，中国进入抗战时期，《大学组织法》仍然一直施行，但对师范大学的规定有所改变。由于当时专门培养中等学校师资的师范教育十分薄弱，因此，国民政府于1938年颁布《师范学院规程》，其中规定师范学院既可在大学中设立，也可单独设立。由此，师范学院不再绝对地从属于大学，战时师范学院制度形成④。抗战结束后，经过教育复原时期，《大学组织法》的部分规定已

① 张国有. 大学章程：第一卷 [M]. 北京：北京大学出版社，2011：388.

② 周川. 中国近现代大学建制发展研究 [J]. 北京大学教育评论，2004（7）：87-92.

③ 湛中乐，等. 大学章程法律问题研究 [M]. 北京：北京大学出版社，2016：62.

④ 杨之岭，等. 中国师范教育 [M]. 北京：北京师范大学出版社，1989：190.

经不再符合发展的实际，国民政府于1948年颁布施行《大学法》，但其核心的制度安排仍然继承并沿用了《大学组织法》的相关规定。

四、新中国大学章程

1949年10月1日，中华人民共和国成立，我国开始走上社会主义的发展道路。受制于当时的世界政治格局，我国全面效仿苏联模式，在教育领域实行集中管理的教育管理制度，大学章程建设由此出现断层。1950年5月，教育部颁布《北京师范大学暂行规程》。该规程共分为6章，共计31条，包括：第一章总纲，第二章教学原则，第三章学生，第四章教学组织，第五章行政组织，第六章附则。该章程的结构内容较为完备，体现了社会主义国家教育的性质和特色。例如，该规程规定政治课为本科各系的共同必修课，且约占全部课程的百分之五十，包括辩证唯物论和历史唯物论等科目。此外，该规程规定校长、副校长的任命由教育部呈经政务院提请中央人民政府委员会，教务长、行政处长、各系科主任均由校长提请教育部批准后任命。《北京师范大学暂行规程》在新中国建立伊始在重建高等教育管理体制方面发挥了积极的作用，并成为国家教育政策的载体。

1950年7月，教育部发布《高等学校暂行规程》。该规程规定在高等学校实行校长负责制和校务委员会制度，同时也进一步加强了政府对大学的管理。1953年，教育部颁布《关于修订高等学校领导关系的决定》，主张政府统一集中管理高等学校，高等学校的设立、招生、基建、财务、人事、教学等都要严格执行中央的指示。1961年，我国批准施行《教育部直属高等学校暂行工作条例（草案）》。该条例共分10章，共计60条，又简称“高教六十条”。“高教六十条”体现了党对高校管理的关注，对高校的基本任务、知识分子的定位以及专业设置等作出了正确的判断和规定。之后，“文化大革命”爆发，“高教六十条”被搁置。这一时期，大学的权力结构和运行模式被统一的法令直接规定，大学章程作为一个自治性的文件失去了实质性的应用领域①。这种高度集中的教育管理体制，使大学章程成为一种程序性的规章制度。从本质上来看，大

① 湛中乐，等．大学章程法律问题研究［M］．北京：北京大学出版社，2016：65.

学章程不再具备其应有的治理功能，其发展基本处于停滞的状态。

1978年改革开放以后，我国教育事业开始蓬勃发展，高等教育也进入前所未有的繁荣时期。1995年，我国颁布施行《中华人民共和国教育法》（以下简称《教育法》），其中第26条规定设立学校及其他教育机构的首要和基本的条件是“有组织机构和章程”，第28条规定学校及其他教育机构有“按照章程自主管理的权利”①。1998年，我国又颁布并施行新修订的《中华人民共和国高等教育法》（以下简称《高等教育法》），其中第27条规定申请设立高等学校的，除了应当向审批机关提交申办报告、可行性论证材料外，还应当提交“章程”②。这是我国改革开放以来从教育法律层面对大学章程作出的最早、最明确的规定。2010年，我国发布《国家中长期教育改革和发展规划纲要（2010—2020年）》，进一步提出：“各类高校应依法制定章程，依照章程规定管理学校。”③ 2011年，教育部又发布《高等学校章程制定暂行办法》，其中规定：“章程是高等学校依法自主办学、实施管理和履行公共职能的基本准则。”④

自《教育法》和《高等教育法》颁布以后，我国部分大学开始着手制定章程。吉林师范大学于2002年颁布《吉林师范大学章程（试行）》，吉林大学于2005年颁布《吉林大学章程》，将大学章程的制定工作带入大众的视野，引发社会各界的广泛关注。2013年9月，教育部印发《中央部委所属高等学校章程建设行动计划（2013—2015年）》，要求“到2015年底，教育部及中央部门所属的114所高等学校，分批全部完成章程制定和核准工作，‘985工程’建设高等学校原则上于2014年6月前完成章程制定，‘211工程’建设高等学校原则上于2014年底前完成章

① 中华人民共和国教育法［EB/OL］.（2015-06）. http://old. moe. gov. cn/publicfiles/business/htmlfiles/moe/moe_619/200407/1316. html.

② 中华人民共和国高等教育法［EB/OL］.（2016-09）. http://gjc. sues. edu. cn/57/dd/c9875a22493/page. htm.

③ 国家中长期教育改革和发展规划纲要（2010—2020年）（2010-07）. http://old. moe. gov. cn/publicfiles/business/htmlfiles/moe/info_list/201407/xxgk_171904. html.

④ 中华人民共和国教育部. 高等学校章程制定暂行办法［EB/OL］.（2011-11-18）. http://www. moe. edu. cn/publicfiles/business/htmlfiles/moe/s6342/201406/xxgk_170440. html.

程制定”[①]。2013 年 11 月，教育部核准公布中国人民大学、东南大学、东华大学、上海外国语大学、武汉理工大学和华中师范大学这 6 所高校的章程。截至 2015 年底，《全面推进依法治校实施纲要》提出的大学“一校一章程”建设目标基本完成，其中 112 所“211 工程”大学（含 38 所“985 工程”大学，军事院校除外）的章程已经全部完成核准发布工作[②]。至此，我国大学基本完成大学章程的制定、核准和发布工作，大学章程建设取得较大的进展。

第二节　中国大学章程的未来走向

大学章程建设是我国现代大学制度建设的重要组成部分，对我国大学治理体制的优化与完善具有重要的意义。经过多年的改革探索，我国已经将大学章程嵌入现代大学制度体系之中，从宏观上确立了我国大学治理体制的框架结构。同时，我国大学章程建设依然存在一些问题，亟待改革与完善。透过美国大学章程建设的经验与价值，针对我国大学章程建设存在的问题，构建既体现大学章程建设一般规律，又符合中国大学发展实际的大学章程体系成为我国大学章程建设的未来方向。

一、克服大学章程建设的自身局限

大学章程建设是一项系统、复杂的工程，由于影响我国大学章程发展的原因是历史的、动态的、多元的，因此，克服我国大学章程自身的局限也绝非一日之功，需要从多个方面着手。

（一）明晰大学章程的法律位阶，提升大学章程的法律效力

在我国教育法律体系中，大学章程上承国家教育法律法规，下启大学内部规章制度，是一种中观层面的、具有一定法律效力的规范化文

① 中华人民共和国教育部．中央部委所属高等学校章程建设行动计划（2013—2015 年）［EB/OL］．（2013-09-26）．http://old.moe.gov.cn//publicfiles/business/htmlfiles/moe/s7742/201311/160160.html.

② 蒋子文．已有 84 所高校简称获教育部高校章程核准［EB/OL］．（2015-07-06）．http://news.sciencenet.cn/htmlnews/2015/7/322171.shtml.

本。作为大学运行的“基本法”或“宪章”，大学章程为大学治理的合法化提供依据，对大学治理作出总体性规范。根据我国1995年《教育法》和1998年《高等教育法》的规定，以及随后不断出台的相关法律法规的指导意见，我国大学章程具有某种意义的法律地位。然而，由于我国大学章程主要来源于相关教育法律的授权，而教育法律对于大学章程的相关界定又过于简单和模糊，从而导致大学章程的实质法律地位并不高。同时，由于我国大学章程既非国家权力机关制定的法律明文，也未明确存在于我国教育法律体系之中，因此，大学章程在大学治理过程中常常被视为类似于大学内部一般规章的制度文本，而非具有某种准法意义的，用以规范大学治理的“基本法”和“宪章”。这说明我国大学章程虽然具有一定的法源依据，但其自身的法律地位难以得到认同。我国大学章程法律位阶的模糊导致其在大学治理过程中无法充分发挥应有的法律效力，无法对大学各相关利益主体形成足够的约束力。

美国大学章程起源于殖民地时期英国王室所颁授的特许状，它为美国殖民地学院的治理提供了制度保障。美国独立以后，尤其在著名的达特茅斯学院案之后，美国大学特许状的法律地位进一步明晰。特许状作为大学与政府之间的契约神圣不可侵犯，美国大学自治由此得到美国宪法的保护，使得美国大学享有较大的办学自主权。时至今日，美国高等教育已经具备完备的法律体系，法治理念成为大学治理的重要理念。经过不断的发展演变，美国大学章程具备丰富的法律内涵和毋庸置疑的法律效力，为大学治理提供了法律支撑和保障。目前，就美国私立大学而言，其特许状通常由所在州的立法机关颁授，一些私立大学特许状成为所在州教育法律的重要组成部分。例如，康乃尔大学的特许状由纽约州政府颁授，被纳入纽约州的法律体系之中。就公立大学而言，许多州立大学章程是其州教育法律体系的重要组成部分。一些公立大学，如密西根大学和加州大学等，其章程甚至被纳入州宪法体系，使得这些大学成为州宪法意义上的大学，享有与州政府，乃至州议会同等的法律地位，具有较大的办学自主权。正是美国大学章程明确的法律地位，使得美国大学章程的法律效力在其治理过程中得以充分展现。

审视我国大学章程的法律地位和效力，大学章程应当承担补充教育法律法规体系和规范大学治理的双重效能。在我国法律体系中，宪法具有最高的法律效力，下位法的制定不能与上位法相抵触。具体到教育法律领域，必须从我国大学章程立法的顶层设计出发，通过现有教育法律法规对大学章程的性质进行更加具体明晰的界定，提升大学章程的法律地位，甚至可以探索通过全国人大决议，形成国家教育法律法规层面的大学章程法，建立一套自上而下的大学章程法律体系，对大学内外部关系进行更加明确的界定。同时，大学章程的制定与修订必须经教育主管部门，乃至国家立法机关审批核准。大学章程法体系的构建，会使大学章程的法源不仅仅是教育法律的简单授权，而是更加明确、系统的法律法规，这符合现代大学法制化建设的主旨与希冀，将使我国大学“依法治校”成为可能。

我国现代大学制度建设以充分发挥大学自主权为美好愿景。大学章程法律体系的构建有助于明确各利益相关主体在大学治理过程中的关系。大学章程立法既是大学章程建设的内在需要，也是现代大学治理的迫切要求。尽管大学章程法律地位的确立需要一个过程，但作为现代大学制度的载体，大学章程的生命力将在不断的教育改革和发展中逐渐显现出来。大学章程法律地位的提高和法律效力的明晰将为我国大学章程的制定和实施，为我国大学治理结构的完善和现代大学制度的建设提供坚实的法律支持和制度保障。

（二）完善大学章程的内容和结构，彰显大学章程的特色

大学章程的内容和结构是大学治理的具体表现形式，其存在的问题反映大学治理过程中的内在矛盾。由于我国大学章程的制定、核准与发布是在教育主管部门的强力推动下，在较短时间内迅速完成的，因此，目前我国的大学章程大多模仿和参照我国《高等教育法》以及相关教育政策文件，致使我国现行大学章程在内容与结构方面存在比较明显的趋同现象。正因为如此，一方面，我国现行大学章程的内容和结构未能体现各大学自身的发展历程和历史底蕴，未能充分彰显各大学自身的独特性和办学特色；另一方面，我国现行大学章程对有关内容的界定不甚清晰，甚至一些必要事项也未能纳入其中，从而导致大学章程的治理效力

难以得到切实的发挥。

美国大学章程普遍具有个性鲜明的特征，不仅能够反映各大学不断变迁的发展历程，而且能够体现各大学独特的办学理念。美国大学章程的文本内容一般包括三个方面的核心内容：第一，对大学的使命和办学目的系统阐述；第二，对大学的外部关系的详细规定，包括大学与政府、社会的关系等；第三，对大学的内部治理的明确规范，包括大学董事会的规模、人员、权责、运行机制，大学校长的遴选、职权和权力运作方式，以教授为主体的学术评议会的职权和权力运作方式等。美国大学章程以文本内容为载体，系统科学地规范大学治理的方方面面，为美国大学治理提供了坚实的制度保障。

就我国大学而言，每一所大学的创设和发展都是一段独特的历史，精心设计大学章程的内容和结构应是我国大学章程建设的基础和核心工作。首先，大学章程的内容与结构体系的构建应当秉承各大学自身的优良传统。为加强我国现代大学的制度建设，在政府的大力推动下，我国各大学章程在短时间内迅速地制定、核准与发布。但是，一所大学的发展，无论其历时长久或短暂，都有其独特的文化底蕴。大学章程应当成为记录各大学历史发展历程的载体。其次，大学章程的内容与结构需要更加科学、合理的定位。在大学改革的浪潮中，大学章程内容与结构的定位折射大学的发展方向与目标。世界各一流大学的章程往往都是独一无二的，可辨识度高，在大学发展过程中逐渐成为大学的标识。大学章程内容与结构体系的构建必须建立在破除大学章程的制度障碍、明晰大学章程的治理定位的基础之上。我国大学数量较多，办学层次、办学目标、学校定位差异较大。各大学必须根据自身办学特色和发展目标，制定具有各自鲜明个性的大学章程。

（三）规范大学章程的制定，健全大学章程的修订程序

大学章程建设既包括大学章程的创制，也包括大学章程的修订。目前，尽管我国大学章程的制定已基本结束，但大学章程的制定主体、制定程序和修订程序依然存在许多问题。首先，大学章程的制定主体不明确。我国相关教育法律法规并未对大学章程的制定主体作出明确的规定，致使在大学章程制定过程中主导章程制定的决策主体不甚明

确。其次，大学章程的制定程序不合理。我国大学章程的制定缺乏必要的理论探究和深入的实证调研。在我国大学章程的核准工作中，教育主管部门对大学章程的核准缺少科学的审议和核查程序，难以对章程的制定进行有效的监督。第三，大学章程的修订程序不完善。我国很多大学的章程对章程修订程序的规定都比较简略，一般仅在章程的附则中进行简要的说明，缺乏详细的实施细则，致使大学章程的修订存在诸多问题。例如，大学章程的修订究竟应该由谁提出，是否只能由校长提出修订要求，教职工代表大会是否有权决议修订草案的通过与否等。

美国大学章程是大学治理的最高纲领。在不断的发展演变过程中，美国大学章程逐渐形成一整套与法律紧密联结的制度综合体。美国大学章程的制定过程，实际上是美国大学内部治理规范，乃至各州相关教育法律的立法过程。在章程的制定主体方面，美国大学章程的制定主体通常是州立法机关或大学董事会，且制定主体的成员构成比较多元化，章程制定主体掌握大学章程的制定权和修订权。在章程的制定方面，大学的创立者和大学最高权力机构将大学章程的制定作为新法律的创生来设计，对大学章程的制定过程给予高度的重视，并形成了一套组织严密、过程规范的制定程序。在章程的修订方面，一般来说，大学特许状涉及州立法机关和大学董事会双方，变动频率相对较低。但美国大学章程对特许状或章程的修订有较为具体的要求，需要遵循法定的程序才能生效。由此，美国大学章程的制定和修订体现了权威性、规范性、理性精神和正义原则等特征，为我国大学章程的制定和修订提供了可资借鉴的理念和程序。

大学章程的制定和完善需要科学的指导，需要合法、严谨、完善的程序加以规范。大学章程制定和修订的科学化应成为大学章程建设的重要内容。

首先，明晰大学章程的制定主体。正如北京大学教育法研究中心主任湛中乐教授所说："明确大学章程的制定主体是大学章程制定的首要问题，不在制度设计上明确解决这个问题，就不可能科学合理地设计大学内部权力结构，或者即使设计出来，也会导致实际权力运行过程的无序和失衡，导致大学章程难以获得实效。”① 有关大学章程制定主体的确定问题，学术界有着较为丰富的研究。持契约论观点的人认为，大学章程是大学各利益相关主体之间共同达成的契约，因此制定大学章程应吸纳各利益相关主体，满足相关主体共同协商的利益诉求，并体现大学章程制定主体之间平等民主的关系；持自治论观点的人认为，大学章程是大学自治的载体，是对大学自治作出的具体规范，也是大学自治的制度保障和依据，因此大学章程的制定过程必须确保大学自治权的实现，强调大学成员对章程制定的实质话语权②。就我国大学章程制定的具体实践而言，我国大学主要包括公立和民办两大类，大学章程的制定时间有的在大学成立之前，有的在大学成立之后，其制定主体亦有所差异。在大学成立之前，大学章程的起草制定由大学的举办者负责。公立大学的举办者为政府，因此公立大学章程的制定由政府牵头成立专门机构负责。民办大学章程的起草和制定由举办者所组建的董事会负责。大学成立之后，公立大学章程的制定主体由举办者转变为大学的权力机关，民办大学由大学的权力机关，即董事会负责。大学权力机关可以成立涵盖各利益相关主体的章程起草委员会，负责章程制定的全过程。作为专门的组织机构，章程起草委员会的成员组成必须遵循两项基本原则：一是成员结构的多元化，即章程起草委员会的成员应来自社会的不同领域、拥有不同的专业背景，并有着详细的数量、比例等要求；二是章程起草委员会的成员必须具有不同的利益倾向性，能够代表大学各利益相关主体的不同利益诉求。借鉴美国大学章程的制定经验，在大学章程的制定主体中，作为大学重要的利益相关主体，政府应作为当然代表参与大学章程的制定，但代表政府的成员数量和权限均应有明确的规定，民办大学亦可邀请政府代表参与大学章程的制定。由于我国高等教育体制的复杂性和大学权力结构的多样性，大学章程的制定主体构线也具有复杂性。因此，不同大学章程的制定主体存在差异是不可避免的。

---

① 湛中乐，等. 公立高等学校法律问题研究［M］. 北京：北京大学出版社，2009：138.

② 湛中乐，等. 大学章程法律问题研究［M］. 北京：北京大学出版社，2016：109-110.

其次，规范大学章程的制定程序。大学章程的制定程序实质上是大学各利益相关主体权力分配的过程。大学章程的制定过程主要包括起草、审议、表决、核准、公布几个阶段。在章程起草阶段，大学应成立专门的章程起草工作组，通过前期的广泛调研，明确各类注意事项，提出草案；然后在借鉴经验、听取意见的基础上反复协商修改，最后形成正式的草案。在章程审议和表决阶段，章程草案应被提交给专门的机构进行审议和表决。在我国大学章程制定的实践中，章程的审议和表决没有统一的标准和要求，审议和表决的主体亦可有所不同。具体而言，我国有些大学章程草案的表决权在教职工代表大会，有些在党委会。对大学章程草案，有些大学先审议后表决，有些大学则将章程草案的审议和表决融为一体，审议通过即表决通过。审议是表决的前提，审议过程是对章程草案提出质询、发表看法、提供建议的过程。表决程序决定章程草案能否通过，表决权应属于大学章程的制定主体。为了有效地反映大学各利益相关主体的合法诉求，表决应实行超多数决或最高反对票决，即章程草案必须由三分之二以上成员投票通过，或者只要有规定票数的反对票时，草案即不能通过。在章程核准阶段，我国大学章程在表决通过后需上报教育主管部门核准后才能生效。教育主管部门应当充分核查大学章程的具体内容，建立章程退回修正制度，将不符合要求的大学章程退回，并附上修改意见。在章程公布阶段，大学必须向全社会公开章程的文本以及教育主管部门的核准意见等内容。

最后，健全大学章程的修订程序。随着我国高等教育改革的逐步推进，大学内外部环境不断发生变化，大学必须审时度势，迎接不断变化的挑战，尤其是在大学发生分立、合并、终止，或者名称、类别层次、办学宗旨、发展目标、举办与管理体制等发生重大变化时，大学章程必须顺时而变。大学章程的修订实质上是赋予大学章程与时俱进的生命力。大学章程的修订权理应由章程的制定主体掌握，而章程的制定主体也可以组建专门机构负责章程的修订。章程修订的主体应结合大学发展的实际，吸纳各利益相关主体，充分体现章程修订的民主性。章程的修订过程应包括提案、审议、表决、核准、公布几个阶段，这就是章程的修订程序。与制定程序相比，大学章程的修订主要是章程修订的提案权问题。我国各大学的章程对修订程序没有过多的阐释，通常都是根据制定程序进行章程的修订。需要说明的是，大学章程具有法律效力，这意味着大学章程一旦生效，秩序随即形成，不得随意更改。频繁的修正实际上是在挑战大学章程的权威性和稳定性。因此，修订程序的法治化必须嵌入章程修订的全过程。

二、重塑大学章程建设的治理意蕴

大学治理是大学章程的核心内容，大学章程的建设应当致力于充分发挥大学章程的治理意蕴。我国现行大学章程的治理性未能得到充分有效的发挥，其原因是复杂的。因此，重塑大学章程的治理意蕴也应当从多方面着手。

（一）树立学术本位的价值追求

大学的宗旨或使命既反映大学组织的目标，也为大学组织的行为提供基本的价值或意义导向，它告诉大学应该是什么、应该做什么、应该怎样做才是有意义的[①]。换言之，大学宗旨或使命反映大学的价值追求，成为大学价值追求的载体。由于不同国家历史文化、法律体系、教育体制等诸多因素的影响，世界各国大学章程对于其大学精神、大学办学理念的定位各有不同，体现出鲜明的个性特征。即使同一国家，由于各大学的历史发展、教育理念、办学定位等不同，各大学章程也体现了各大学不同的价值追求。纵观我国各大学章程关于大学宗旨或使命的表述，尽管其内容十分翔实，但实际上存在一定的问题。其一，我国大学章程关于大学宗旨或使命的表述常常过于宏大，内容宽泛，定位模糊，无法为大学的具体运行提供明确、具体的导引。其二，许多大学章程关于大学宗旨或使命的表述趋同，基本上都是围绕人才培养、科学研究、社会服务、文化传承创新的基本职能展开论述，没有体现办学特色，有的甚至直接模仿或套用其他大学章程的有关表述。其三，大学是以探究和传播高深知识为主旨的学术组织，学术性是大学组织的本质属性。我国大学章程有关大学宗旨或使命的表述和定位在一定程度上没有体现学术本

---

① 张继明. 学术本位视域中的大学章程研究 [M]. 济南：山东人民出版社，2015：182.

位的价值追求，致使我国大学的学术特性难以得到充分彰显。

作为探究和传播高深知识的学术组织，现代大学应当确定以学术为本的办学理念，体现学术本位的价值追求。分析美国大学章程关于大学宗旨或使命的规定可以发现：一方面，美国大学强调大学的学术本质属性，并确定大学的办学宗旨是以保存、传播和运用高深知识安身立命，努力培养社会所需的实用人才；另一方面，在各个不同时期，美国大学对其宗旨或使命有着不同的界定，不断融入符合时代发展要求的新内涵。美国大学章程的建设经验对我国大学章程建设具有重要的启发意义。

我国大学在章程建设过程中应当树立学术本位的价值追求。首先，我国大学章程对大学宗旨或使命的表述应以总结、提炼大学发展的核心价值为基础，语言应生动具体，不能宏大空洞地泛泛而谈，更不能简单复制、套用教育法律法规的相关内容。其次，我国大学章程建设应根据现代大学人才培养、科学研究、社会服务的基本职能，结合大学各自的办学实际和特色，努力体现大学自身的个性。最后，现代大学制度建设的实质是依托大学章程建设，重构由包括学术群体在内的各利益相关主体共同参与的大学治理体系的过程。学术本位的价值追求不仅应体现在有关大学宗旨、使命、办学目标等内容的宏观界定上，还应体现在大学制度的设计与安排上。

有关大学宗旨或使命的界定是大学章程展现其自身价值及其治理性的重要方式。许多世界一流大学之所以始终在瞬息万变的社会发展中立于不败之地，与其大学章程所确立的大学价值追求、大学发展的目标和愿景不无关系。正是对价值追求的精准把握和对自身定位的清晰认知，大学章程才能引领、激励这些大学不断改革创新、奋勇前行。我国大学在章程建设中应在清晰认识自身的基础上，树立学术本位的价值追求，真正使大学的学术价值嵌入大学治理的过程之中，对大学的发展起到引领和规范作用。

（二）明晰大学的外部关系

1. 明确界定大学与政府的关系

厘清大学与政府的关系是大学治理的前提条件。就我国公立大学而言，政府既是大学的举办者，也是大学的管理者。政府参与大学治理是我国现代大学制度建设的重要内容。从我国现行大学章程的文本内容来看，我国大学章程中有关大学与政府关系的表述比较笼统、模糊，仅仅阐述了两者的关系现状，未能提出规范性要求。大学章程既没有对大学与政府的权利和义务作出规范说明，也未能明确规定政府参与大学治理的具体方式。由于大学章程对大学与政府权责分配不清，政府在我国大学治理过程中就可能出现权力越位或缺位现象。

美国大学章程对大学与政府的关系、政府的权利和义务有着明确的界定。首先，美国大学大多通过其章程明确规定董事会的成员构成，对政府官员进入大学董事会的方式、结构、比例、人数等有着明确的规定，有的大学甚至在董事会中设立专门委员会，负责处理大学与政府之间的事务。例如，康乃尔大学在董事会中下设大学关系委员会，大学关系委员会就大学与联邦、州和地方政府，大学与纽约州立大学以及该州其他部门和机构的关系向董事会提供咨询意见①。同时，美国大学大多通过其章程设置专门与政府进行沟通协调的职位。例如，《耶鲁大学章程》明确规定：根据校长的要求和提名，大学董事会可以设立有关政府事务的副校长，负责协调大学与政府之间的关系②。

就我国大学而言，明确界定大学与政府之间的权利和责任，赋予大学一定的办学自主权，并在大学章程中以制度的形式加以确定，是当前我国大学章程建设的重要任务。

首先，重视政府参与大学治理的作用，为政府参与大学治理设计科学合理的制度框架。从大学治理的视角出发，政府作为我国公立大学的举办者和管理者，不仅对我国公立大学负有行政管理的职责，同时也是我国公立大学的重要利益相关主体。政府在大学的发展过程中应当起到支持、促进和监督作用。因此，我国大学章程应以制度的形式将政府纳

---

① Cornell University. Bylaws of Cornell University [EB/OL]. (2018-03-23). https://trustees.cornell.edu/Shared%20Documents/18-3%20bylaws%20w-TC.pdf#search=bylaws.

② Yale University. The Yale Corporation Bylaws [EB/OL]. (2009-04-25). https://www.yale.edu/board-trustees/governance-historic-documents/laws.

入大学章程的外部关系之中。一方面，作为公立大学的举办者，政府应进入大学的决策体系，大学章程应在政府参与大学治理的人员的人数、比例、遴选、任期等方面进行清晰的界定。另一方面，作为大学的管理者，政府应加强对大学的监督和管理，引领和规范大学的发展。

其次，彰显大学的法人地位，着力落实大学办学的自主权。根据我国《高等教育法》的规定，作为独立的法人主体，我国大学享有财务自主权、招生自主权、专业设置自主权、教学自主权、机构设置与人事调配权等办学自主权。[①] 为了落实大学办学的自主权，在经费财产方面，大学章程必须明确大学的独立法人地位，在法律范围内赋予大学独立的资金、设施等财产的使用和处置权；在招生方面，大学章程应明确大学在考试、录取等环节的主导权；在教学与研究方面，大学章程应规定在接受专业机构评估的基础上，大学拥有根据自身办学条件、专业发展规律、社会需求的变化自主设置和调整学科专业的权力；在人事方面，大学章程应规定大学在教学与研究人员，以及行政人员的任免方面享有一定的权限。

总之，我国大学章程建设应正确把握大学与政府的关系，既要充分发挥政府参与大学治理的作用，也要全面落实大学作为独立法人的办学自主权。而这需要通过大学章程设计规范的制度体系加以保障。大学章程不仅要明确各利益相关主体的权力，更需要明确各主体应承担的责任，实现自主与责任的统一[②]。唯有明确大学与政府的权力和责任，才能为政府参与大学治理提供制度保障，同时为大学落实办学自主权奠定坚实的基础。

2．规范社会相关主体的参与形式

随着大学与社会交流合作的内容与形式越来越丰富，大学的社会服务职能更加凸显，大学开始承担更多的社会责任。社会相关主体参与大学治理能够促使大学治理结构更趋完善。因此，大学章程建设应以制度

---

① 陈立鹏，等. 大学章程研究——理论与实践的探索［M］. 北京：北京师范大学出版社，2012：10.

② 陈运超. 大学章程的价值与实现［J］. 复旦教育论坛，2012（3）：22-26.

的形式将社会力量参与大学治理的内容和形式确立下来，明确社会各利益相关主体的权利与义务，从而推动我国大学治理的科学化与民主化。

我国现行大学章程关于社会相关主体参与大学治理的内容和形式依然存在一定的缺失，很多大学章程缺乏对社会各界、包括校友参与大学治理相关内容的规定。同时，一些大学章程有关社会相关主体参与大学治理的界定不甚清晰，形式不够灵活，仅在章程条款中强调社会相关主体参与大学治理的必要性，但普遍缺乏明确的、可操作性的机制。例如，有关大学校友的内容大多强调校友参与大学治理的重要性，鼓励校友参与学校的建设和发展，但没有明确规定校友参与大学治理的方式，对校友的权利和义务大多也未提及，致使大学校友难以参与大学的治理过程，从而为大学的发展咨议建言。

大学与社会应当保持什么样的关系，如何保持这些关系，如何实现大学与社会的互动和双赢，是美国大学章程致力于回应的核心问题。作为美国大学的最高权力机构，美国大学董事会成员大多来自社会的各个领域，能够广泛地反映社会各方面的需求。例如，《弗吉尼亚大学监事会手册》（2004 年版）明确规定，在大学 17 名董事之中，至少有 12 名来自弗吉尼亚州，并且至少有 12 名为弗吉尼亚大学的校友①。同时，美国大学通过在董事会下设专门委员会的方式加强与社会的联系。例如，芝加哥大学在董事会设立对外联络委员会，该委员会的职责是在大学战略品牌和交流效果的背景下，对在地方、地区、国家或全球范围内产生影响的大学计划、伙伴关系和联盟关系进行审查、支持和建议②。

大学与社会的关系通常包括两个方面：一是大学与社会各界的关系，

---

① University of Virginia. Manual of the Board of Visitors of the University of Virginia [EB/OL]. (2016-10-01). http://www.virginia.edu/bov/BOV%20Manual/WEB%20FRIENDLY%20VERSION%20-%20BOV%20MANUAL%20-%20July%202017.pdf.

② University of Chicago. Bylaws of the University of Chicago [EB/OL]. (2017-05-25). http://trustees.uchicago.edu/sites/trustees.uchicago.edu/files/uploads/files/UniversityofChicagoGoverningDocuments.pdf.

二是大学与校友的关系。我国部分公立大学通过成立大学董事会、理事会或其他咨议机构，将关心和支持大学发展的社会人士纳入大学治理体系之中。例如，《中国人民大学章程》规定："学校董事会是由热心高等教育，关心、支持中国人民大学发展的各界人士自愿组成的咨议机构，旨在促进学校与社会建立广泛联系与合作、筹措学校办学资金，为学校非行政常设机构。"① 又如，《东南大学章程》规定："学校设董事会，对学校的决策及重要工作提出意见和建议。"②大学董事会、理事会以及其他咨议机构的设立能够克服传统大学管理体制的某些弊病，为社会相关主体提供参与大学治理的途径。大学章程应进一步明确此类机构的权力和职责，构建常态化的机制，为社会相关主体参与大学治理提供制度保障。

此外，大学校友也是大学发展过程中的重要社会资源。我国现行大学章程大多都有关于校友的规定，但都只是表明学校重视校友资源，未能对大学校友参与大学治理的权利和义务作出明确的界定。大学章程应当详细地规定校友参与学校治理的机制，包括校友进入咨议机构或决策体系的方式、数量、结构、比例等，充分发挥校友在大学建设发展中的治理作用。中国大学已经逐步认识到大学多元治理的重要性，包括校友会在内的各社会相关主体终将以适当的方式参与大学的治理③。

（三）完善大学内部治理结构

大学章程作为大学内部治理的最高准则，应该对大学内部的治理结构进行系统、详细的界定，为大学的治理过程提供重要的引领和规范。因此，以我国现代大学制度建设为背景，通过大学章程对我国大学内部治理结构进行系统的、各具特色的规定，成为完善大学内部治理结构的重要途径。

---

① 中国人民大学．中国人民大学章程［EB/OL］．(2013-11-18)．http://news.ruc.edu.cn/archives/70109.

② 东南大学．东南大学章程［EB/OL］．(2015-04-10)．http://ghb.seu.edu.cn/sswzt/d7/1a/c12672a120602/page.htm.

③ 湛中乐．公立高等学校法律问题研究［M］．北京：北京大学出版社，2009：209.

首先，我国大学治理结构历经多次改革探索和尝试。直至目前，伴随我国现代大学制度建设的不断推进，国家、社会和大学都希望通过大学章程规范大学的治理，保障大学办学的自主权。目前，依据我国《高等教育法》的规定，我国大学实行党委领导下的校长负责制。我国各大学章程根据《高等教育法》的规定均将党委领导下的校长负责制作为我国大学的基本治理体制。应该说，党委领导下的校长负责制是新中国成立以来我国大学经过多年的探索和积淀所形成的大学治理体制，符合我国大学发展的实际。

在当前的新时代和新形势下，建设社会主义现代化强国对我国大学提出了新的、更高的要求。作为中国共产党领导的社会主义国家，我国大学肩负着培养具有中国特色社会主义建设者和接班人的根本任务。加快推进教育现代化、建设教育强国、扎根中国大地办好人民满意的教育尤其需要加强党的领导。习近平总书记在2018年召开的全国教育大会的讲话中也强调："加强党对教育工作的全面领导，是办好教育的根本保证。"① 因此，坚持党委领导下的校长负责制是我国大学治理体系与治理能力现代化应当明确的方向和目标。当然，在我国大学的具体实践中，党委领导下的校长负责制还有待进一步明晰和完善。党委在我国大学治理结构中是政治权力的代表，理应享有大学的治理权。大学章程应对党委在大学治理过程中的决策与监督、学校改革发展规划审批、重大人事调整、重要经费使用等方面的职权作出更加清晰的规定，从而进一步明确大学党委的治理职能，充分保障大学党委的治理权力。只有这样才能办好人民满意的高等教育。

其次，校长是大学的法人代表，是大学行政管理的核心。从我国大学内部权力运行的实际情况来看，我国大学章程并未对大学校长的遴选、权责等作出非常明确的规定。我国大学可以通过其章程将大学校长的遴选制度化，探索在党委领导下采用新的民主推举方式。大学章程可

① 习近平．坚持中国特色社会主义教育发展道路，培养德智体美劳全面发展的社会主义建设者和接班人［DE/OL］．（2018-09-10）．http://www.moe.gov.cn/jyb_xwfb/gzdt_gzdt/201809/t20180910_348145.html.

以规定大学校长遴选的方式和程序，为大学校长的遴选提供制度保障。同时，作为大学的法人代表和首席行政官员，大学校长享有行政事务的主导权，大学章程应当对大学校长的行政管理职能和权责作出明确的规定，从而充分保障大学校长的治校权。当然，大学校长理应接受大学党委和其他部门的监督，有义务对党委和教职工代表大会汇报工作，大学治理权应归大学各相关主体共有，校长必须对大学各相关主体负责。

最后，作为以探究和传播高深知识为主旨的学术机构，大学应实行区别于其他组织的独特运作方式，学术权力在大学运行中具有不可或缺的重要作用。从我国大学运行的实际来看，大学行政权力制定学校政策、掌握资源的配置权、制定大学的运作规则，在大学运作中占据主导地位，而学术权力相对较弱。为充分尊重大学的学术自由，保障以教师为主体的学术群体在大学的治理中，尤其在有关学术事务的决策中享有充分的权力，大学章程应以制度化的组织和形式对学术权力参与大学治理加以明确界定，为学术权力的行使提供坚实的制度保障。我国大学一般都在校、院两级设置相应的学术委员会或教授委员会，大学章程应对学术委员会或教授委员会参与大学治理的内容和形式进行具体的规定，以提高学术权力的话语权。当以教师为主体的学术群体的利益受到侵害时，大学章程应确定明晰的申诉途径和方式，以维护学术群体的合法权益。

在我国大学治理的过程中，学生参与大学治理是常常被忽略的问题。在传统大学管理实践中，学生作为受教育者的主体地位未能得到应有的尊重，更谈不上将学生纳入大学治理的决策体系之中，学生参与大学治理的权利未能得到充分体现。由于学生是大学发展之本，在现代大学制度建设的背景下，学生群体利益诉求的表达应当成为我国大学治理改革的重要方向。目前，一些大学虽然在其章程中提及学生所应享有的各项权利和义务，但对在大学治理中如何保障这些权利和义务却语焉不详。因此，大学应在其章程中对学生所享有的各项权利和义务，对学生参与大学治理的权限、方式、程序等作出具体的规定，充分发挥学生的主体作用，切实保障学生对大学治理的参与权。同时，大学章程应进一步明确学生的申诉评议机制，将学生的权利保障落到实处，使学生在权利受到侵害时能够有章可循、有法可依。

（四）加强大学章程实施建设

在2015年以前，由于我国大学章程尚处于制定环节，相当一部分大学没有章程，因此很多研究者认为有关大学章程实施的研究没有实际意义。同时，我国关于大学章程的研究普遍集中在理论构建方面，实践层面涉及较少。因此，在我国大学完成章程的制定与核准之后，大学章程实施成为我国大学章程研究学者在今后相当长一段时间内关注的重点。基于我国大学章程实施的现状，大学章程是否被束之高阁，大学章程能否在大学的治理中发挥其应有的效用，这些都是我们应当思考和解决的问题。

首先，大学章程的实施需要政府的支持和监督。大学章程实施是大学章程建设的核心环节，关乎大学章程建设的最终成果，是现代大学治理改革的重要内容。现代大学制度建设是极其复杂的议题，单凭大学自身之力难以独立完成，需要政府作为主导力量从宏观层面构建适合的制度条件。回顾我国大学章程近年来的建设与发展，正是政府的强力推进，才使得我国大学在较短时间内完成了章程的制定与核准，并通过大学章程建设厘清政府和大学之间的关系，探索通过大学章程规范大学的治理。在此基础上，一方面，政府应针对现阶段我国大学已经普遍具备章程的现状，制定出台有关大学章程实施的政策，对大学章程的实施进行指导和规范；另一方面，政府应当充分发挥监督职能，对大学章程的实施进行调研和评估，发现其中存在的问题，为大学章程实施的改革积累经验。

第二，大学章程实施建设要求提高章程的可操作性。我国大学章程未能得到有效实施的原因主要表现在两个方面：一是由于我国教育法律对大学章程的界定过于简单、模糊，大学章程常常被看作类似于大学内部一般规章的制度文本，而非具有某种准法意义的、规范大学治理的“基本法”或“宪章”，大学章程法律地位的模糊致使章程的法律效力难以得到保障；二是我国大学章程内容的表述多为宏大叙事，对大学治理机制和程序等必要事项缺乏明确的界定，致使大学章程的可执行性不强。因此，要充分发挥大学章程的治理功能，就必须明确大学章程的法律地位，提升大学章程的法律效力，从制度层面提高大学章程的规制力和引导力。大学章程应对以往未涉及或者不规范的内容进行梳理和更新，对大学治理中必要的机制和程序进行规范，只有这样，大学章程的实施建设才能有所成效。

大学章程是关于大学的一套完整的规则体系，只有这套规则体系设计得科学合理，才能保证大学章程的有效实施，并充分发挥大学章程的法律效力。当前我国大学章程实施过程中的境遇应该引起政府、大学以及各利益相关主体的高度的关注。大学的各相关利益主体应加强大学章程实施的理论研究和实践指导，为大学章程的有效实施提供有力的政策支持和制度保障。

三、优化大学章程建设的外部环境

大学章程建设的外部环境对大学章程的建设有着较大的影响作用。近年来，在政府的大力推动下，我国大学章程的制定工作已完成，各大学章程被相继核准并发布实施。然而，大学章程的治理性并未伴随大学章程的发布和实施得以充分显现。大学章程在其运行的场域中往往受到各种外在条件的制约。因此，我国大学章程建设应优化大学章程建设的外部环境，为大学章程的有效实施提供良好的环境氛围。

（一）重视法治文化的宣传，强化依法治校的治理氛围

我国大学章程建设致力于以大学章程为核心，规范大学的管理体制，优化大学的治理结构，从而推动我国现代大学制度建设。但是，从我国大学章程的实施效果来看，大学的运作似乎并没有因大学章程的制定和实施得到改善，这是因为，大学章程在实施环节遭遇较大的阻力。

首先，政府对大学章程建设的支持缺乏连贯性。大学章程建设是我国现代大学制度建设的重要内容，大学章程建设绝不能单纯依靠大学本身，更需要政府从宏观层面对整体的教育环境进行统筹、设计和安排。大学章程建设需以教育管理体制和机制的改革为前提，试图超越教育管理的体制和机制推动我国的大学章程建设是不切实际的幻想。在大学章程的制定阶段，通过政府的推动，我国大学章程建设取得较大进展，各大学在较短时间内完成了章程的制定与核准工作，各大学从此拥有属于

自己的章程。这些进展与政府的推动是密不可分的。遗憾的是，有关大学章程建设的政策支持在大学章程核准与发布后未能得到持续性的跟进，大学章程的实施等后续工作也没有得到统筹安排。这不仅造成我国大学章程建设“有头无尾”，也是影响我们大学章程发挥治理效用的重要因素。其次，我国大学章程建设缺乏浓厚的法治文化氛围。任何一项政策的推进都建立在一定的文化认知的基础之上。在传统大学运行模式的影响下，我国大学普遍缺失“依章治校”的法治文化。大学各利益相关主体对大学治理的内涵、大学章程的价值等缺乏清晰、科学的认知，对现代大学治理模式缺乏内在的认同。因此，大学章程自然无法在大学治理过程中获得相应的支持。当大学治理过程中出现矛盾或阻碍时，相关利益主体仍然会依赖传统的大学管理经验。

新制度或新政策的推出势必伴随新的文化认知的产生，只有大学高度认同依章治校的法治文化，大学章程才能形成制度化、规范化的约束力。因此，我国大学必须重视法治文化环境，为依法治校营造良好的治理氛围。

首先，政府在大学章程的实施阶段应继续承担引导者和支持者的角色。构建依法治校的现代大学制度，政府肩负不可推卸的责任。政府在大力推进大学章程建设的同时，理应同步推进教育管理体制机制的改革，从国家层面为大学章程的建设营造良好的制度氛围。与此同时，政府应加强对大学章程实施环节问题的研究，通过大学章程实施试点，及时发现实施过程中存在的问题，探索有效的大学章程实施模式。在此过程中，政府应当制定和颁布相关的配套政策，为大学章程的实施提供政策指导和支持。大学章程的实施必须依靠政府进行教育制度的顶层设计，这样才能切实提升大学章程的实施效力。

同时，大学必须构建依章治校的文化认知。大学章程效力的发挥离不开利益相关主体的高度认同。只有大学各利益相关主体对现代大学治理理念有普遍、深刻的认知，才能使他们对大学章程的实施拥有高度的制度自信。大学应加强对大学章程建设的舆论宣传，明确大学治理的内涵和价值，为大学章程建设构建新的文化认知，为大学章程建设积累广泛的文化基础。

社会各界对大学章程寄予厚望，希望通过大学章程融入更多利益相关主体的智慧，实现我国现代大学制度建设的目标。但是，大学章程制定与核准的完成并不代表人们对大学章程的实施及其效力充满信心。大学章程建设的完善离不开政府持续的政策支持，更离不开大学各利益相关主体的文化认同。只有突破大学章程建设的外部障碍，积极推动大学章程的实施，才能有效提升我国大学章程的实施效力。

（二）加强大学章程建设的监督，完善章程的权利救济机制

我国大学章程在建设过程中面临诸多外在困境的原因主要有两个方面：一是大学治理法治氛围的缺失，二是大学章程监督体制和机制的缺失。监督体制和机制的缺失使得大学章程在实施环节存在一定的阻碍，致使我国大学章程建设难以取得突破性进展和成效。

首先，政府在大学章程建设中的监督职能出现偏移。政府的职能不仅应体现在大学章程的制定环节，而且应体现在大学章程的实施环节。实际上，大学章程一经核准与发布，就回到大学的场域中贯彻实施，而政府对大学章程实施的支持未能持续跟进。这似乎造成一种假象，大学章程在核准与发布后就不再需要政府的支持与监督。事实上，大学章程在进入实施阶段后仍然会遇到一系列的问题。在章程实施遇到阻力之时，如果政府没有推动建立保障章程实施的长效监督机制，大学章程很有可能被束之高阁，沦为一纸空文。其次，大学和各利益相关主体未能充分履行监督职能。大学章程是规范大学运行的制度保障，大学利益相关主体，包括大学各部门、教职员工、学生以及社会力量等有权对大学章程的实施进行监督。这是大学治理主体应享有的基本权力，是现代大学共同治理应有的价值意涵。尤其在大学章程的实施环节，教师和学生应当成为监督的重要群体。但我国大学运行较多地依赖传统的管理经验，有关大学章程的校内外监督体制和机制基本处于缺失状态，无法对大学章程的实施进行有效的监督。最后，大学章程自身缺乏权利救济机制。我国大学章程法律位阶的模糊，导致我国大学章程建设的法律救济十分有限。与此同时，我国现行大学章程自身缺少有关权利救济的相关规定。而权利救济机制的缺失致使我国大学章程在面临诸多问题时难以实现自我调适。有生命力的制度一定具备自我调适的能力。因此，加强

权利救济机制建设应成为未来我国大学章程建设的重要方向。

大学章程建设的监督既包括政府的监督，也包括大学和社会力量的监督。大学章程在核准发布之后并不是不能修订更改。加强大学章程的监督，就是为大学章程的有效实施提供制度保障，既能及时发现大学章程运行过程中存在的问题，也能规范大学章程运行的制度环境。

首先，推进政府对大学章程建设的监督。政府对大学章程建设的总体规划和大学章程的有效实施负有不可替代的监督职责。一方面，政府应对我国大学章程建设各个环节进行有效监督。政府的监督关乎我国大学章程建设的方向，能够确保大学章程建设的各个环节具有严格的操作程序和科学的执行标准。另一方面，政府要统筹大学章程建设的后续安排，落实监督的具体事项，为大学章程的运行建立“评估—反馈”的有效监督平台，为大学章程的实施提供制度保障。

其次，建立社会参与监督大学的体制与机制。政府作为大学重要的支持者，无疑是大学章程不可或缺的监督者。除政府的监督之外，社会力量广泛参与大学治理是现代大学治理的重要内涵。因此，对大学章程的监督理应包括必要的社会监督。大学应将社会相关主体的监督纳入大学章程监督体系之中，充分保障社会相关主体对大学章程建设的监督权。与此同时，大学有必要建立自身的章程监督机构，专门负责对大学章程的实施进行监督和评估。

最后，完善大学章程的权利救济机制。权利救济机制的缺失将直接导致大学失去与外部支持系统沟通、反馈和调适的渠道，给问题的解决制造更多的阻碍，因此，大学章程应将有关利益相关主体权利救济的内容纳入其中。完善大学章程的权利救济机制实际上是构建大学章程自我调适的灵活系统。这既是现代大学章程必须具备的治理性功能，也是大学章程与外在监督反馈系统进行制度沟通的媒介。我国大学章程只有在完善权利救济机制的基础上，形成良好的自我救济和调适的能力，才能充分发挥大学章程的治理功能，促进大学章程的有效实施。

总之，自近代以来，我国大学制度建设先模仿德国、日本大学，然后全面借鉴苏联模式，再学习美国大学经验，时至今日逐渐形成了具有中国特色的高等教育制度。在不同历史时期，我国大学章程呈现出不同的形态，所发挥的功用也有显著差异。近年来，在我国现代大学制度建设的宏观背景下，通过政府的行政主导推动，我国加快了大学章程建设的步伐，各大学的章程已经制定、核准并发布。作为大学治理的制度规范和保障，大学章程在某种程度上体现了大学治理的价值取向和基本范式。然而，我国现行大学章程在实践层面仍然存在诸多问题，其内在矛盾和外部障碍致使大学章程治理性不足，难以实现我国现代大学制度建设的预期目标。事实上，我国大学章程的建设似乎伴随各大学章程的核准与发布而陷入停滞的僵局，人们只关注大学是否有章程以及大学章程如何制定，而不去考察大学章程的实施效果。大学章程寄托着社会各界对现代大学治理改革的理想和希冀。我国大学章程建设不应随着章程的核准与发布而宣告结束，因此，我国大学章程的建设依然任重而道远。

结　语

大学章程是现代大学制度的载体。作为现代大学的“宪章”，大学章程上承国家教育法律法规，下启大学规章制度，在现代大学治理体系中具有重要的基础性作用。自 1995 年《中华人民共和国教育法》和 1998 年《中华人民共和国高等教育法》，特别是 2010 年《国家中长期教育改革和发展规划纲要（2010—2020 年）》颁布以来，伴随我国现代大学制度建设的不断推进，我国各大学先后进行依法制定章程、依章治理学校的改革尝试。截至 2015 年年底，尽管我国各大学陆续完成其章程的核准与发布，但我国大学章程建设依然存在诸多问题。因此，从治理视野出发，对美国大学章程的历史演进、现实状况进行梳理，探究美国大学章程蕴含的理念意涵，不仅有助于丰富大学章程研究的相关理论内涵，而且可以为我国大学章程的完善提供价值导引和经验借鉴。这对我国大学推进依法治校战略、促进大学治理体系和治理能力现代化具有重要的意义。

从治理的视野出发，透过美国大学章程的研究，我们可以得出以下结论：

一、就美国大学章程的历史演进而言，从殖民地时期到建国初期，由于美国高校规模较小，结构单一，职能简单，高校章程的内容主要集中于董事会及其代理人校长的产生、构成和职责方面。南北战争，特别是二战以后，伴随大学规模的迅速扩张，大学职能逐渐增多，新的组织机构不断涌现，教师的地位和作用日益加强，美国大学章程从内容到功能均发生了深刻的变化。从内容方面看，美国大学章程已不再局限于董事会及校长的相关规定，还涉及组织机构的设置及其运行、代表教师权力的学术评议会的构成、权责及其运行等相关内容。从功能方面看，美国大学章程既要维护董事会和校长的权威，又要对大学内部力量格局发生的变化给予积极回应，通过权力分享的途径实现大学治理方式的转变。

二、就美国大学章程的现实状况而言，作为美国高等教育法律制度体系的重要组成部分，美国大学章程在确立大学的法律依据、维护大学的自治权力、规范大学的办学行为、规制大学权力的运行、保障大学师生的权力方面发挥着重要的作用。美国大学章程法律地位的取得及其在大学治理中的作用，一方面在于美国大学章程有着坚实的法律基础和严谨的制定程序，另一方面在于美国大学章程不断适应美国政治法律制度以及大学自身的变革与发展。美国政治法律制度为美国大学章程确立了存在的合法性；而美国大学章程根据大学内外环境的变化，不断丰富大学章程的内容，使大学章程不断获得获得新的生命力。

三、透过美国大学章程的历史演进与现实状况可以发现，美国大学章程蕴含着一些为人类所共同尊奉的价值诉求和理念意涵。首先，美国大学章程蕴含的契约精神与形式上的秩序建构共同彰显了美国大学章程的法治理念，而法治理念从本质上反映了正义思想；其次，美国大学章程对教师与学生学术自由的追求与保证，共同建构了美国大学章程的相对学术自由价值理念，而学术自由价值理念的演变本质上反映了美国大学各利益主体（包括政府）利益合理化的过程；最后，广泛的参与主体和多样化的参与方式，体现了美国大学章程的民主价值理念，而民主的价值理念则从本质上反映美国大学权力制衡思想。正是因为美国大学章程蕴含这些人类共同尊奉的价值理念，才使大学章程的各利益主体愿意尊重章程，并在大学章程受到外部力量威胁时守护章程，使大学章程成为具有较高法律地位和法律效力的大学"宪章"，为引领和规制美国大学的运行提供法律依据。

四、就我国大学章程而言，尽管早在一千多年前，我国宋代书院就已经开始制定章程，并将章程作为约束和规制的工具，但宋代书院章程在性质和内容上与现代大学章程有着本质的差别。自近代以来，我国大学章程在不同历史时期呈现不同的具体形态，所发挥的功用也具有显著差异。近年来，伴随我国现代大学制度建设的推进，我国加快了大学章程建设的步伐，大学章程已经在各大学颁布并实施。然而，我国现行大学章程在实践层面依然存在诸多问题，未能完全达成我国现代大学制度建设的预期目标。我国大学章程的建设依然任重而道远。

当然，美国大学章程研究是一项庞大而复杂的研究课题。由于研究对象与研究者的时空隔绝，加之研究范式和文献资料的局限，尽管本研究重点对美国大学章程的历史演进、现实状况和理念意涵进行研究，但是对我国大学章程的本土研究相对单薄，应加强对我国大学章程的实施状况的实证调查，以期更准确地把握我国大学章程建设过程中存在的具体问题。

同时，需要特别指出的是，作为中国共产党领导的，具有独特历史、独特文化和独特国情的社会主义国家，我国高等教育的发展必然有别于其他国家。我国高等教育应扎根中国大地，立足中国独特的历史、文化和国情，建构具有中国特色的高等教育体系，从而培养具有中国特色的社会主义建设者和接班人，而这离不开中国共产党的全面领导。习近平总书记在2018年全国教育大会的讲话中强调："加强党对教育工作的全面领导，是办好教育的根本保证。"[①]因此，在进入新时代的背景下，我国大学章程建设应坚持和加强党的全面领导，努力建构具有中国特色的大学章程体系，切实推进我国大学依法治校战略，促进大学治理体系和治理能力的现代化，建设具有中国特色的现代大学制度。

---

① 习近平. 坚持中国特色社会主义教育发展道路，培养德智体美劳全面发展的社会主义建设者和接班人［EB/OL］.（2018-09-10）. http://www.moe.gov.cn/jyb_xwfb/gzdt_gzdt/201809/t20180910_348145.html.

参考文献

一、中文类

［1］阿尔特巴赫. 21世纪美国高等教育：社会、政治、经济的挑战［M］. 陈舜芬，等译. 北京：北京师范大学出版社，2005.

［2］爱德华·希尔斯. 学术的秩序［M］. 李家永，译. 北京：商务印书馆，2007.

［3］北京大学校史研究室. 北京大学史料［M］. 北京：北京大学出版社，1993.

［4］伯顿·克拉克. 高等教育系统：学术组织的跨国研究［M］. 王承绪，等译. 杭州：杭州大学出版社，1994.

［5］柏拉图. 游叙弗伦·苏格拉底的申辩·克力同［M］. 严群，译. 北京：商务印书馆，1983.

［6］陈立鹏. 大学章程研究：理论与实践的探索［M］. 北京：北京师范大学出版社，2012.

［7］陈学飞. 美国高等教育发展史［M］. 成都：四川大学出版社，1989.

［8］辞海编辑委员会. 辞海（中）［M］. 上海：上海辞书出版社，1999.

［9］丁文江，赵丰田. 梁启超年谱长编［M］. 上海：上海人民出版社，1983.

［10］复旦大学百年志编撰委员会. 复旦大学百年志（1905—2005）［M］. 上海：复旦大学出版社，2005.

［11］高奇. 中国高等教育思想史［M］. 2版. 北京：人民教育出版社，2001.

[12] 哈耶克. 自由秩序原理 [M]. 邓正来，译. 北京：生活·读书·新知三联书店，1997.

[13] 赫尔德. 民主的模式 [M]. 燕继荣，等译. 北京：中央编译出版社，1998.

[14] 黑格尔. 法哲学原理 [M]. 范扬，张企泰，译. 北京：商务印书馆，2013.

[15] 黑格尔. 精神现象学：上卷 [M]. 贺麟，译. 北京：商务印书馆，1979.

[16] 贺国庆，王保星，朱文富. 外国高等教育史 [M]. 北京：人民教育出版社，2006.

[17] 黄宇红. 美国州立大学的发展历程 [M]. 北京：北京航空航天大学出版社，2013.

[18] 霍布斯. 维利坦 [M]. 黎思复，译. 北京：商务印书馆，1985.

[19] 霍布斯. 利维坦·论国家 [M]. 张妍，赵文道，译. 长沙：湖南文艺出版社，2011.

[20] 杰弗里·祝马斯. 政治哲学导论 [M]. 顾肃，刘雪梅，译. 北京：中国人民大学出版社，2006.

[21] 杰里米·边沁. 道德与立法原理导论 [M]. 时殷弘，译. 北京：商务印书馆，2009.

[22] 卡尔·维克. 社会组织心理学 [M]. 贾柠瑞，高隽，译. 北京：中国人民大学出版社，2009.

[23] 拉伦茨. 德国民法通论 [M]. 王晓哗，等译. 北京：法律出版社，2003.

[24] 李德顺. 价值论——一种主体性的研究 [M]. 3 版. 北京：中国人民大学出版社，2013.

[25] 李华兴. 民国教育史 [M]. 上海：上海出版社，1997.

[26] 列宁. 列宁全集：第 35 卷 [M]. 中共中央马克思恩格斯列宁斯大林著作编译局，译. 北京：人民出版社，1985.

[27] 卢梭. 社会契约论 [M]. 何兆武，译. 北京：商务印书馆，2003.

[28] 洛克. 政府论：上卷 [M]. 叶启芳，瞿菊农，译. 北京：商务

印书馆，1982.

[29] 洛克. 政府论：下篇 [M]. 叶启芳，瞿菊农，译. 北京：商务印书馆，1996.

[30] 罗纳德·G. 埃伦伯格. 美国的大学治理 [M]. 沈文钦，等译. 北京：北京大学出版社，2010.

[31] 罗素. 权力论 [M]. 靳建国，译. 北京：东方出版社，1988.

[32] 马克思，恩格斯. 马克思恩格斯选集：1—4 卷 [M]. 中共中央翻译局，译. 北京：人民出版社，2012.

[33] 马克思，恩格斯. 马克思恩格斯全集：第 11 卷 [M]. 中共中央马克思恩格斯列宁斯大林著作编译局，译. 北京：人民出版社，1974.

[34] 马克思，恩格斯. 马克思恩格斯全集：第 20 卷 [M]. 中共中央马克思恩格斯列宁斯大林著作编译局，译. 北京：人民出版社，1974.

[35] 马克斯·韦伯. 新教伦理与资本主义精神 [M]. 于晓，陈维纲，译. 北京：生活·读书·新知三联书店，1987.

[36] 马陆亭，范文曜. 大学章程要素的国际比较 [M]. 北京：教育科学出版社，2010.

[37] 米俊魁. 大学章程价值研究 [M]. 青岛：中国海洋大学出版社，2006.

[38] 欧文·休斯. 公共管理导论 [M]. 彭和平，等译. 北京：中国人民大学出版社，2001.

[39] 欧阳光华. 董事、校长与教授：美国大学治理结构研究 [M]. 北京：高等教育出版社，2011.

[40] 乔治·里恩斯. 大美百科全书 [M]. 林春辉，等译. 台北：光复出版社，1991.

[41] 萨特. 存在与虚无 [M]. 陈宣良，译. 北京：生活·读书·新知三联书店，1987.

[42] 沈宗灵. 法理学 [M]. 北京：北京大学出版社，2009.

[43] 劳凯声. 中国教育法制评论：第二辑 [M]. 北京：教育科学出版社，2003.

[44] 威廉·斯梅利. 简明不列颠百科全书 [M]. 简明不列颠百科全

书编委会，译．北京：中国大百科全书出版社，1985.

［45］沃尔夫冈·布列钦卡．教育科学的基本概念：分析、批判和建议［M］．胡劲松，译．上海：华东师范大学出版社，2001.

［46］希尔德·德·里德-西蒙斯．欧洲大学史：中世纪大学［M］．张斌贤，等译．保定：河北大学出版社，2008.

［47］亚里士多德．政治学［M］．吴寿彭，译．北京：商务印书馆，1996.

［48］杨之岭，等．中国师范教育［M］．北京：北京师范大学出版社，1989.

［49］休谟．人性论：下［M］．关文运，译．北京：商务印书馆，2013.

［50］俞可平．治理与善治［M］．北京：社会科学出版社，2000.

［51］袁贵仁．价值观的理论与实践［M］．北京：北京师范大学出版社，2013.

［52］约翰·布鲁贝克．高等教育哲学［M］．王承绪，等译．杭州：浙江教育出版社，2001.

［53］约翰·罗尔斯．正义论［M］．何怀宏，等译．北京：中国社会科学出版社，1988.

［54］约翰·穆勒．论自由［M］．许宝骙，译．北京：商务印书馆，2008.

［55］湛中乐．大学章程法律问题研究［M］．北京：北京大学出版社，2016.

［56］张国有．大学章程：第二卷［M］．北京：北京大学出版社，2011.

［57］张国有．大学章程：第四卷［M］．北京：北京大学出版社，2012.

［58］张继明．学术本位视域中的大学章程研究［M］．济南：山东人民出版社，2015.

［59］张文显．法理学［M］．3版．北京：高等教育出版社，2007.

［60］中央教育科学研究所．中华人民共和国教育大事记（1949—1982）［M］．北京：教育科学出版社，2000.

［61］周叶中．宪法［M］．2版．北京：高等教育出版社，北京大学出版社，2005.

［62］周志宏. 学术自由与大学法［M］. 台北：蔚理法律出版社，1988.

［63］朱家德. 权力的规制：大学章程的历史流变与当代形态［M］. 北京：中国社会科学出版社，2013.

［64］曹月明. 美国大学使命陈述的文本分析及启示［J］. 教学研究，2016（1）：7-11.

［65］陈立鹏，梁莹莹. 日本的大学章程建设［J］. 中国高等教育，2010（17）：61-62.

［66］陈立鹏，杨阳. 贯彻落实《教育规划纲要》全面推动大学章程建设［J］. 国家教育行政学院学报，2010（8）：25-30.

［67］陈敏. 我国现代大学章程的缘起与困境分析［J］. 现代教育科学，2007（4）：29-32.

［68］陈学敏. 关于大学章程的法律分析［J］. 武汉大学学报，2008（2）：169-172.

［69］陈运超. 大学章程的价值与实现［J］. 复旦教育论坛，2012（3）：22-26.

［70］丁卫国. 什么是法人制度［J］. 经济管理，1985（7）：64-65.

［71］董茂云. 英美两国判例法之比较［J］. 政治与法律，1998（1）：75-78.

［72］段海峰，韩晖. 试析大学章程的制定程序［J］. 云南科技管理，2009（1）：79-81.

［73］甘永涛. 美国大学共同治理制度的演进［J］. 清华大学教育研究，2009（3）：25-30.

［74］高英彤，陈昕.《国防教育法》对美国高等教育发展的影响与启示［J］. 河北师范大学学报，2006（3）：42-46.

［75］郭道晖. 权力的特性及其要义［J］. 山东科技大学学报，2006（2）：64-69.

［76］郭为禄，林炊利. 美国大学董事会的运行模式［J］. 全球教育展望，2011（12）：14-19.

［77］侯德华. 我国大学章程的发展历程［J］. 延安教育学院学报，

2008 (4)：24-26.

[78] 季凌燕，陆俊杰. 大学章程的历史生长逻辑与价值预期 [J]. 教育学术月刊，2009 (7)：41-44.

[79] 金建陵. 国外制定学校章程的实践经验和法律规定 [J]. 外国中小学教育，2001 (3)：42-44.

[80] 李硕豪，王丹丹. 康奈尔大学章程对我国大学章程建设的启示 [J]. 教育与教学研究，2011 (8)：60-63.

[81] 李昕欣，张德祥. 关于高等学校章程制定与实施的几个问题 [J]. 中国高教研究，2006 (9)：48-52.

[82] 李子江. 美国大学集体谈判制度的形成与发展 [J]. 比较教育研究，2006 (3)：23-27.

[83] 李子江，李卓欣. 哈佛大学监事会章程的调整与变革 [J]. 大学教育科学，2014 (2)：28-32.

[84] 刘香菊，周光礼. 大学章程的法律透视 [J]. 高教探索，2004 (3)：39-41.

[85] 马俊峰. 90 年代价值论研究述评 [J]. 教学与研究，1992 (2)：57-61.

[86] 米俊魁. 大学章程法律性质探析 [J]. 现代大学教育，2006 (1)：52-55.

[87] 欧阳光华. 美国大学治理结构中的校长角色分析 [J]. 教育研究与实验，2011 (3)：68-71.

[88] 屈潇潇. 世界一流大学治理结构的有效性分析：以美国密歇根大学为例 [J]. 云南师范大学学报，2015 (5)：36-43.

[89] 施晓光. 美国教育判例法初探 [J]. 外国教育研究，1996 (5)：53-56.

[90] 孙益. 校园反叛：美国 20 世纪 60 年代的学生运动与高等教育 [J]. 清华大学教育研究，2006 (4)：77-83.

[91] 王保星. 选修制的实施与美国现代大学的成长 [J]. 河北师范大学学报（教育科学版），2002 (5)：55-60.

[92] 王身余. 从“影响”、“参与”到“共同治理”：利益相关者理

论发展的历史跨越及其启示［J］. 湘潭大学学报，2008（11）：28-35.

［93］文萍，等. 不同时期我国青少年价值观变化特点的历时性研究［J］. 青年研究，2005（12）：1-8.

［94］夏玉军. 耶鲁大学章程：架构、特点与启示［J］. 现代教育科学，2012（5）：82-85.

［95］尹建锋，吕晓燕. 变迁中的大学知识范式和权力：西方大学章程的历史演变及其启示［J］. 高等教育研究，2016（8）：76-82.

［96］余蓝. 美国大学捐赠基金法律制度研究：从募捐到基金投资［J］. 中国高教研究，2005（3）：52-56.

［97］于丽娟. 国外大学章程文本探析——以英国牛津大学和美国康奈尔大学为主要案例［J］. 高教探索，2009（1）：76-79.

［98］于丽娟，张卫良. 我国大学章程的现状及建议［J］. 江苏高教，2005（6）：12-14.

［99］湛中乐，徐靖. 通过章程的现代大学治理［J］. 法制与社会发展，2010（3）：106-124.

［100］周川. 中国近现代大学建制发展分析［J］. 北京大学教育评论，2004（7）：87-92.

［101］周光礼，朱家德. 大学章程的国际比较［J］. 中国高校科技与产业化，2011（5）：27-30.

［102］周鲁卫. 大学宪章，凝固的教育理念［J］. 复旦教育论坛，2005（3）：9-10.

［103］周旺生. 法的渊源与法的形式界分［J］. 法制与社会发展，2005（4）：122-133.

［104］樊学莱. 国外大学章程的研究和建立我国大学章程的探索［D］. 南京：南京理工大学，2006.

［105］谢俊. 大学的学术自由及其限度［D］. 重庆：西南大学，2010.

［106］解馄. 英国慈善信托制度研究［D］. 上海：华东政法大学，2010.

［107］赵威. 罗尼·佩弗的社会正义论研究：从马克思主义、罗尔斯主义到社会主义的追寻［D］. 泉州：华侨大学，2017.

［108］张凯．西方权力制衡思想的历史演进［D］．郑州：河南大学，2014．

［109］陈曦．民主理论的嬗变：从卢梭、托克维尔到马克思［D］．南京：南京航空航天大学，2012．

［109］黄芳．社会秩序理论：一种政治思想史的考察［D］．杭州：浙江大学，2014．

［110］姚叶．基于公共治理的中国大学章程的制定［D］．湘潭：湘潭大学，2007．

［111］石月．试论俄国1804年大学章程［D］．长春：吉林大学，2007．

［112］陶智．美国大学章程研究［D］．北京：中国人民大学，2008．

［113］刘燕青．英国大学章程要素分析及其在学校治理中的作用［D］．北京：中国人民大学，2009．

［114］孙宵兵．大学章程：完善高校治理结构——专访教育部政策法规司司长孙霄兵［N］．中国青年报，2013-12-03．

［115］北京大学．北京大学章程［EB/OL］．（2015-04-28）．http://pkunews.pku.edu.cn/2015zt/2015-04/28/content_288465.htm．

［116］东南大学．东南大学章程［EB/OL］．（2015-04-10）．http://ghb.seu.edu.cn/sswzt/d7/1a/c12672a120602/page.htm．

［117］国家中长期教育改革和发展规划纲要工作小组办公室．国家中长期教育改革和发展规划纲要（2010—2020年）［EB/OL］．（2010-07-29）．http://old.moe.gov.cn/publicfiles/business/htmlfiles/moe/info_list/201407/xxgk_171904.html．

［118］郝平．清末三个大学堂章程［EB/OL］．（2009-07-15）．http://www.infzm.com/content/31453．

［119］华中师范大学．华中师范大学章程［EB/OL］．（2015-11-30）．http://xxb.ccnu.edu.cn/info/1015/1067.htm．

［120］蒋子文．已有84所高校简称获教育部高校章程核准［EB/OL］．（2015-07-06）．http://news.sciencenet.cn/htmlnews/2015/7/322171.shtml．

［121］武汉理工大学．武汉理工大学章程［EB/OL］．(2013-12-10)．http://xxgk. whut. edu. cn/jbxx/zdgf/xxzc/.

［122］中国人民大学．中国人民大学章程［EB/OL］．(2013-11-28)．http://news. ruc. edu. cn/archives/70109.

［123］中国政法大学．中国政法大学章程［EB/OL］．(2015-06-26)．http://xxgk. cupl. edu. cn/index. php/cupl-regulation/201609059959/.

［124］中华人民共和国国务院．统筹推进世界一流大学和一流学科建设总体方案［EB/OL］．(2015-11-05)．http://www. gov. cn/zhengce/content/2015-11/05/content_10269. htm.

［125］中华人民共和国教育部．高等学校章程制定暂行办法［EB/OL］．(2011-11-28)．http://www. gov. cn/flfg/2012-01/09/content_2040230. htm.

［126］中华人民共和国教育部．关于加强教育法制建设的意见［EB/OL］．(2015-06)．http://old. moe. gov. cn/publicfiles/business/htmlfiles/moe/moe_623/200501/5144. html.

［127］中华人民共和国教育部．中央部委所属高等学校章程建设行动计划（2013—2015年）［EB/OL］．(2013-09-26)．http://old. moe. gov. cn//publicfiles/business/htmlfiles/moe/s5933/201310/xxgk_158133. html.

［128］中华人民共和国教育法［EB/OL］．(2015-06)．http://old. moe. gov. cn/publicfiles/business/htmlfiles/moe/moe_619/200407/1316. html.

［129］中华人民共和国高等教育法［EB/OL］．(2015-06)．http://old. moe. gov. cn/publicfiles/business/htmlfiles/moe/moe_619/200407/1311. html.

二、外文类

［1］ASHBY E, ANDERSON M. Universities: British, Indian, African, a study in the ecology of higher education［M］. Cambridge: Harvard University Press, 1966.

[2] WRONG D H. Power: its forms, bases and uses [M]. New York: Harper and Row Publishers, 1979.

[3] BOGUE E G, APER J. Exploring the heritage of American higher education: the evolution of philosophy and policy [M]. Phoenix: Oryx Press, 2000.

[4] BRUBACHER J S, RUDY W. Higher education in transition: a history of American colleges and universities [M]. 4th edition. New Brunswick: Transaction Publishers, 1997.

[5] CLARK B R, GUY N. The encyclopedia of higher education [M]. Oxford: Pergamon Press, 1992.

[6] CREMIN L A. American education: the colonial experience, 1607—1783 [M]. New York: Harper & Row Publishers, 1972.

[7] ELLIOTT E C, CHAMBERS M M, et al. Charters and basic laws of selected American universities and colleges [E]. New York: The Carnegie Foundation for the Advancement of Teaching, 1934.

[8] GARBARINO J W, FELLER D E, FINKIN M ATTHEW W. Faculty bargaining in public higher education: a report and two essays [M]. San Francisco: Jossey-Bass Publisher, 1977.

[9] GATTI D ANIEL J, GATTI R D. The educator's encyclopedia of school law [M]. Englewood Cliffs, N. J.: Prentice Hall, 1990.

[10] HACKETT M B. The original statutes of Cambridge University: the text and its history [M]. Cambridge: Cambridge University Press, 1970.

[11] Harvard University. The constitution of the university at Cambridge [E]. Boston: Hilliard & Metcalf, 1812.

[12] HERBST J. From crisis to crisis: American college government, 1636-1819 [M]. Cambridge: Harvard University Press, 1982.

[13] HOFSTADTER R, METZGER W P. The development of academic freedom in The United States [M]. New York: Columbia

University Press, 1955.

[14] HOFSTADTER R, SMITH W. American higher education: a documentary history: 1 [M]. Chicago: The University of Chicago Press, 1961.

[15] JOUGHIN L. Academic freedom and tenure [M]. Madison: The University of Wisconsin Press, 1967.

[16] KREISER B R. Policy documents & reports [M]. Washington, DC. : The Johns Hopkins University Press, 2001.

[17] Laws of the State of Wisconsin. Together with the Joint Resolutions and Memorials [M]. Madison: Rhenodyne A. Bird, State Printer, 1848.

[18] LORD J K. A history of dartmouth college, 1815-1909 [M]. Concord: The Rumford Press, 1913.

[19] MACIVER R M. Academic freedom in our time [M]. New York: Columbia University Press, 1955.

[20] QUINCY J. The history of Harvard University [M]. Cambridge: Cambridge University Press, 1860.

[21] SACK S. History of higher education in Pennsylvania [E]. Harrisburg: Pennsylvania Historical and Museum Commission, 1963.

[22] SHERWOOD S. The University of the State of New York: history of higher education in the State of New York [E]. Washington: Government Printing Office, 1900.

[23] TIGHT M. Academic freedom and responsibility [M]. Maidenhead: Open University Press, 1988.

[24] University of Michigan. General rules and regulations and bylaws for the Regents of the University of Michigan (1859) [M]. Detroit: John Slater, Book, Card and Job Printer, 1859.

[25] University of Virginia. A Sketch of the University of Virginia [M]. Richmond: Whittet & Shepperson Publishers, 1885.

[26] WESTMEYER P. A history of American higher education [M]. Illinois：Charles C. Thomas Publisher，1985.

[27] WILSON L. The academic man：a study in the sociology of a profession [M]. New Brunswick and London：Transaction Publishers，1995.

后　　记

1990年硕士毕业以后，我进入华中师范大学教育部中南教育管理干部培训中心，从事高校干部培训的教学与研究工作。在多年的高校干部培训过程中，我与众多高校的管理干部结下了不解之缘，经常与他们探讨我国高等教育领域存在的问题。在研讨过程中，我们发现中国高等教育领域中的许多问题很大程度上与高等学校的独立法人地位紧密相关。在我国，《中华人民共和国教育法》和《中华人民共和国高等教育法》均以法律的形式对高等学校的法人地位作出了明晰的界定。但实际上，在我国高等学校取得法人地位之后，其治理机制与法律保障尚不明确。2002年，我进入北京师范大学国际与比较教育研究所攻读比较教育学博士学位。之后，我将大学治理结构作为自己研究的重点，并于2005年以“董事、校长与教授：美国大学治理结构研究”为题成功申报教育部人文社会科学规划课题，开始对美国大学治理结构的系统研究。

在美国大学治理结构研究过程中，我深深感到，现代大学治理是法律维度下的治理，是以大学章程为制度载体的治理。正如教育部政策法规司司长孙霄兵所说：“没有章程的学校，还不是真正意义上的现代大学。”① 作为大学的“宪章”，大学章程一方面对大学的管理者、举办者和办学者的权利边界和职责义务进行明确的界定，同时将大学的办学理念和组织属性落实在大学章程之中，成为现代大学制度的载体。为此，

① 孙宵兵．大学章程：完善高校治理结构——专访教育部政策法规司司长孙霄兵［N］．中国青年报，2013-12-03．

2010年，我国开始在北京大学等26所部属高校开展“推动建立健全大学章程、完善高等学校内部治理结构”的改革试点，我所在的华中师范大学亦在26所改革试点高校之列。我不仅多次参加教育部政策法规司所组织的有关我国大学章程建设的研讨活动，而且作为专家组成员直接参与华中师范大学章程的制定工作。

2011年，我以“美国大学章程及其对我国的启示”为题申报湖北省教育科学规划重点项目。次年，我又以“治理视野下的美国大学章程研究”为题申报教育部人文社会科学规划课题，开始对美国大学章程进行系统的研究，并让我的硕士研究生谭颖芳以“中美大学章程比较研究”为题撰写硕士学位论文。2013年9月至2014年3月，在台湾中华发展基金会的资助下，我又以“治理视野下海峡两岸‘大学法’与‘组织规程’之比较”为题赴台湾政治大学教育学院，对台湾的大学章程（台湾称之为组织规程）进行研究，并借助台湾政治大学的学术平台收集有关美国大学章程研究的重要参考文献。从台湾访学归来以后，我又让王欣、叶晓力、何晗三位硕士研究生分别以“共治与善治：美国大学章程研究”“继承与探索：台湾地区大学组织规程研究”和“保守与超越：牛津大学章程研究”为题，开展对美国大学章程的专门研究和相关研究。

本研究成果首先由我提出研究的总体构想，然后由整个研究团队共同完成。我本人负责导论和结语部分的撰写，其他章节的撰写分工情况具体如下：我的博士研究生伍新德副教授负责第一章和第二章，周菁菁负责第三章，叶晓力负责第四章。在撰写过程中，我们多次对各章节的具体框架结构和主要内容进行反复的讨论。其间他们几易其稿，最后统稿时，我作了较大幅度的修改。此外，在研究过程中，我的硕士研究生王欣、何晗、胡艺玲、朱雅琴、米晓晨为搜集和整理本研究的相关文献做了大量的工作。

在本书即将付梓之际，首先要感谢教育部人文社会科学研究规划项目对于本研究的资助。如果没有教育部人文社会科学规划项目的资助，本研究无法系统、持续地开展。

同时我要感谢华中师范大学的董泽芳先生。我相随董先生20多年，董先生给予了我多方的关爱与提携。2017年，董先生成功申报国家出版基金项目——“高等教育与社会发展论丛”，又将本研究成果纳入丛书系列之中。对于董先生的知遇之恩和厚爱之情，我将铭记终生。

最后要感谢华中师范大学出版社为本书出版提供宝贵的机会，感谢学术出版中心的冯会平主任对本套丛书的精心策划和周密组织，感谢本书的责任编辑陈兰枝副编审。她严谨细致的编辑加工，着实为本书增色不少。

当然，美国大学章程研究是一项极其庞大而复杂的研究课题，由于水平、资料的局限，尽管本研究团队在研究过程中已经作出不懈的努力，但本书中依然难免存在误漏之处，敬请学界同仁不吝指正。

欧阳光华

戊戌年仲夏于桂子山

★湖北省教育科学规划重点项目

“美国大学章程及其对我国的启示”（2011A006）成果

★教育部人文社会科学规划项目

“治理视野下的美国大学章程研究”（12YJA880089）成果